法界往事

民国时期民法学家群体及其志业

編輯

当去泰去甚，使轻重合宜。不搀庸虚，久思编辑。

学精于勤　术在专攻

坚持做好书　编辑理想梦

法界往事

民国时期民法学家群体及其志业

蔡晓荣◎著

中国政法大学出版社

2016·北京

图书在版编目（CIP）数据

法界往事：民国时期民法学家群体及其志业/蔡晓荣著. —北京：中国政法大学出版社，2016.7

ISBN 978-7-5620-6661-3

Ⅰ.①法… Ⅱ.①蔡… Ⅲ.①法学家－人物研究－中国－民国 Ⅳ.①K825.19

中国版本图书馆CIP数据核字(2016)第154431号

出版者	中国政法大学出版社
地址	北京市海淀区西土城路 25 号
邮寄地址	北京 100088 信箱 8034 分箱　邮编 100088
网址	http://www.cuplpress.com (网络实名：中国政法大学出版社)
电话	010-58908289(编辑部)　58908334(邮购部)
承印	北京华联印刷有限公司
开本	650mm×960mm　1/16
印张	18.25
字数	255 千字
版次	2016 年 9 月第 1 版
印次	2016 年 9 月第 1 次印刷
定价	49.00 元

目录

CONTENTS

导 论

一、研究旨趣

中国古代的法律职业萌芽于先秦的法术业者。[1]至两汉时期，随着当时立法和司法专门化程度的提高，一个以阐明律意、辨析法律规则、解释法律概念和法律术语以及培养法律专门人才为志业的律学家群体初具雏形。到魏晋南北朝时期，由于秦汉以来律学研究成果的积淀，加之法典化事业的发展，律学较之前代更为昌盛和活跃。迨至隋唐，律学空前繁荣，当时无论立法者，抑或司法者，大多参与律学研究，律学家群体亦颇具规模。除律学家群体以外，中国传统社会的法律职业群体，亦包括司法官吏（部分本身即为律学家）、刑名幕吏，以及讼师等。但严格说来，中国古代的法律职业群体与近代意义上的法律职业群体，仍存在着极大的区别。

西方法律职业化和法律职业群体的出现可追溯至古罗马时期。当时法律制度的建立和法学研究的兴盛，为法律职业的发展提供了空间和契

〔1〕 冯友兰曾言："在战国之时，国家之范围，日益扩大。社会之组织，日益复杂。昔日管理政治之方法，已不适用。于是有人创为管理政治的新方法，以辅当时君主整理国政而为其参谋。此等新政治专家，即所谓法术之士。"冯友兰：《中国哲学史》，华东师范大学出版社2000年版，第385页。

机。一个具有相对独立性，专门解答法律问题、传授法庭辩论技巧、研究法律原则的法律家群体，得以初步形成。到18世纪之后，法学开始成为研究人类社会生活最重要的一门学科。与此同时，法学教育和法律职业在西方也得到了高度的发展。在当时的英国和欧洲大陆诸国，法律职业的从业人数不断增加，法律职业内部的专业化分工日益明显，一个高度整合而又有细密分工的法律职业共同体逐步形成。该共同体成员包括法官、律师、检察官、法学家、公证人、司法辅助人员、法律服务人员等。

中国近代意义上的法律职业舶自西方，是西法东渐的产物。1905年，清政府诏废科举，传统士子借助科举向上实现社会流动的进身之阶因此而被隔断，许多读书人开始转而研习法律，并希冀来日凭借自己的法律专业知识跻身于法官、检察官、律师等新兴法律职业之列，法学教育遂风靡一时。此外，由于清末实施新政过程中司法改革的渐次推进，中国开始初步建立起一个与西方接轨的司法体制。法学教育事业的兴盛和新式司法制度的建立，最终促成了中国近代法律职业群体的形成。到民国时期，尤其是南京国民政府时期，由于一批具有深厚法学素养的法律专业人才的出现，加之理论和实务两界之间连接纽带的逐步确立，法律共同体意识逐步发挥出越来越重要的作用。中国出现了一个初具规模的现代意义上的法律职业群体。这个群体从业人数众多，而且已然成为一个具有相当社会知名度和社会影响力的社会阶层。这个群体就其构成而言，主要包括法官、检察官、律师及法学教育者和研究者等。

在中国法学界，目前已有不少学者引入在社会学、历史学、文学等领域已比较成熟的针对社群结构中某一特殊群体展开研究的范式，对中国近现代法律职业群体中的律师群体，尤其是上海律师群体的职业活动进行详尽考察，当然也有学者开始将关注焦点移向司法官群体。〔1〕这

---

〔1〕 代表性成果如下：王申：《中国近代律师制度与律师》，上海社会科学院出版社1994年版；徐家力：《中华民国律师制度史》，中国政法大学出版社1998年版；李严成：《民国律师公会研究（1912～1936）》，湖北人民出版社2007年版；陈同：《近代社会变迁中的上海律师》，上海辞书出版社2008年版；张丽艳："通往职业化之路：

种研究进路，一定程度上拓展了中国近代法律史研究的学术空间，其方法论上的尝试性意义值得充分肯定 。

近年来，中国近代以来，尤其是民国时期法学家[1]的个人生平、学术论著和法律思想，引起了法学界研究者更多的关切。这些中国近代史上的法学名宿，一度被称为“归来的陌生人”。他们的法学著作被大量重新编辑出版，学术思想被重新挖掘，而他们对建设中国近代法治国家和构建中国近代法学的贡献，也开始被人们重新认识。对民国时期法学家个体生命史和学术生命史的怀旧式追溯，正在逐渐修复和弥合人们对民国法学那些支离破碎的记忆。

在当前，无论是中国法律史学界，还是民法学界，虽然对民国时期若干个体层面民法学家之生平和学术思想已进行过若干探讨，但对民国时期民法学家群体的谱系性研究，尚付阙如。本书选取民国时期法律职业群体中的重要一支——民法学家群体为研究对象，剖析其生成契机和社会结构，考察其法律职业生涯，梳理其民法思想，并对其在中国民法近代化过程中所起的推进作用进行多维度的审视和阐释。要而言之，本书主要致力于以下问题的探究：其一，民国时期民法学家群体之生成的历史契机为何？这一法学家群体在籍贯分布、教育背景、职业构成和家

民国时期上海律师研究”，华东师范大学2003年博士学位论文；孙慧敏：“建立一个高尚的职业：近代上海律师业的兴起与顿挫”，台湾大学历史学研究所2002年博士学位论文；Alison Conner，“Lawyers and the Legal Profession During the Republican Period”，in Kathryn Bbrnhardt and Philip Huang，*Civil Law in Qing and Republican China*，Standford University Press，1994；等等。关于中国近代司法官群体之研究，则可参见李在全：“中国现代司法官群体研究（1906～1928）”，北京师范大学2007年博士学位论文；王丽：“民国时期的广东司法官群体研究（1927～1938）”，暨南大学2008年硕士学位论文；等等。

〔1〕 就中国近代而言，“法学家”是一个颇难界定的概念。刘星曾指出：在中国近代，法学，以及由此而来的“法学家”，尽管和社会分工及“学历出身”有着联系，然而就最为关键的方面而言，实在是个社会实践的问题，倒不一定是个纯粹的“名实”或者“名分”问题。“名”是可以说的、打扮的。在近代，可能尤为如此。一些近代人物之所以被冠以“法学家”之名，用马克思主义的意思讲，他们是社会实践的产物。参见刘星：“‘法学家’在近代”，载《法制资讯》2009年第5期。

庭背景等方面呈现何种结构性历史实态？在纵向的时间维度上，其代际嬗递呈现何种群体性特征？其二，民国时期民法学家群体的主要法律职业活动较为复杂，既躬预民事立法活动，从事法学教育和民法学著述，又参与司法实践。这种极具时代特点的法律职业活动，其细节性内容凸显了该类法律职业群体在特定历史背景下的哪些独有表征？其三，民国时期民法学家群体留下的数量不菲的民法论著，是我们借以梳理中国近代民法学极好的参照性资料。那么，这些著述之类型和知识结构的具体样态如何展现？通过对欧陆民法学的理论继受，个体状态的民法学家大多构建了一个基于其自身的民法思想体系，这些自洽或非自洽的学术思想体系，又如何以一种群体智慧的形式，汇聚成一个所谓“中国近代民法学”的知识谱系？

上述问题学界均涉猎无多，亦是法史学界与民法学界富有挑战性和极为诱人的课题，对这些问题进行深入的研究，无疑是一件颇具学术意义的基础性工作。本书之研究，其理论意义和学术价值主要体现如下：首先，本书旨在全面展现民国时期民法学家群体衍生和长成的历史进程，并对其法律职业活动进行详尽考析，这种学术努力在一定程度上可以增进我们对这一法律职业群体，乃至中国民法近代化的认知。其次，民国时期，民法学家群体借鉴并移用西方民法学的概念体系和知识架构，对其时之民法制度和民法问题有过较多阐析，且留下相当一批论著。本书以民国时期民法学家群体所产出的民法论著为中心，对该群体的民法思想进行一个溯源性的梳理和检讨，这种智识努力，既可在某种程度上充实中国近代法学史的研究，亦可为当下民法学的知识积累和传承提供若干基础性助益。再次，中国近代民法与今日台湾之“民法”有着极为重要的启承渊源，且在学术上也有着一脉相承的关系。研究民国时期民法学家群体的学术思想，亦有益于推进两岸学界在民法史和民法基础理论方面的相互亲近。最后，对民国时期民法学家群体的探研，也可以为探索适合中国国情的法学家培养模式，以及法学家群体的建设，提供些许历史镜鉴。

二、相关学术史回顾

对于民国时期民法学家群体这一课题的研究，就陋见所及，学界迄无系统成果，既有之相关研究，主要散见于以下几类论著中：

第一，中国近代民法史及民法近代化研究。就中国近代民法史之研究现状而言，学界或缘于意识形态和价值取向之顾忌，或因于研究资料不易获致，其成果迄今仍极显薄弱。当然，在一批学者的努力下，此种状况正在逐渐改观，并推出了若干较有分量的成果。综其要者有：潘维和的《中国近代民法史》（台北汉林出版社 1982 年版），以立法文本为线索，对中国近代民事立法之背景、沿革及主要内容等展开过详细考述；张生的《民国初期民法的近代化——以固有法与继受法的整合为中心》（中国政法大学出版社 2002 年版），以大理院民事判决（例）为主体史料，探究了民初大理院借助司法裁判整合继受法与民事固有法的创造性活动；张生的另一著作《中国近代民法法典化研究》（中国政法大学出版社 2004 年版），则描述和概括了中国近代民法法典化的多重史境和具体进程；朱勇主编之《中国民法近代化研究》（中国政法大学出版社 2006 年版），围绕着私法原则、传统民法文化、民事判例、物权法、契约法等，对中国民法近代化所涉诸问题进行了颇具分量的述论。另，卢静仪的《民初立嗣问题的法律与裁判——以大理院民事判决为中心（1912～1927）》（北京大学出版社 2004 年版），借立嗣制度在国家的实定法上由保存到废除的演变过程，揭示民初大理院时期的社会、立法与司法的互动关系；李倩的《民国时期契约制度研究》（北京大学出版社 2005 年版），从国家契约法和民间契约实践两个维度考察了民国时期的契约制度；周伯峰的《民国初年“契约自由”概念的诞生：以大理院的言说实践为中心》（北京大学出版社 2006 年版），以民初大理院的判决为研究材料，检视了当代民事最重要的基础原则之一的“契约自由”概念，如何通过当时最高审判机构大理院的司法实践而得以萌生；王新宇的《民国时期婚姻法近代化研究》（中国法制出版社 2006 年版），对中国近代婚姻立法的一般概况进行了溯源性回顾和梳理；许莉的《〈中华民国民法·亲属〉研究》（法律出版社 2009 年版），通过对《中华民国民法·亲属》的立法背景、具体制度、审判实务以及修改演变等方面的研究，入微地剖析了我国亲属法近代化过程中的利弊得失以及近代亲属法发展的内在规律；李启成的《外来规则与固有习惯：祭田法制的近代转型》（北京大学出版社 2014 年版），对祭田法制和司法从传统到近代转型之完整历程进行了详尽考察。上述著作或从宏观下笔，综论中国近代移植西方民事法的主要方面；或从微观入手，就某一具体民事法律制度在近代中国的生成或实践进行细致梳理。在论证中，亦有论者对中国近代部分民法学家的著作及其学说有些许摭及。

第二，中国近代法政人物、法科留学生及法学家研究。部分学者对近代中国法政人物或法科留学人员进行了宏观层面的考察，如程燎原详尽梳理了清末法政人物群体的求学背景、分布及主要活动；[1]郝铁川、何勤华与裴艳等研究了留学生与中国近代法学长成之关系；[2]王伟对中国近代留洋法学博士群体进行了系统的考证和研究。[3]另外，韩秀桃、刘宝东撰文探讨了中国近代职业法学家群体的历史影响，及其对中国近代法制转型的促进作用；[4]许章润对中国近世法学家的代际谱系、代际特征等进行了粗要勾勒；[5]刘星从知识社会学角度对民国部分法

---

〔1〕 参见程燎原：《清末法政人的世界》，法律出版社 2003 年版。

〔2〕 参见郝铁川："中国近代法学留学生与法制近代化"，载《法学研究》1997 年第 6 期；何勤华："法科留学生与中国近代法学"，载《法学论坛》2004 年第 6 期；裴艳：《留学生与中国法学》，南开大学出版社 2009 年版。

〔3〕 参见王伟：《中国近代留洋法学博士考（1905～1950）》，上海人民出版社 2011 年版。

〔4〕 参见韩秀桃："民国时期法律家群体的历史影响"，载《榆林学院学报》2004 年第 2 期；刘宝东："职业法学家群体与近代中国法制转型"，载《山西师大学报（社会科学版）》2005 年第 1 期。

〔5〕 参见许章润："书生事业 无限江山——关于近世中国五代法学家及其志业的一个学术史研究"，载许章润主编：《清华法学》第 4 辑，清华大学出版社 2004 年版。

学权威进行过微观层面的剖析；[1]陈夏红以文学笔触对中国近代以来部分重要法学家之其人其事进行了“历史铺展”；[2]丁洁琳之著作诠解了中国近代法学家与中国法律文化近代化之关系；[3]陈新宇关注了晚清民国时期章宗祥、董康、汪荣宝、瞿同祖、徐道邻、潘汉典等10位被人们遗忘了的法律人，并书写了他们各自践行的法律故事；[4]刘宝东、张生对王宠惠的生平、著述、学术思想及其对中国法律近代化的影响等进行了深入探讨；[5]魏宁海、陈丽娜等对史尚宽的民法思想进行了系统的梳理和归纳；[6]等等。以上部分论著，对中国近代部分民法学家的个人生平、学术背景、学术产出及其学术思想等，亦有一定篇幅的涉及。

第三，中国近代民法学史相关研究。中国近代民法学是一个体系庞大的知识系统，当前已有部分学者对其中的某一切面进行过探研，如俞江探讨了近代中国民法学的输入和私权理论；[7]周子良对中国近代的所有权理论有过一定述论；[8]范雪飞从知识考古的角度对清末民初我国

---

〔1〕参见刘星：“民国时期的法学权威——一个知识社会学的微观分析”，载《比较法研究》2006年第1期。

〔2〕参见陈夏红：《百年中国法律人剪影》，中国法制出版社2006年版；《政法往事：你可能不知道的人与事》，北京大学出版社2011年版。

〔3〕参见丁洁琳：《近现代中国法学家与中国法律文化》，中国政法大学出版社2013年版。

〔4〕参见陈新宇：《寻找法律史上的失踪者》，广西师范大学出版社2014年版。

〔5〕参见刘宝东：“法学家王宠惠：生平·著述·思想”，载《比较法研究》2005年第1期；张生：“王宠惠与中国法律近代化——一个知识社会学的分析”，载《比较法研究》2009年第3期。

〔6〕参见魏宁海：“史尚宽法律思想与当代法律发展”，南京师范大学2006年硕士学位论文；陈丽娜：“史尚宽民法思想研究”，河南大学2012年硕士学位论文。

〔7〕参见俞江：“清末民法学的输入与传播”，载《法学研究》2000年第6期；《近代中国民法学中的私权理论》，北京大学出版社2003年版。

〔8〕参见周子良：《近代中国所有权制度的形成：以民初大理院的民事判例为中心（1912～1927）》，法律出版社2012年版。

继受德国民事法律关系理论的内容及其历程进行了详尽考察；[1]姜茂坤和徐振华分别在各自的博士学位论文中对中国近代物权行为理论和侵权法理论有较多的述及。[2]尤值一提的是，何勤华所著的《中国法学史》（第3卷），从知识立场对中国近代民法学及其代表性论著有过框架性梳理和阐析。[3]

前揭论著，在不同方向上对本书之研究主旨均有一定触及，且为本书之具体问题的探讨，提供了一定的学术参考，但必须指出的是：

其一，中国近代民法史之既有成果，其研究视角多元，但多侧重从宏观视角对中国近代民法中的若干问题，如民事立法背景与沿革、近代民法法典化、私法原则移植、民初大理院民事裁判等进行诠读，殊少有论著将中国近代民法学家群体纳入中国民法近代化的研究视野之中，并考察两者的历史勾连。

其二，中国近代法政人物、法科留学生及法学家之相关研究成果，主要侧重从叙事学立场对该时期法政人物和法学家之个人生平和学术活动进行史实钩沉，对于中国近代的法学家群体，已有研究成果仅为几篇篇幅不长的概要性论文，至于民法学家群体整体层面的考察，法史同仁和民法学者因各自学术取径的歧异，加之主体性资料不易获致，则少有学者置喙。

其三，中国近代民法学史之既有成果，由于往往围绕某一具体民法理论进行解释展开，难以对该时期民法学家之民法思想形成一个整体的呈现。何勤华的著作，虽然在研究内容和研究方法上颇具开拓性，惟惜受其研究的体系性所限，采取了一种较为疏阔的概括方式，对中国近代

〔1〕参见范雪飞：《一种思维范式的最初继受：清末民初民事法律关系理论继受研究》，法律出版社2012年版。

〔2〕参见姜茂坤："近代中国民法学中的物权行为理论"，华东政法大学2008年博士学位论文；徐振华："中国近代侵权法研究"，西南政法大学2012年博士学位论文。

〔3〕参见何勤华：《中国法学史》第3卷，法律出版社2006年版。

民法学家群体民法思想的探讨，仍预留了一个较大的研究空间。

三、研究理路与研究架构

（一）研究理路

本书主要采用文献梳理、历史叙事、法理分析、个案研究等方法，在具体的研究中，也将综合运用民法学、民法解释学、比较法学、历史学、社会学等多学科的研究方法，从民国时期民法学家群体的形成及其阶段性特点、群体组合与继替、法律职业活动、民法思想等方面展开述论。此外，本书力图突破“著述梳理→理论归纳”或“个体人物→思想”的单向度研究路径，不对民国时期民法学家群体作孤立性探讨，而是将其安置于中国民法近代化的语境之中对两者作相关性检视，对该法律职业群体在中国民法近代化过程中的参与角色进行系统的考察和功能定位。

（二）研究架构

第一章：民国时期民法学家群体形成的历史契机。

本章剖析了民国时期民法学家群体形成的历史契机，并指出包括民法学家在内的中国近代法学家群体的产生，与中国近代大规模的法科留学事业有着莫大的关联，而中国近代新式法学教育的兴办，也为民法学家群体的生成提供了生存土壤。最后，清末以迄民国民事立法事业的渐次展开，则为民国时期民法学家群体的诞生和成长提供了重要的契机。

第二章：民国时期民法学家群体概貌及其代际谱系。

作为中国近代法律人精英群体的一支，民国时期民法学家群体是时代的产物。本章在兼顾时代性差别的前提下，剖析了民国时期民法学家群体的社会构成，即籍贯分布、教育背景、职业构成、家庭背景等自然情况，并加以细致解读。此外，本章还在纵向的时间维度上归纳民国时期民法学家群体组合及演进的具体概况，将他们分成三个不同的代际谱系，并剖析不同代际在学术风格上所体现出的鲜明特点。

第三章：民国时期民法学家群体的法律职业活动。

民国时期民法学家群体的法律职业活动丰富而复杂。本章主要从躬预民事立法、投身法学教育、从事民法理论著述、参与司法实践四个方面，对民国时期民法学家群体的法律职业活动进行详尽考察，并对他们在法学教授、司法官、律师三种不同角色之间的职业转任现象进行合理的理论解释。

第四章：民国时期民法学家群体的民法思想述要。

本章以民国时期民法学家群体所产出之民法论著为研究对象，对他们在论著中所阐发之民法思想进行扼要归纳。具体包括：民法基础理论相关法律思想、债法思想、物权法思想、亲属法思想和继承法思想。述论之重心，主要为他们围绕着若干重大民事立法问题和民法理论问题所展开的分歧和争鸣，希望借此撷其民法思想大要，并对该群体之民法思想有一个总体层面的把握。

结语：民国时期民法学家群体与中国民法近代化。

法制之近代化，主要体现于制度、人才与观念三个层面。民国时期民法学家群体，以一种合力的形式在此三个层面推进了中国的民法近代化。他们通过参与民事立法，为民法法典化提供智力支持；通过投身法学教育事业，传授民法知识，促进了民法人才的培养；通过民法著述活动，积极阐述民法原理，推进了民法观念的近代化，并为中国近代民法学的构建提供了知识素材。

第一章
民国时期民法学家群体形成的历史契机

在中国传统社会，为保证法律在司法适用上的统一性，一种“研究制定法的内容及其如何适用”[1]的学问，即律学，应运而生。中国古代律学发轫于商鞅变法，兴起于汉，繁荣于魏晋，成熟于唐，式微于宋元，复兴于明，至清而终结。[2]但从一般的意义上言之，这种“讲求法条之所谓”，且专注于刑罚问题的律学，与近代意义上的法学，尚存在根本性的区别，即前者主要着眼于解决“法律的形而下问题”，而后者主要解决“法律的形而上问题”。[3]因此在中国传统社会，基于其特有的法律制度体系和法律教育内容，只有律学家，而无法催生近现代意义上的法学家。

近代以来，伴随着西法东渐，大规模的海外法科留学事业得以发展，国内以新式学校为载体，法学教育亦得以渐次展开，兼受各种立法事业之推动，中国开始出现一个独特的法律职业群体——法学家。民国

---

〔1〕 蒋集耀：“律学衰因及其传统评价”，载《法学》1990年第5期。

〔2〕 参见怀效锋：“中国传统律学述要”，载《华东政法学院学报》1998年第1期。

〔3〕 中国传统律学之具体发展及其盛衰脉络，可参见曾宪义、王健、闫晓君主编：《律学与法学：中国法律教育与法律学术的传统及其现代发展》，中国人民大学出版社2012年版，第159页。关于律学与法学之辨正，则可参见张中秋：《中西法律文化比较研究》，南京大学出版社1991年版，第231~238页。

时期民法学家群体的出现和成长，则内含于中国近代法学家群体的长成这一话语体系之内。

一、中国近代法科留学事业的发展

早在鸦片战争前，就屡有来华的西方传教士在中国介绍和传播西方法学观念和法律思想。如普鲁士传教士郭士立（Karl Friedrich Gutzlaff, 1803～1851）早在1833年8月就在广州创办《东西洋考每月统记传》。该报设有专栏对美国的政治制度和英国的司法制度进行介绍。[1]中国近代输入西方法学则以此为嚆矢。鸦片战争之后，西方法文化逐渐为中国近代社会精英阶层所接受。美国传教士裨治文（Elijah Coleman Bridgman，1801～1861）介绍美国法制的《美理哥合省国志略》，先后被魏源在《海国图志》、徐继畲在《瀛环志略》中辑录，并给予了高度的评价。1864年，丁韪良（W. A. P. Martin，1827～1916）翻译的《国际法原理》一书，被“刊印三百本发给各省供交涉使用”。[2]但中国人较为全面系统地与西方法学进行接触，则以法科留学事业的出现为契机。

（一）近代前期中国法科留学的初萌

中国近代的海外留学教育，在鸦片战争之后即初露端倪。当时在传教士和教会的资助之下，东南沿海一带已出现私人海外游学现象。1847年，容闳与黄胜、黄宽三名在香港马礼逊学校就读的学生，在校长布朗（Samuel Robbins Brown，1810～1880）的带领下，前往美国留学，此三人亦成为中国近代最早的海外留学生。1850年，容闳考入耶鲁大学文科，并于1854年获得文学学士学位。容闳虽然在美国获得的不是法学学位，但其在学成归国后，曾在广州美国公使馆、香港高等审判厅、上海海关等处任职，并一度与法律职业有过接触，如任职于香港高等审判

---

[1] 参见赵晓兰、吴潮：《传教士中文报刊史》，复旦大学出版社2011年版，第54～69页。

[2] ［美］丁韪良：《花甲忆记——一位美国传教士眼中的晚清帝国》，广西师范大学出版社2004年版，第159页。

厅时，曾从事过译员和见习律师的工作。并将派森（Parsons，今译帕森）的《契约论》和一部英国法律书翻译成中文，可见其具有一定的法学造诣。尤值一提的是，容闳获得过其母校耶鲁大学颁赠的名誉法学博士学位。[1]不过容闳最后并未将法律作为终生志业，而是怀抱教育救国之志，致力于推动中国近代的留学教育事业。

一般认为，中国近代首个负笈海外的法科留学生是伍廷芳。[2]伍廷芳于1842年出生于新加坡，3岁时随父回广州定居，14岁时到香港圣保罗书院就读。1851年毕业后在香港先后担任高等审判厅、香港地方审判厅译员。1874年他远涉重洋赴英国伦敦林肯法律学院接受英国式的法律训练。两年后，他通过了英国的律师资格考试。[3]“华人之得交西国律师者”，伍廷芳“实开其先”。[4]

踵步伍廷芳之后前往英国习法者是何启。[5]何启于1859年诞生于香港一个教会家庭，在他5岁那年，其姐何妙龄嫁与伍廷芳为妻。1870年何启入中央书院读书。1872年毕业后远赴英国留学。先入苏格兰根德郡（Kent）马格特（Margate）的巴尔美学校（Palmer House School）继续中学教育。1875年8月，何启考入苏格兰阿伯丁大学（University of Aberdeen）开始学习医学，并顺利从阿伯丁大学毕业，荣获该校内科学士及外科硕士学位。1879年何启听从恋人英国姑娘雅丽氏的劝告，弃医习法，进入伦敦林肯法学院（Lincoln's Inn）研习法律。1882年1月25日，何启从林肯法学院毕业，获得律师资格，成为在该校毕业的第二个

〔1〕参见王健：《中国近代的法律教育》，中国政法大学出版社2001年版，第54页。

〔2〕伍廷芳（1842～1922），本名叙，字文爵，又名伍才，号秩庸，后改名廷芳。广东新会西墩人，清末民初杰出的外交家、法学家。

〔3〕参见裴艳：《留学生与中国法学》，南开大学出版社2009年版，第71页。

〔4〕伍廷芳：“论美国与东方交涉事宜”，载丁俊贤、喻作凤编：《伍廷芳集》上册，中华书局1993年版，第132页。

〔5〕何启（1859～1941），字迪之，号沃生，广东南海人，中国近代资产阶级改良主义者。

中国人。同年，结束了10年的留学生涯，携新婚夫人雅丽氏返回香港行医，翌年改执律师业。1890年何启出任香港立法局“非官守议员”，并直至1914年。〔1〕从何启在英国的留学经历来看，其属于医学和法律兼攻，但他与伍廷芳一样，同为中国近代早期海外法科留学的先驱人物。

在伍廷芳和何启留英习法的前后，清政府也开始启动派遣官费留学生留学欧洲的计划。光绪二年（1876年）十一月二十九日，李鸿章奏请“选派华洋监督，率领闽厂学生出洋学习，以储人才而重防务”。〔2〕1877年，福建船政学堂首次派出由华监督李凤苞、洋监督日意格（Prosper Marie Giguel，1835～1886）、随员马建忠、文案陈季同、翻译罗丰禄以及包括严复在内的28名学员和艺徒组成的留学生团赴法国与英国留学。按照原定之学习安排，这批人主要学习制造和驾驶，惟“随员马建忠、文案陈季同俱入政治学堂，专习交涉律例等事”。〔3〕据法国学者巴斯蒂（Marianne Bastid－Bruguiere）考证，马建忠和陈季同两人当时曾注册于“巴黎私立政法学校”，马建忠于1878年获得“文科和理科学士学位”，第二年又获得“法律学士学位”。〔4〕陈季同在李凤苞被任命为出使德国钦差大臣后，作为李凤苞的翻译，随同到柏林赴任。其在欧洲学习法学的具体细节，则因史料阙如暂不可考。〔5〕此外，在福建船政学堂早期赴欧留学的学员中，对西方法学有过一定接触者，还有

---

〔1〕参见张礼恒：《何启、胡礼垣评传》，南京大学出版社2011年版，第348～350页。

〔2〕刘真主编：《留学教育——中国留学教育史料》第2册，台湾编译馆1980年版，第588页。

〔3〕中国科学院近代史研究所史料编辑室、中央档案馆明清档案部编辑组编：《洋务运动》第5册，上海人民出版社1961年版，第207页。

〔4〕参见［法］M. 巴斯蒂：“清末留欧学生——福州船政局对近代技术的输入”，载陈学恂、田正平编：《中国近代教育史资料汇编——留学教育》，上海教育出版社1991年版，第264页。

〔5〕参见王健：《中国近代的法律教育》，中国政法大学出版社2001年版，第66页。

魏瀚和严复。魏瀚（1851～1929），字季渚，福建闽侯人。1866年入福州马尾船政前学堂学习造船。1877年留学法国雪浦官学堂，习造船，兼习枪械、法律。后游学比利时、德国。获法国法学博士学位。[1]严复当年赴英留学亦主要学习驾驶，其考试成绩“屡列优等”。[2]在欧游学期间，他还对英国的政治法律制度予以了密切的关注，“尝入法廷（庭），观其听狱”。[3]归国之后，严复长期致力于著述和翻译工作，将西方法治思想引入中国，曾历时5年将孟德斯鸠的《法意》（即《论法的精神》）翻译成中文，同时结合中国传统文化，在译本中添附了167条按语，做出了符合中国国情的诠释，从而成为中国近代一位著名的启蒙思想家。

首批留欧学生归国之后，李鸿章等洋务大臣对此次出洋学习成效颇为满意。本着继续储备海防人才的目的，清政府于1881年、1885年和1897年，又陆续派出以船政学堂学生为主的三批留学生赴欧留学。这期间，出现了若干官派法科留学生。据记载，1885年批准派遣、1886年成行的33名学员中，计有9人分别在英国和法国学习法律。其中张秉圭、罗忠尧、陈寿彭三人被派赴英国“专习水师、海军公法、捕盗公法及英国文字语言”；林藩、游学楷、高而谦、王寿昌、柯鸿年、许寿仁六人被派赴法国“专习万国公法及法文法语”。这九人在英美学习法律期间，“张秉圭、罗忠尧学习腊丁文字及英刑司各种律例，海军捕盗等项公法，皆深知旨要。陈寿彭充当翻译，亦音字无讹”，“举人林藩、游学楷、高而谦、王寿昌、柯鸿年、许寿仁入法国学部律例大书院肄业，

---

〔1〕参见周川主编：《中国近现代高等教育人物辞典》，福建教育出版社2012年版，第664页。

〔2〕（清）黎兆棠：“奏为出洋限满生徒学均有成并华洋各员襄办肄业事宜出力分别请奖折”，载（清）左宗棠等撰：《船政奏议汇编》卷十八，台北大通书局1968年影印本，第18页。

〔3〕（清）严复：“《法意》按语”，载王栻主编：《严复集》第4册，中华书局1986年版，第969页。

均列上上等。高而谦、游学楷又取中律科举人”。[1]对于林藩等六人在法国学习法律的情况，法国学者巴斯蒂在其著述中也曾略有介绍：他们“先进入巴黎桑·巴利博私立中等学校补习法语和普通学科”，1887年秋“进入巴黎大学法学系”，且“全部获得了学士学位，其中不乏取得相当成就者”。[2]

然总体而言，该时期赴欧留学学习法律的人数颇少，且为因应现实之需求，以学习“交涉公法”为主，但却开启了中国近代法科留学的先河。

（二）清季法科留学的兴盛

1. 留日习法之发轫及其勃兴

甲午一役，中国败于“蕞尔小邦”日本，此一残酷现实，使得国人对日本之看法发生根本性改变，效法日本之声弥漫国内。而仿照日本变法图强，派遣学生赴日留学以储变法人才，遂成为朝野各界普遍一致的呼声。1898年1月，康有为在《进呈日本明治变政考序》中指出：“若因日本译书之成业，政法之成绩而妙用之，彼与我同文，则转译辑其成书，比其译欧美之文，事一而功万矣；彼与我同俗，则考其变政之次第，鉴其行事之得失，去其弊误，取其精华，在一转移间，而欧美之新法，日本之良规，悉发现于我神州矣！”[3]1898年6月1日，康有为在代新任京卿杨深秀所拟之《请派游学日本折》中，又再次强调派遣学生赴日留学以储变法维新人才的观点：“我今欲变法而章程未具，诸学无

---

〔1〕（清）裴荫森：“奏请奖励船政学堂第三届出洋学生及华洋襄办各员折”，光绪十六年闰二月初八日（1890年3月28日），载高时良、黄仁贤编：《洋务运动时期教育》，上海教育出版社2007年版，第979~980页。

〔2〕［法］M. 巴斯蒂：“清末留欧学生——福州船政局对近代技术的输入”，载陈学恂、田正平编：《中国近代教育史资料汇编——留学教育》，上海教育出版社1991年版，第996页。

〔3〕康有为：“进呈日本明治变政考序”，光绪二十四年（1898年）一月，载陈学恂、田正平编：《中国近代教育史资料汇编——留学教育》，上海教育出版社1991年版，第319页。

人，虽欲举事，无由措理，非派才俊出洋游学，不足以供变政之用。特泰西语言文字不同，程功之期既远，重洋舟车，饮食昂贵，虚糜之费殊多，故郑重兹事，迟迟未举。臣以为日本变法立学，确有成效，中华欲游学易成，必自日本始。”〔1〕1898年，张之洞在其所撰《劝学篇》中，也分析了日本强盛的原因，并列举了留学日本的优势之所在。其云：“至游学之国，西洋不如东洋。一路近省费，可多遣；一去华近，易考察；一东文近于中文，易通晓；一西书甚繁，凡西学不切要者，东人已删节而酌改之。中东情势风俗相近，易仿行。事半功倍，无过于此。”〔2〕这些奏章引起了清廷的充分重视。此后不久，光绪帝谕军机大臣：“至游学之国，西洋不如东洋。诚以路近费省，文字相近，易于通晓。且一切西书均经日本择要翻译，刊有定本，何患不事半功倍?”〔3〕至此，优先向日本派遣留学人员作为一种政策得以正式确定。

1896年，驻日公使裕庚委派理事官员吕贤笙在上海、苏州一带招募了13名学生赴日求学。在清政府派遣日本留学的13名学生中，唐宝锷、戢翼翚曾入东京专门学校学习法律。唐宝锷、戢翼翚可谓近代中国留日习法的先驱者。唐宝锷在东京专门学校毕业后，转入由高校升格而成的早稻田政治经济部学习，并于1905年获日本早稻田大学法学士学位，是为日本大学颁发给中国留学生的第一个学位。戢翼翚于1905年回国，是年8月，清廷第一次考试游学毕业生，戢氏获政治经济科进士，他是湖北省近代第一个官费留日生和第一个取得进士出身的留学生。〔4〕

1898年，日本驻华公使矢野文雄与清政府商定增派留日学生，初定约以200人为限。但由于斯时风气未开，至1899年春最终得以成行者，仅有湖北20人、南洋公学6人、北洋大学14人、浙江求是书院6人，

〔1〕汤志钧：《康有为政论集》上册，中华书局1981年版，第250页。

〔2〕（清）张之洞：《劝学篇》，广西师范大学出版社2008年版，第72~73页。

〔3〕翦伯赞等编：《戊戌变法》第2册，上海神州国光社1953年版，第49页。

〔4〕参见程燎原：《清末法政人的世界》，法律出版社2003年版，第38页。

以及自费生2人，共计约50人。这批赴日留学生中，包括以下在中国近代政坛和法学界负有一定盛名者：雷奋、章宗祥、富士英、杨荫杭、杨廷栋、王宠惠、金邦平、汪有龄、张煜全、王建祖等人。〔1〕自此之后，赴日留学的中国学生渐次增多，但专习法政者仍然偏少。光绪二十七年（1901年）所作的一次调查统计显示，其时中国在日本之留学生已达272人（含女子3人），但习法政科者仅有12人，其中在日本帝国大学法科就读者4人，在东京法学院就读者6人，在日本法律学校就读者1人，在明治法律学校就读者1人。〔2〕

庚子一役之后，清廷决意革故鼎新，推行新政。清末新政的重要内容之一为开设各类新式学堂，然多设新式学堂，“则有两难。经费巨，一也；教习少，二也。求师之难尤甚于筹费，天下州县皆立学堂，数必逾万，无论大学小学断无许多之师，是则唯有赴外国游学一法”。然论及游学，则“尤以日本为最善，文字较近，课程较速；其盼望学生成就之心，至为恳切。传习易，经费省，回华速，较之学于欧洲各国者其经费可省三分之二，其学成及往返日期可速一倍”。〔3〕新学师资的培养是清政府派遣留学生的重要目标之一。1903年清政府颁布《自行酌办立案章程》和《奖励游学毕业生章程》，进一步简化自费留学手续，鼓励出国留学。各省也积极筹备经费，广派游学。1905年，清政府诏废科举，自是之后仕途出身统归学堂，传统社会求取功名之途径，亦因之断绝，不少人转而将出国留学作为求官进阶的终南捷径。加之该时期日本对接纳中国留学生持一种包容扶持的态度。职是之故，在20世纪最初

〔1〕参见程燎原：《清末法政人的世界》，法律出版社2003年版，第38～39页。不过王健在其书中，认为该批留日学生约60余人（参见王健：《中国近代的法律教育》，中国政法大学出版社2001年版，第93页）。

〔2〕参见“日本留学生调查录”，载陈学恂、田正平编：《中国近代教育史资料汇编——留学教育》，上海世纪出版股份有限公司2007年版，第389页。

〔3〕（清）张之洞、（清）刘坤一：“筹议变通政治人才为先折”，光绪二十七年五月（1901年6月），载舒新城编：《中国近代教育史资料》上册，人民教育出版社1961年版，第57～58页。

的10年间，大规模的出国留学已不是去远隔重洋的欧美诸国，而是东渡扶桑，留学日本。在此期间，赴日留学的中国学生人数大有激增，而法科留学生之人数，也日益攀升。从1901年开始，以中央政府、地方政府以及个人自费等各种方式向日本派出留学生的活动如潮涌来，留日人数以几倍直至几十倍的速度猛增。据李喜所统计，1901年留日人数为274人，1902年增至608人，1903年上升到1300人，1905年为8000人，1906年达到最高峰，为12 000人。〔1〕而赴日学习法政，也很快成为波澜壮阔的留日运动中与师范、军事、实业并列的四大留学潮流之一。据学者统计，留日法政科学生从1872年起持续成倍增长，1903年11月为1242人，1904年11月为2557人，1905年则猛增至8000余人。〔2〕

必须提及的是，在清末留日学习法政浪潮中，日本法政大学之法政速成科扮演着一个不容忽视的角色。为了满足当时国内变法对法政人才的迫切需求，1904年3月，留日法政科的范源濂、曹汝霖等与日本法政大学校长梅谦次郎经过磋商，决定在日本法政大学附设法政速成科。其于1904年5月7日设立，"专教中国游学官绅"，"日本文部亦经认可"。〔3〕自此，该法政速成科遂成为中国留日法政生肄业的大本营。速

〔1〕参见李喜所：《近代中国的留学生》，人民出版社1987年版，第126～127页。关于清末留日学生的具体人数，目前各种相关著作之统计有所参差。房兆楹依据《日本留学中国学生题目录》统计，留学日本的中国学生数，1898年为77人，1899年为143人，1900年为159人，1901年为266人，1902年为727人（参见房兆楹：《清末民初洋学学生题名录初辑》，台北"中央研究院"近代史研究所1962年，第1～53页）。王健在查阅各种相关文献基础上所作的统计数目为：1896年13人，1901年269人，1902年600余人，1903年1000余人，1904年1月1300余人，1905年1月3000余人，1906年1月8000余人，1906年8月12 000～13 000人，1907年7月10 000人以内，1908年10 000人以内（参见王健：《中国近代的法律教育》，中国政法大学出版社2001年版，第106页）。

〔2〕参见董守义：《清代留学运动史》，辽宁人民出版社1985年版，第196页。

〔3〕（清）朱寿朋编：《光绪朝东华录》第5册，中华书局1958年版，总第5287页。

成科“以教授清国现代应用必要之学科速成法律、行政、理财、外交之有用人才为目的”。〔1〕速成科以6个月为一期，三学期毕业，其开设之科目主要包括：民法、商法、刑法、国际公法、宪法、行政法、监狱法、裁判所构成法、民刑诉讼法、政治学、经济学、财政学及警察学。〔2〕法政速成科甫经开设，一时间报名者云集，据《清国留学生会馆第五次报告》载：“法政大学开设法政速成科，五月始开学，十月间复开第二班，入学者计已二百余人，后之来者正未有艾，夫法政乃中国今日最重之急务，自此科之设，其发达如此之速且盛。”〔3〕日人平野义太郎亦曾说过：“法政大学的速成科，学期为一年半，各种讲义都由中国人传译。教师和学生都非常用功，故有连暑假也不休息的学习风气。读速成科的学生，都是在本国有学问基础的人，具有进士出身的人也很多，其中甚至有状元出身的。”〔4〕1906年始，清政府学部逐步提高法政速成科留学生的门槛，要求“习速成科者，或法政或师范，必须中学与中文俱优，年在25岁以上，于学界政界实有经验者，方为及格，否则不送”。〔5〕1906年梅谦次郎访华，“会见张之洞和袁世凯，接纳清廷方面的要求，中止招收速成科的学生，而改设三年制的普通科。毕业生可入法政大学的预科或大学部继续攻读”。〔6〕日本法政大学法政速成科从1904年5月接受第一批94名学生开始，到1906年底接受第五批843名学生结束，

---

〔1〕“日本法政速成科规则”，载《东方杂志》1904年第5期，“教育”。

〔2〕参见王健：《中国近代的法律教育》，中国政法大学出版社2001年版，第101页。

〔3〕“学界纪事”，载清留学生会馆编：《清国留学生会馆第五次报告》，光绪三十年（1904年）刊印。

〔4〕［日］实藤惠秀：《中国人留学日本史》，谭汝谦、林启彦译，三联书店1983年版，第61页。

〔5〕学部：“通行各省选送游学限制办法电”，光绪三十二年二月十九日（1906年3月13日），载陈学恂、田正平编：《中国近代教育史资料汇编——留学教育》，上海世纪出版股份有限公司2007年版，第75页。

〔6〕［日］实藤惠秀：《中国人留学日本史》，谭汝谦、林启彦译，三联书店1983年版，第50页。

前后共举办五期，培养毕业生1145人。[1]此外，为了适应与日俱增的中国留日法政生的求学需求，东京帝国大学、明治大学、早稻田大学等也步法政大学之后尘，先后为中国留学生设置了法政速成科，不过其影响远不及法政大学之速成科。

清末的海外留学，以负笈日本者居多。受斯时清廷推行“新政”、鼓吹“立宪”之影响，赴日留学的重点亦由早期的“格致”转向“政制”，法政科成了当时最受推崇的科目。正如梁启超在《敬告留学生诸君》中所言：“今诸君所学者，政治也，法律也，经济也，武备也，此其最著者也。”[2]1905年清政府曾选派直隶、江苏、安徽、福建、浙江、湖南、广东等省300余名官绅赴日留学，“其教授大旨，约分四科，曰法律、曰政治、曰理财、曰外交”。[3]日本较为自由的求学环境和数量众多的法律院校，也为中国留学生学习法政提供了诸多便利。据日本学者实藤惠秀统计，自1905年至1908年，中国赴日的公费法科留学生约有1145人。[4]其后，为改变留日学生“大都趋向法政，愿习实业者少”这一状况，1908年清政府下令：“此后官费学生，概学习农、工、格致各项专科，自费出洋之学生非学农、工、格致三科者，不得改给官费。”[5]由于清政府对留日生学习科目加以严格限制，自1907年之后，留日学生人数开始回落，但法政科始终是近代留日学生所选择的主流科目。

总体言之，这一时期的留日学生数量庞大，但以学习法政和师范者

---

〔1〕参见王健：《中国近代的法律教育》，中国政法大学出版社2001年版，第100页。

〔2〕梁启超：“敬告留学生诸君”，载《梁启超全集》第2册，北京出版社1999年版，第963页。

〔3〕中华民国史事纪要编委会编：《中华民国史事纪要（初稿）》，民国纪元前七年（1905年）正月至八月，台湾“国史馆”1987年版，第83页。

〔4〕参见［日］实藤惠秀：《中国人留学日本史》，谭汝谦、林启彦译，三联书店1983年版，第39页。

〔5〕《教育杂志》1909年第3期。转引自李喜所：《近代留学生与中外文化》，天津人民出版社1992年版，第194页。

为最多。而学习法政，无疑是适应清末立宪改革的需要。[1]该时期之留日法政科学生，其所学科目已不再局限于国际公法，而是广泛涉及宪法、民法、刑法、诉讼法等西方法学体系的各个领域。民法学自然成为其学习的重要课程之一。[2]许多留学生学成归国之后，亦成为之后中国政坛和法律界的精英。

2. 留欧留美习法之重启

自19世纪80年代福州船政局派出学生赴英美习法之后，直到19世纪末，再未见有派遣学生出洋习法的事例。[3]20世纪初，派遣学生留学欧美再度成为朝野各界的一个关注焦点。光绪二十九年（1903年），湖广总督端方再次向朝廷进呈两折，进一步强调派遣学生赴欧美留学的重要性，其在奏折中云："查近日泰西各国，讲求实用教育，以为富强之基。其实业学校如工业、商业、农林、路矿，无不精研实验，各有专门。"[4]"从前在欧美游学之人，其得有卒业文凭者，大半学问精深，学术纯正，颇多可用之材。现在中国力行新政，所求正在此辈，若不广图造就，势必习于近便，继往无人"。[5]1904年，清朝外务部与学务

---

〔1〕参见王奇生：《中国留学生的历史轨迹（1872～1949）》，湖北教育出版社1992年版，第269页。

〔2〕如日本法政大学之速成科，其民法学之课程，由日本民法学之父，法国法学博士，法政大学校长兼东京帝国大学教授梅谦次郎亲自讲授。另，清末留日法政学生黄尊三亦在其日记中述及，1910年9月，其在日本早稻田大学所修之学科，包括民法物权和民法债权两科。参见［日］实藤惠秀：《中国人留学日本史》，谭汝谦、林启彦译，三联书店1983年版，第141页；王健：《中国近代的法律教育》，中国政法大学出版社2001年版，第101页。

〔3〕参见王健：《中国近代的法律教育》，中国政法大学出版社2001年版，第112页。

〔4〕（清）端方："奏派学生前赴比国游学折"，光绪二十九年（1903年），载北洋洋务局纂辑：《约章成案汇览》乙篇，卷三十二（下），光绪三十一年（1905年）上海点石斋石印本。

〔5〕（清）端方："奏派学生前赴美德俄三国游学折"，光绪二十九年（1903年），载北洋洋务局纂辑：《约章成案汇览》乙篇，卷三十二（下），光绪三十一年（1905年）上海点石斋石印本。

大臣拟订的《游学西洋简明章程》，也首先肯定“英、美、德、法于武备、制造、农工商诸学，各有专门，一时推重”。〔1〕1905年9月1日，清廷谕曰：“现在留学东洋者，已不乏人，着再多派学生，分赴欧美，俾宏造就。”〔2〕但总体而言，该时期对欧美留学的认识尚停留于工艺制造和实业等领域。1908年之后，留学日本的热潮开始消退。与此同时，留欧留美高潮则开始再度兴起，而中辍已久的留欧留美习法学生，亦陆续出现。据不完全统计，1870～1910年代，赴欧洲诸国的法科留学生，约有54人。〔3〕

表1.1　1910年留英法政科学生一览表

姓　名	年　龄	籍　贯	留学时间	就读学校	专　业	来　源	备　注
林行规	27	浙江鄞县	光绪三十年（1904年）五月	林肯法院	法　律	学部官费	毕业研究
范绍濂	28	江苏金匮	光绪三十年（1904年）十二月	林肯法院	法　律	学部官费	在　读
卓宝谋	30	福建闽县	光绪三十一年（1905年）八月	林肯法院	法　律	学部官费	在　读
阮志道	27	江苏奉贤	光绪三十四年（1908年）九月	伦敦大学	法　律	学部官费	在　读
靳　志	26	河南祥符	光绪三十四年（1908年）五月	伦敦财政学校	政　治	学部官费	在　读
徐世襄	25	直隶天津	光绪三十二年（1906年）十月	伦敦大学	法　律	直隶官费	在　读

〔1〕学部：“奏请派欧洲游学生监督并陈开办要端折”（1907年2月9日），载《学部官报》第38期。

〔2〕“清帝多派学生分赴欧美游学谕”，光绪三十一年八月初三日（1905年9月1日），载（清）朱寿朋编：《光绪朝东华录》第5册，中华书局1958年版，总第5390页。

〔3〕参见陈学恂、田正平编：《中国近代教育史资料汇编——留学教育》，上海世纪出版股份有限公司2007年版，第686～688页。裴艳依据各项资料并加以统计，认为清末留欧法科生有51人（参见裴艳：《留学生与中国法学》，南开大学出版社2009年版，第81页）。

续表

姓　名	年　龄	籍　贯	留学时间	就读学校	专　业	来　源	备　注
谢永森	23	浙江余姚	光绪三十二年（1906年）六月	开柏列治大学	法　律	浙江官费	毕　业
饶孟任	27	江西南昌	光绪三十二年（1906年）五月	林肯法院	法　律	学部官费	毕　业
潘灏芬	34	江苏元和	光绪三十二年（1906年）三月	林肯法院	法　律	江苏官费	肄　业
罗文干	22	广东番禺	光绪三十二年（1906年）四月	牛津大学	法　科	自费	肄　业

资料来源：刘真主编：《留学教育——中国留学教育史料》第2册，台湾编译馆1980年版，第612~625页。

表1.2　清末公费留法法科生一览表

姓　名	入学时间	就读学校	来　源	备　注
刘光谦	1906年11月	巴黎政治学堂	京师大学堂译学馆	由俄改留法
潘　敬	1908年1月	巴黎政治学堂、法国法政大学	京师大学堂译学馆	毕　业
陈继善[1]	1907年冬	巴黎大学法律科	北洋大学	自费改官费
沈　纮	1906年冬	巴黎大学法律科	广东官费生	在　读
张祥麟	1904年3月	法律大学	湖北官费生	毕　业
冯承钧	不　详	巴黎大学法科	湖广官费生	毕　业
王庆骥	1908年6月	法政大学	福建自费生	外交专科毕业
王曾思	1908年	法政大学	江苏自费生	政治专科毕业
刘文彬	不　详	巴黎大学法科	湖　北	获法科学士

〔1〕陈继善，浙江嵊县人。1907年由北洋大学选送公费出国留学，入法学巴黎大学攻读法律，1912年6月获巴黎大学法学博士学位（政治经济学专业）。参见王伟：《中国近代留洋法学博士考（1905~1950）》，上海人民出版社2011年版，第194页。

续表

姓　名	入学时间	就读学校	来　　源	备　注
朱世全	不　详	巴黎大学法科	江　苏	获法科学士
苏曾贻	不　详	斯英士波里的格大学政治财政科	广　东	毕　业
刘照青	不　详	不　详	不　详	法科学士

资料来源：刘真主编：《留学教育——中国留学教育史料》第 2 册，台湾编译馆 1980 年版，第 629～640 页。

表 1.3　1909～1910 年留德法政科留学生一览表

姓　名	入学时间	就读学校	专　业	来　源	官自费
张　瑾	1905 年	来浦溪学堂	法　律	京师大学堂	官　费
齐宗颐	1907 年	来浦溪学堂	法　律	直　隶	自　费
左德明	1904 年	柏林分科大学	法　律	湖　北	官　费
周泽椿	1904 年	柏林分科大学	法　律	湖　北	官　费
陈　介	1909 年	柏林分科大学	法　律	湖　南	官　费
夏元瑮	1906 年	柏林分科大学	法　律	广　东	官　费
余荫元	1906 年	柏林分科大学	法　律	不　详	自　费
周秉绶	1907 年	柏林分科大学	法　律	山　东	官　费
敬　源	1909 年	柏林分科大学	法　律	山　东	官　费
陈洪守	1909 年	柏林分科大学	法　律	山　东	官　费
周钰卿	1906 年	来浦溪学堂	法　律	不　详	自　费
王荫泰	1907 年	柏林分科大学	法　律	不　详	自　费
德　祥	不　详	柏林文科大学	法　律	外务部	官　费
王宠惠	1906 年	柏林文科大学	法　律	北　洋	官　费

资料来源：刘真主编：《留学教育——中国留学教育史料》第 2 册，台湾编译馆 1980 年版，第 640～650 页。

表 1.4 1910 年留俄法政科学生一览表

姓 名	入学时间	就读学校	专 业	来 源	官自费
柏 山	1904 年	森堡大学堂	法政科	学 部	官 费
魏 渤	1904 年	森堡大学堂	法政科	学 部	官 费
萧焕烈	1904 年	森堡大学堂	法政科	湖 北	官 费
车仁恭	1907 年	森堡大学堂	法政科	黑龙江	官 费
王佐文	1907 年	森堡大学堂	法政科	黑龙江	官 费
王惠相	1907 年	森堡实业学堂	商务法律	黑龙江	官 费
李毓华	1907 年	森堡大学堂	法政科	黑龙江	官 费
程世模	1907 年	森堡实业学堂	商务法律	黑龙江	自 费
严式超	1904 年	森堡大学堂	法政科	湖 北	官 费

资料来源：刘真主编：《留学教育——中国留学教育史料》第 2 册，台湾编译馆 1980 年版，第 659～662 页。

借助以上诸表，我们大体可知晓清末留欧法政科学生之大端。清末在欧洲的法政科留学生，以官费生居多，就其人数而言，则以留学法国者为最多。

20 世纪初，随着赴美留学热潮的兴起，在美国学习法政之留学生也开始陆续出现。1901 年，袁世凯从北洋大学堂中选派 8 位官费生赴美国留学，其习法政科者，计有 4 人，即王宠惠、陈锦涛、张煜全、严锦镕。〔1〕梁启超在其游记中对此 4 人均有记载：在 1903 年的美国耶鲁大学，“吾国学生亦有三人在焉，曰陈君锦涛，曰王君宠惠，曰张君煜全，皆北洋大学堂官费生也”。“今年夏季卒业，其法律科，王君褒然为举首。受卒业证书时，王君代表全校四千余人致答，实祖国一名誉也”。〔2〕陈锦涛所修专业为政治数学，王宠惠所修专业为法律，张煜全所修专业为

〔1〕 参见裴艳：《留学生与中国法学》，南开大学出版社 2009 年版，第 81 页。

〔2〕 梁启超：“新大陆游记及其他”，载钟叔河主编：《走向世界丛书》第 10 辑，岳麓书社 1985 年版，第 472 页。

政治。另梁氏在其游记中还提及，严锦镕在哥伦比亚大学修读政法。[1]

此外，自美国退还庚子赔款之后，留美学生开始骤增。美国是第一个放弃庚子赔款的国家。“美国放弃此项赔款，史密斯博士之功也”。史密斯为美国传教士，其1906年回美国后，“力主将庚子赔款退还中国，适当运用，以增两国之国交”。[2]1909年，美国开始退还首批庚款，其一半作为中国向美国派遣留学生的经费。但此项计划一开始就明确限定了留美学生所学科目的范围比例，规定“以十分之八习农工商矿等科，以十分之二习法政理财师范诸学”。[3]1909年9月，第一次考选录取47人，其中唐悦良是唯一的法科生；1910年8月，第二次考选录取70人，其中法科生2人，即胡继贤、何斌；1911年8月，第三次考选录取63人，其所存名单不全，但已知的法科生至少有如下9人：张传薪、张福运、赵文锐、黄宗发、高大纲、梁基泰、陈家勋、邓宗瀛、陆守经。[4]尽管法科生在留美学生中所占比例不大，但亦足以引人瞩目。

总体看来，清末留欧留美习法者，其人数远不及留日之法政留学生。但就质量而言，却远在留日学生之上。1906年，清政府学部举行第一届回国游学毕业生考试，考取最优等并被授予法政科进士的四名法科生，以及考取优等并被授予法政科举人的唯一一名法科生，都是欧美生。[5]清末欧美法科留学生之培养质量，由此可见一斑。

---

〔1〕参见梁启超：“卜技利大学之中国留学生”，载陈学恂、田正平编：《中国近代教育史资料汇编——留学教育》，上海世纪出版股份有限公司2007年版，第176页。

〔2〕李绪武：《清末留学教育之研究》，台湾政治大学1967年版，第26页。

〔3〕“会奏收还美国赔款遣派学生赴美留学办法折”，宣统元年五月二十三日（1909年7月10日），载清华大学校史研究室编：《清华大学史料选稿》第1卷“清华学校时期（1911～1928）”，清华大学出版社1991年版，第116页。

〔4〕参见裴艳：《留学生与中国法学》，南开大学出版社2009年版，第83页。

〔5〕最优等四人分别为：陈锦涛（美国耶鲁大学、加利福尼亚大学法学科毕业），施肇基（美国康奈尔大学政法科毕业），李方（英国剑桥大学法律科毕业），张煜全（美国耶鲁大学、加利福尼亚大学法律科毕业）；优等一人为田书年（美国卫斯理大学法律科毕业）。参见刘真主编：《留学教育——中国留学教育史料》第2册，台湾编译馆1980年版，第788～790页。

（三）民国时期法科留学之赓续

进入民国之后，北洋政府对于留学教育事业，仍然甚为重视。1914年北洋政府教育部整理教育方案，针对留学教育曾特别指出："游学生派送之目的在求外国高深之学术，促进本国之文明，启发社会之知识"。"今先改订选送办法，各省游学经费每岁划出若干，并定东西洋游学定额若干，各有缺额者，一律由部选送"。[1]民初中央官费生之派遣虽较之前有所减少，但各省时有公费之设置。不过与清末相比，其对自费留日已施加了多种限制。如1914年1月17日教育部公布的《管理留学日本自费生暂行规程》第二条规定：自费留日学生，其应具资格为"中学以上学校毕业生"或"中学以上各校教员"。同年12月20日颁布之《管理留日学生事务规程》第二十五条规定："官费学生自民国三年起，不得再送选科。"[2]因此之故，民初留学日本之学生数，比之清末，已有较大下滑。然留学欧美诸国之人数，则有明显增加。据统计，1920年左右，留日学生总数约3800余人，除官费生1240人外，余皆为自费生；1924年留美学生为1637人，内有自费生1075人；留欧学生则不下1600人，而官费生仅353人。[3]

至于民初留学欧美日之法政科学生人数，详细数据已难以考证，但我们亦可从以下两表探寻到若干线索。

表1.5　1917年留欧美日官费生分科统计表

科目／国别	文	理	法	商	医	农	工	师范	预备	其他	总计
日　本	25	24	108	53	156	50	279	64	267	58	1084

〔1〕刘真主编：《留学教育——中国留学教育史料》第3册，台湾编译馆1980年版，第987页。

〔2〕李滔主编：《中华留学教育史录：1840～1949》，高等教育出版社2005年版，第285、292页。

〔3〕参见舒新城：《近代中国留学史》，中华书局1929年版，第148页。

续表

科目 国别	文	理	法	商	医	农	工	师范	预备	其他	总计
美　国	11	4	33	9	2	8	64				131
英　国	3	8	13	3	6	5	29				67
法　国	6	13	22	1	3	5	13		9		72
德　国	2	2	2		1	2	15				24
比利时							12				12
瑞　士	1			1			4				6
总　计	48	51	178	67	168	70	416	64	276	58	1396
百分比（%）	3.42	3.65	12.76	4.71	12.02	5.01	29.80	4.68	19.78	4.15	

资料来源：舒新城：《近代中国留学史》，中华书局 1929 年版，第 233 ~ 234 页。

说明：日本的官费法科留学生数原表统计数为 18 人，经核对显系笔误，应为 108 人，兹表已作更正。

表 1.6　1918 ~ 1921 年自费留学生预定留学国及学科统计表

科目 国别	文科	理科	工科	医科	法科	商科	农科	教育科	普通科	预备	不明	总计
美　国	11	18	57	7	62	14	8	14	4	1	17	213
日　本	2	4	36	17	38	14	4	1	4	3	30	153
德　国	1	7	5	9							3	25
英　国	2	2	6		9	1					6	26
法　国	1	1	3		3	1		2				11
瑞　士			1	7								8
总　计	17	32	108	40	112	30	12	17	8	4	56	436
百分比（%）	3.90	7.35	24.79	9.17	25.68	6.89	2.75	3.89	1.83	0.92	12.85	

资料来源：舒新城：《近代中国留学史》，中华书局 1929 年版，第 240 ~ 241 页。

由以上两表可知，民初的留学教育，已出现留日、留美、留欧三者同步发展的态势，而法科留学生在留学生总数中仍占据着相当之高的比重。表1.5显示，1917年留欧美日之官费法科留学生总数为178人，占官费留学生总数（1396人）的12.75%，仅次于工科留学生（29.80%）。表1.6则显示，1918～1921年间留欧美日之自费法科生人数为112人，占自费留学生总数（436人）的25.69%，位居各科自费留学生总数第一。不过自费留日法科生人数（38人），却远低于自费留美法科生人数（62人）。此两表一方面表明民初法科留学生的规模仍然不小，另一方面亦表明，与留美习法相比，留日习法的优势已逐渐丧失。其个中缘由或有以下三端：其一，如前所述，因为留日学生人多品杂，失之过滥，北洋政府对赴日留学采取了某种限制。其二，由于在清末的游学生选拔考试中，留美学生凭其学识和禀赋得以崭露头角，使清政府意识到留美教育的重要性，认为“美国学堂，结果甚善，而裨益中国者良非浅鲜”。〔1〕而北洋政府则延续了清末最后几年对留美活动的扶植方针。其三，庚款留美计划的启动和实施，使得中国留美学生数激增，并掀起了一个留美高潮，这种留美高潮，并未因辛亥革命而中断。1911年，中国留美学生人数为650人，1914年则达到1300名，至1917年，留美学生总数已超过1500人。〔2〕虽然留美学生以理工科为主，但习法政者之人数，亦有极大提升。民初留法法科生人数的增加，则很明显与民初勤工俭学运动所催生的留法热有一定关联。

然从学生总数来看，民初留日学习法政者之规模仍然不小。据统计，民初十年（1912～1921年）毕业于日本私立大学（包括早稻田大学、明治大学、日本大学大学部与专门部）的法政科（包括法律、政治

〔1〕“上谕档”，中国第一历史档案馆藏。转引自王奇生：《中国留学生的历史轨迹（1872～1949）》，湖北教育出版社1992年版，第15页。

〔2〕参见王奇生：《中国留学生的历史轨迹（1872～1949）》，湖北教育出版社1992年版，第21～22页。

经济科）毕业生共1201人，占同时期留学日本学生总数（1616人）的74.3%；毕业于各帝国大学（包括东京帝国大学、京都帝国大学、东北帝国大学、九州帝国大学）法政科者为56人，占总数（283人）的19.8%。〔1〕此一组数据表明，法政科依然为该时期留日学生所选择的主流学科。

1927年南京国民政府成立之后，对于留学教育同样甚为重视。1928年10月，国民政府行政院成立，并于同年11月改大学院为教育部。教育部甫经成立，即通令各省，要求今后选派留学生，须注重理工科并严格考试。同时颁布《选派留学生暂时办法大纲》，“严限选派资格，注重应用科学，以为造就专门技术人才”。〔2〕1929年国民政府召开全国第二次教育会议，明确指出：“公费留学生，应视国内建设上特殊需要，斟酌派遣，每次属于理、农、工（包括建筑）、医药者，至少应占全额十分之七”；“自费留学生，得依本人志愿，肄业任何学科，但学理、农、工、医药者，应尽先叙补公费或津贴”。〔3〕而教育部于1933年4月29日公布之《国外留学规程》，又再次强调：“各省市考选派赴国外研究专门学术者，应注重理农工医等专科。”〔4〕可见南京国民政府时期，政府对于留学事业，其关切之重心依旧在实业领域，但实际上，留学生中学习法政者，仍占据大宗。

相关资料显示，南京国民政府于1929年至1938年十年之间，共计派遣留学生7786人，其中公费生不足800人，其余6000余人均为自费

〔1〕参见王健：《中国近代的法律教育》，中国政法大学出版社2001年版，第122～123页。

〔2〕刘真主编：《留学教育——中国留学教育史料》第4册，台湾编译馆1980年版，第1661页。

〔3〕李滔主编：《中华留学教育史录：1840～1949》，高等教育出版社2005年版，第494页。

〔4〕李滔主编：《中华留学教育史录：1840～1949》，高等教育出版社2005年版，第495页。

生。[1]自1929年至1936年，赴欧、美、日的法科留学生，计有1049人。[2]该时期法科留学生具体人数及其在留学生总数中所占比例，则可参见下表：

表1.7　1929～1937年法科留学生比例统计

年份	1929	1930	1931	1932	1933	1934	1935	1936	1937
总数	1657	1030	450	576	621	859	1033	1002	366
法科	568	307	108	179	151	234	246	227	61
比例	34.28%	29.81%	24%	31.08%	24.32%	27.24%	23.81%	22.65%	16.67%

资料来源：裴艳：《留学生与中国法学》，南开大学出版社2009年版，第100页（原表转录）。

1937年，抗日战争爆发，基于“节省外汇，增强国力”之考虑，国民政府遂对国外留学“不得不加以限制”。1938年教育部与财政部会商拟订《限制留学暂时办法》四条，指明“凡选派公费留学生及志愿自费留学生，研究科目一律以军、工、理、医各科有关军事、国防为目前急切需要者为限”。[3]加之时局动荡，战事不断，自是之后，出国留学者锐减，而留学生中习法科者亦甚为寥寥。自1938年至1946年，各年度法科留学生人数分别为：1938年7人、1939年9人、1940年10人、1941年11人、1942年39人、1943年53人、1944年11人、1945年0人、1946年145人。[4]由上可知，1942年之后，随着抗战形势趋

---

〔1〕参见李良佑、张日升、刘犁编著：《中国英语教学史》，上海外语教育出版社2004年版，第269页。

〔2〕参见郝铁川：“中国近代法学留学生与法制近代化”，载《法学研究》1997年第6期。

〔3〕刘真主编：《留学教育——中国留学教育史料》第4册，台湾编译馆1980年版，第1991页。

〔4〕参见刘真主编：《留学教育——中国留学教育史料》第4册，台湾编译馆1980年版，第2034页；裴艳：《留学生与中国法学》，南开大学出版社2009年版，第100页。

于好转，国民政府的留学政策逐渐放宽，留欧、美、日学习法科之留学生人数，虽然有所增加，但总体数量仍然偏少。1946 年以后，因经费支绌，加之国民政府外汇支出困难，两年一次的公费留学考试遂被无形搁置。1948 年 1 月，国民政府宣布停止公自费生留学考试。自此，除少数获得国外奖学金和自备外汇出国者外，整体层面的法科留学活动随着国民党政权在大陆的垮台被告终结。〔1〕

二、中国近代新式法学教育的兴办

第二次鸦片战争之后，为应付日益复杂的对外交涉活动，清政府于 1862 年设立京师同文馆。这是一所专门教授外国语言文字，培养翻译人才的洋务学堂。该馆曾于同治七年（1868 年），“请美人丁韪良讲万国公法”。〔2〕丁韪良在馆内为中国学生所授，乃为美国学者惠顿（Wheaton，1785～1848）所著之《万国公法》（*Elements of International Law*）。此外，湖南时务学堂也有开展过新式法学教育的记载。湖南时务学堂开办于 1897 年秋冬，作为戊戌变法维新思潮的产物，虽然其自开办至解散不足一年，但亦开设有法学方面的课程。据《时务学堂功课详细章程》所载：

> 第一节——本学堂所广之学，分为两种：一曰溥通学，二曰专门学。溥通学，凡学生人人皆当通习；专门学，每人各占一门。
>
> ……
>
> 第三节——专门学之条目有二：一曰公法学（宪法、民律、刑律之类为内公法，交涉、公法、约章之类为外公法），二曰掌故学，三曰格算学。（专门之学非尽于斯，特就所能教者举之耳。又各专门学，非入西人专门学堂不能大成。现时所教，不过就译出各书略

〔1〕参见裴艳：《留学生与中国法学》，南开大学出版社 2009 年版，第 102 页。

〔2〕吴宣易：“京师同文馆略史”，载舒新城编：《中国近代教育史资料》上册，人民教育出版社 1961 年版，第 120 页。

引端倪，学者因其性之所近自择焉可也。)〔1〕

1895年，盛宣怀（1844～1916）奏请朝廷批准设立了中国第一所近代意义上的大学——天津中西学堂（1903年改名为北洋大学堂），并聘请美国传教士丁家立（C. Daniel Tenney，1857～1930）任总教习。该学堂参仿美国哈佛大学和耶鲁大学的办学模式设置学制和课程体系，分设头等学堂和二等学堂两校。头等学堂设有工程、电学、矿务、机器、律例五门，学制四年。律例门所学，则包括“大清律例、各国通商条例、万国公法等”。〔2〕而1898年设立之京师大学堂，自办学伊始即在其专门学第三门“高等政法学”中设有法律学课程。〔3〕不过此一时期作为中国新式法学教育的萌芽期，虽然兴办或改进的新式学堂和书院不少，但直至19世纪末，涉及新式法学教育者仍屈指可数。

（一）清末法政学堂之纷设

庚子一役之后，为力挽颓局，清政府决意施行“新政”。1901年9月14日，慈禧太后在西安颁布“兴学诏书”，通令“除京师已设大学堂应行切实整顿外，着各省所有书院，于省城均改设大学堂，各府及直隶州均改设中学堂，各州县均改设小学堂，并多设蒙养学堂”。〔4〕并谕令各省督抚学政，切实通饬，认真兴办。此后，全国开办新学之势如火如荼，大批新式学堂如雨后春笋般涌现。光绪二十八年（1902年）二月，清廷再次下诏：

---

〔1〕“时务学堂功课详细章程”，光绪二十三年（1897年），载冯克诚主编：《清代后期教育思想与论著选读》中册，人民武警出版社2011年版，第119页。

〔2〕“天津中西学堂章程”，光绪二十一年七月二十九日（1895年9月17日），载张国有主编：《大学章程》第1卷，北京大学出版社2011年版，第52页。

〔3〕据清政府1902年颁布之《钦定京师大学堂章程》可知，该学堂在大学专门分科政治科内设有法律学目。1904年1月修订大学堂章程，改大学专门分科为分科大学堂，在政法科大学堂内设法律学门。参见李贵连等编：《百年法学：北京大学法学院院史（1904～2004）》，北京大学出版社2004年版，第16～17页。

〔4〕（清）朱寿朋编：《光绪朝东华录》第4册，中华书局1958年版，总第4719页。

中国律例，自汉唐以来代有增改。我朝《大清律例》一书，折中至当，备极精详。惟是为治之道，尤贵因时制宜，今昔情势不同，非参酌适中，不能推行尽善。况近来地利日兴，商务日广，如矿律、路律、商律等类，皆应妥议专条，着各出使大臣查取各国通行律例，咨送外务部，并着责成袁世凯、刘坤一、张之洞慎选熟悉中西律例者，保送数员来京，听候简派，开馆编纂，请旨审定颁行。总期切实平允，中外通行，用示通变宜民之至意。〔1〕

遵从这道谕旨，袁世凯、刘坤一、张之洞连衔上奏，举荐沈家本、伍廷芳主持修律馆。在开馆修律的过程中，沈家本非常敏锐地意识到设立新式法律学堂训练法律专门人才的必要性。沈氏在《设律博士议》一文中指出："法律为专门之学，非俗吏之所能通晓，必有专门之人，斯其析理也精而密，其创制也公而允。以至公至允之法律，而运以至精至密之心思，则法安有不善者。"〔2〕为了规范全国各地新式学堂的创设和新式教育的开展。光绪二十九年（1903年）十一月二十六日，张百熙会同张之洞、荣庆联衔奏拟《学务纲要》，明确规定："政法一科，惟大学堂有之，高等学堂，豫备入大学政法科者习之。""私学堂禁专习政治法律"。〔3〕在此背景下，全国各地法政学堂纷纷得以设立。

光绪三十一年（1905年）三月二十日，伍廷芳与沈家本奏请在京师专设法律学堂。其"以造已仕人员，研精中外法律，各具政治知识，足资应用为宗旨。并养成裁判人材，期收速效"。〔4〕按照《京师法律学

〔1〕（清）朱寿朋编：《光绪朝东华录》第5册，中华书局1958年版，总第4833页。

〔2〕（清）沈家本：《历代刑法考》，邓经元、骈宇骞点校，中华书局1985年版，第2060页。

〔3〕张百熙：《张百熙集》，谭承耕、李龙如点校，岳麓书社2008年版，第49页。

〔4〕"京师法律学堂章程"，载朱有瓛主编：《中国近代学制史料》第2辑下册，华东师范大学出版社1989年版，第471页。

堂章程》之规定，该学堂入校学生学习期限定为三年。三年课程设置分别如下：第一年：大清律例及唐明律、现行法制及历代法制沿革、法学通论、经济通论、国法学、罗马法、民法、刑法、外国文、体操；第二年：宪法、刑法、民法、商法、民事诉讼法、刑事诉讼法、裁判所编制法、国际公法、行政法、监狱学、诉讼实习、外国文、体操；第三年：民法、商法、大清公司律、大清破产律、民事诉讼法、刑事诉讼法、国际私法、行政法、财政通论、诉讼实习、外国文、体操。此外，另立学习期限为一年半的速成科，课程计有：大清律例及唐明律、现行法制及历代法制沿革、法学通论、宪法大意、刑法、民法要论、商法要论、大清公司律、大清破产律、民刑诉讼法、裁判所编制法、国际法、监狱学、诉讼实习。〔1〕

京师法律学堂是中国近代第一所中央官办法律专门学校，其并不隶属于清政府最高中央教育行政机关——学部，而分属于修订法律馆门下。从该学堂所设课程来看，无论普通科还是速成科，已涉及现代法学教育中的诸多部门法学科，而民法自然亦成为该学堂课程体系中的一门主修课程。

光绪三十一年（1905 年）十月，直隶总督袁世凯奏设之直隶法政学堂正式成立。该学堂以“改良直隶全省吏治、培养佐理新政人材”〔2〕为宗旨。依据《直隶法政学堂章程》，学堂学员肄业年限定为“预科半年，正科一年半，共计两年毕业”。预科所学法学课程主要为法学通论，正科所授法学科目则包括：大清律例、大清会典、交涉约章、政治学、宪法、行政法、刑法、民法、商法、国际公法、国际私法、刑事诉讼

〔1〕 参见“京师法律学堂章程”，载朱有瓛主编：《中国近代学制史料》第 2 辑下册，华东师范大学出版社 1989 年版，第 471～472 页。

〔2〕“直隶法政学堂章程”，载朱有瓛主编：《中国近代学制史料》第 2 辑下册，华东师范大学出版社 1989 年版，第 477 页。

法、民事诉讼法、裁判所构成法、警察学等。[1]直隶法政学堂之课程设置，深获当时管学大臣孙家鼐称许，其上奏朝廷曰：

> 查各省课吏馆业经遍设，尚无专治法律一门。近日直隶议设法政学堂，所列科目，颇为详备，与该大臣等所拟办法相合，于造就已仕人才，佐理地方政治，深有裨益。拟请饬下政务处通行各省，并查取直隶法政学堂章程，参酌地方情形，认真办理。[2]

1906年7月，清政府学部鉴于“各省举行新政，需材甚殷，裁判课税人员，尤非专门之学不能胜任。而科举既废，举贡生员苦无求学之地，以之肄业法政，既不如他项科学之难于成就”，要求凡未设立法政学堂之省份，“应即一体设立，其业经设立者，亦应酌量扩充”。[3]自是之后，举国上下迅速掀起一个广设法政学堂的高潮。据清政府学部总务司编《第三次教育统计图表》载，1909年全国共有专门学堂127所，其中法政学堂47所，占37%；学生总数23 735名，其中法政学生12 282名，占52%，比文、理、农、工、医、师范等专科的总数还多。[4]至1910年，绝大部分省份均已设立了法政学堂。以下为清末各省督抚奏设之法政学堂一览表：

---

〔1〕参见“直隶法政学堂章程”，载朱有瓛主编：《中国近代学制史料》第2辑下册，华东师范大学出版社1989年版，第478～479页。

〔2〕（清）朱寿朋编：《光绪朝东华录》第4册，中华书局1958年版，总第5384页。

〔3〕朱有瓛主编：《中国近代学制史料》第2辑下册，华东师范大学出版社1989年版，第475～476页。

〔4〕参见熊先觉：“朝阳大学——中国法学教育之一脉”，载张桂琳主编：《中国政法大学教育文选》第2辑，中国政法大学出版社2006年版，第69页。

表 1.8　清末各省督抚奏设法政学堂一览表

序号	学堂名称	奏办及开设时间	序号	学堂名称	奏办及开设时间
1	直隶臬署法政学堂（直隶法律学堂）	光绪三十年（1904 年）落成，八月开办	13	云南法政学堂	光绪三十二年（1906 年）
2	直隶法政学堂	光绪三十一年（1905 年）十月十五日开学	14	山西法政学堂	光绪三十三年（1907 年）
3	广东法政学堂	光绪三十一年（1905 年）十一月	15	陕西法政学堂	光绪三十三年（1907 年）三月开学
4	江西法政学堂	光绪三十二年（1906 年）三月	16	新疆法政学堂	光绪三十三年（1907 年）七月开学
5	山东法政学堂	光绪三十二年（1906 年）	17	湖北法政学堂	光绪三十四年（1908 年）二月
6	浙江法政学堂	光绪三十二年（1906 年）	18	两江法政学堂	光绪三十四年（1908 年）三月
7	贵州法政学堂	光绪三十二年（1906 年）	19	吉林法政学堂	光绪三十四年（1908 年）八月
8	湖南法政速成学堂	不　详	20	热河速成法政学堂	光绪三十四年（1908 年）十月初一日开学
9	四川法政学堂	光绪三十二年（1906 年）八月成立，官班于九月开学，绅班于三十三年（1907 年）二月开学	21	广西法政学堂	光绪三十二年（1906）八月附设法政讲习所于课吏馆中，光绪三十四年（1908 年）改办法政学堂
10	奉天法政学堂	光绪三十二年（1906 年）	22	河南法政学堂	光绪三十四年（1908 年）二月开学
11	江宁法政学堂	光绪三十二年（1906 年）十一月	23	甘肃法政学堂	宣统元年（1909 年）
12	安徽法政学堂	光绪三十二年（1906 年）十一月	24	黑龙江法政学堂	宣统二年（1910 年）

资料来源：朱有瓛主编：《中国近代学制史料》第 2 辑下册，华东师范大

学出版社 1987 年版，第 499～502 页；曾宪义、王健、闫晓君主编：《律学与法学：中国法律教育与法律学术的传统及其现代发展》，中国人民大学出版社 2012 年版，第 295～298 页。

（二）民国时期法学教育的曲折发展

民初，北京政府一度对法学教育进行了大力整顿。南京国民政府时期，法学教育则经历了限制发展（1928～1937）、稳步发展（1937～1945）、快速发展（1945～1949）一波三折的演进过程。[1]民国时期，中国的法学教育日趋成熟，法科学生培养机制基本定型，法律院校遍布全国。各法律院校开设的课程渐趋合理，门类日益齐全，教学内容亦逐渐丰富，呈现出浓厚的现代法学教育气息。

1. 民国时期法学教育的演进脉络

民国初年，有感于清末各省法政学堂之设立过多过滥，北京政府教育部决意对法政专门教育进行整顿。1912 年 10 月，教育部公布《专门学校令》，其第 1 条规定："专门学校以教授高等学术、养成专门人才为宗旨。"第 2 条规定："专门学校之种类为法政专门学校、医学专门学校、药学专门学校、农业专门学校、工业专门学校、商业专门学校、美术专门学校、音乐专门学校、商船专门学校、外国语专门学校等。"[2]至此，法政专门学校作为十余种专门学校中之一种，被明确规定属于高等学校层次。鉴于法政专门学校在各类专门学校中所占比例最大，教育部又于同年 11 月 2 日公布《法政专门学校规程》，规定"法政专门学校以养成法政专门人才为宗旨"；其修业年限为"本科三年，预科一年"。法政专门学校分为三科：法律科、政治科、经济科。法律科所修科目如下：宪法、行政法、罗马法、刑法、民法、商法、破产法、刑事诉讼法、

〔1〕参见汤能松等：《探索的轨迹——中国法学教育发展史略》，法律出版社 1995 年版，第 309 页。

〔2〕宋恩荣、章咸编：《中华民国教育法规选编》（修订本），江苏教育出版社 2005 年版，第 383 页。

民事诉讼法、国际公法、国际私法、外国语。〔1〕本规程之制定，旨在统一全国各法政专门学校的办学标准和课程设置。翌年1月，教育部又通令各省法政学校，“以法政人才，关系国家至为重大，非绳以严格，不足以培育真才”，而各省公私立专门学校有“因循迁就”，将“别科毕业稍加补习改为本科”者，故严令各校“查合格学生，先入预科，毕业后，方得升入本科”。〔2〕1913年10月18日，教育部再次下发《限制法政学校招考别科生令》，通令“嗣后京外法政专门学校，应注重预科及本科，不得再招考别科新生，是为至要”。〔3〕此外，教育部又于该年11月22日通令各省：“所有省外私立法政专门学校，非属繁盛商埠、经费充裕、办理合法、不滋流弊者”，应请民政长“酌量情形，饬令停办或改为法政讲习所”。〔4〕通过以上一系列法令，教育部取缔了一批办学质量低下的私立法政学校，同时也推动了法学院校的独立和部分高等大学中法学院的设立。如东吴大学法学院于1915年在上海创设，上海法政大学于1924年成立，上海法学院则于1926年从上海法政大学独立出来，等等。但一个不争的事实是，由于北京政府对法学教育“严立限制”，使得民国最初几年法政学校“遂若怒潮之骤落”，〔5〕而全国法政学校数量和学生人数亦随之相应减少。〔6〕

---

〔1〕 潘懋元、刘海峰编：《中国近代教育史资料汇编：高等教育》，上海世纪出版股份有限公司2007年版，第483页。

〔2〕 潘懋元、刘海峰编：《中国近代教育史资料汇编：高等教育》，上海世纪出版股份有限公司2007年版，第485~486页。

〔3〕 王学珍、张万仓编：《北京高等教育文献资料选编：1861~1948》，首都师范大学出版社2004年版，第324页。

〔4〕 潘懋元、刘海峰编：《中国近代教育史资料汇编：高等教育》，上海世纪出版股份有限公司2007年版，第487页。

〔5〕 黄炎培：“读中华民国最近教育统计”，载舒新城编：《中国近代教育史资料》上册，人民教育出版社1961年版，第365页。

〔6〕 1912年全国共有法政专门学校64所，在校法政科学生为30 803人，然到1916年法政专门学校已减少至32所，在校法政科学生仅为8803人。迨至1926年，全国公立、私立的法政专门学校则降至25所。参见王健：《中国近代的法律教育》，中国政法大学出版社2001年版，第222页。

然总体来看，在整个民初时期，法学专业一直是最热门的专业。从1912～1925年的14年间，法政学校年平均数仍占全国院校年平均总数的40%左右，法政学校年均在校生人数，占全国院校年均在校生人数的50%左右。〔1〕除法政学校之外，综合性大学的法科生人数，也是学生人数最多的专业。如在1913年以及1916～1923年的9年间，北京大学法科（系）毕业生人数为613人，占毕业生总数（1995人）的30.7%。〔2〕该时期法学教育如此之盛，其主要原因乃在于民初“国家乍脱专制而创共和，社会对于政治兴味非常亢进”，〔3〕而立法、司法和行政各部门对具有法学专业知识的人才又有较大需求。加之受过法律教育的学生，入仕更易，而开办法学教育成本较低，所需经费、设备不多。职是之故，法学教育在民初仍兴盛一时。

南京国民政府成立之后，继续采取各项措施对法学教育进行全面整顿：一方面对法律教育机构大加裁撤；另一方面则对法学专业招生人数施加限制。1929年7月26日，国民政府颁布《大学组织法》和《专科学校组织法》，这是我国近代高等教育史上第一次正式的大学立法。前者规定：“由省政府设立者为省立大学，由市政府设立者为市立大学，由私人或私法人设立者为私立大学”；“大学分文、理、法、农、工、商、医药、教育、艺术及其他各学院”；“凡具备三学院以上者，始得称大学，不合上项条件者，为学院，得分两科”；“大学各学院或独立学院各科，得分若干学系”。〔4〕1929年8月14日又颁布了《大学规程》，进一步规定：“大学法学院或独立学院法科：分法律、政治、经济三学系，

〔1〕参见汤能松等：《探索的轨迹——中国法律教育发展史略》，法律出版社1995年版，第236页。

〔2〕参见李贵连：“二十世纪初期的中国法学（续）”，载《中外法学》1997年第5期。

〔3〕黄炎培：“读中华民国最近教育统计”，载舒新城编：《中国近代教育史资料》上册，人民教育出版社1961年版，第365页。

〔4〕张国有主编：《大学章程》第1卷，北京大学出版社2011年版，第387页。

但得专设法律学系。”〔1〕根据这些规定，法律教育被提升至大学层面，法律教育机构仅限于大学法学系（院）和独立学院两种，不得设立法律专门学校或法政大学；已经设立的，限期停办。每一独立学院至少得有两门学科，每一学科分为若干学系，如法科分法学、政治、经济三个学系；每一大学至少应有三个学院。法学系的学习年限至少是五年。〔2〕至此，清末民初盛极一时的法政专门学校，悉数退出近代法律教育的历史舞台。

1932年5月，时任教育部长陈果夫针对文实科畸形发展之现状，提出《改革教育方案》10条。《改革教育方案》认为，二三十年来，学校课程偏重文法，忽视农、工、医，形成畸形发展，文法人才过剩，农工医人才缺乏，此种教育上之病态亟应纠正。并提出：自本年度起，10年内全国各大学及专科学院一律停招文法艺术等科学生，派遣留学生一律以农、工、医等实用科学为限。该方案后经国民党中央政治会议函准。同年12月9日，国民政府教育部发布《改革大学文法等科设置办法》，要求现有文法等科办理不善者，限令停止招生或取消立案，分年结束，嗣后除边远省份为养成法官及教师准设文法科外，一律暂不新设。〔3〕1934年，教育部训令限定法学院所招新生及转学生之平均数，不得超过理、农、医、工任何学院各学系所招新生及转学生之平均数，独立法学院每一学系或专修科所招新生及转学生之数额，不得超过50名。〔4〕经过此番整顿，全国法科学生人数直线下降，从1929年的11 500人降至1938年的7000人左右。法科教育在各类教育中的排名也由原来的列居

〔1〕宋恩荣、章咸编：《中华民国教育法规选编》（修订本），江苏教育出版社2005年版，第387页。

〔2〕参见汤能松等：《探索的轨迹——中国法律教育发展史略》，法律出版社1995年版，第287～288页。

〔3〕参见曹义孙、胡晓进编著：《三十年中国法学教育大事记：1919～1949》，中国政法大学出版社2011年版，第144页。

〔4〕参见孙晓楼：《法律教育》，中国政法大学出版社1997年版，第81～82页。

首位降到第四位。[1]

1937 年抗战爆发后，随着沦陷区的扩大，中国的高等教育备受挫折，大量高校开始向后方转移，中国的高校和独立学院数锐减。法学院的数量及其在校生人数亦呈递减趋势，中国的法学教育一度步入低谷。直至 1940 年才逐渐恢复至战前水平，并在之后数年呈稳步发展势态。[2]此外，该时期法学院系的课程设置也大致得以确定。1939 年 8 月，国民政府公布法学院分系专业必修及选修科目，对法律系、政治学系、经济学系和社会学系的课程作了统一规定。其中法律系的必修课为：法学绪论、宪法、民法总则、民法债编、民法物权、民法亲属继承、商事法概论、公司法、票据法、保全法、海商法、刑法总则、刑法分则、中国司法组织、民事诉讼法、刑事诉讼法、行政法、国际公法、国际私法、法理学、中国法制史、毕业论文；选修课为：外国文、第二外国文、世界通史、刑事特别法、中国旧律研究、比较法学绪论、比较刑法、中国司法问题、比较司法制度、罗马法、英美法、近代欧洲大陆法、立法学、破产法、土地法、劳工法、法学专题研究、证据法学、强制执行法、犯罪学、监狱学、刑事政策、中国法律思想史、中国政治制度、中国经济史、诉讼债务。[3]

抗战结束后，为因应建国建制和“实施宪政”之需要，法律人才的培养重新得到重视。1946 年 7 月 24 日至 26 日，国民政府教育部在南京举行高等教育讨论会，召集大学校长及教育专家共 30 余人参加。讨论会形成了多项决议案，其中包括“为造就法学人才，法学院得单独设立

---

〔1〕 参见民国教育部中国教育年鉴编审委员会编：《中国第一次教育年鉴》，上海开明书店 1934 年版，第 425 ~ 427 页。

〔2〕 据统计，1933 年全国专科以上学校之法科学系数为 121，1937 年降为 82，1940 年恢复为 105，1944 年又升为 117；就法科在校学生数而言，1933 年为 12 913 人，占全国总学生数的 30.07%，1937 年为 7125 人，1940 年为 11 172 人，1944 年为 15 990 人。参见汤能松等：《探索的轨迹——中国法律教育发展史略》，法律出版社 1995 年版，第 316 ~ 317 页。

〔3〕 参见何勤华：《中国法学史纲》，商务印书馆 2012 年版，第 248 ~ 249 页。

法学系”。〔1〕1948年2月4日，国民政府教育部法律教育委员会在南京开会，并形成如下重要决议：中小学教科书应有刑法资料，调整大学法律系课程；国家普通法律应列入国民义务教育基本课程，扩充大学法律系招生名额，并奖励设立法律学校等。〔2〕同年7月1日，国民政府教育部法律教育委员会又在南京举行第六次全体会议，会议决议：法律学系与政治经济学系应分别成立学院，逐渐普遍推行。此后几年，除少数具有特殊性质者外，全国各国立大学大都设立了法学院。〔3〕

2. 民国时期大学法学教育的类型及其典型代表

自清末北洋大学堂、京师大学堂、京师法律学堂开办至民初东吴大学法学院、燕京大学法学院、朝阳大学等法学教育机构的筹设，再到南京国民政府时期一批国立大学、私立大学中法学院的纷纷建立，全国出现了一批具有较高办学质量和良好声誉的法学院及独立的法政大学，虽然数量不大，但已初步构建起一个遍布全国的高等法律教育的网络体系。大致归纳，民国时期的大学法学教育主要可分为以下三类：其一，官办（公立）的大学法学教育；其二，私立大学的法学教育；其三，教会大学的法学教育。〔4〕据统计，1935年全国设有法学院的大学及独立学院共计35所，其中包括公立19所（内含国立9所、省立10所），私立大学（含教会大学）16所；1940年全国设有法学院的大学及独立学院共计27所，其中包括公立14所（内含国立11所、省立3所），私立大学（含教会大学）13所。〔5〕其时设有法科的比较重要的国立大学，

---

〔1〕参见曹义孙、胡晓进编著：《三十年中国法学教育大事记：1919～1949》，中国政法大学出版社2011年版，第231～232页。

〔2〕参见曹义孙、胡晓进编著：《三十年中国法学教育大事记：1919～1949》，中国政法大学出版社2011年版，第242页。

〔3〕参见曹义孙、胡晓进编著：《三十年中国法学教育大事记：1919～1949》，中国政法大学出版社2011年版，第243页。

〔4〕从严格意义上言之，民国时期的教会大学，亦属于私立大学之一种。

〔5〕参见汤能松等：《探索的轨迹——中国法学教育发展史略》，法律出版社1995年版，第313～314页。

主要有北京大学、中央大学、清华大学、中山大学、武汉大学、四川大学、暨南大学等，较为重要的省立大学有云南大学、山西大学等；重要的私立大学有朝阳大学（学院）、复旦大学、厦门大学、广州大学等；教会大学则有东吴大学法学院、震旦大学、燕京大学等。下文以北京大学、朝阳大学、东吴大学之法学教育为例，对民国时期大学法学教育之一般状况，略做管窥。

（1）官办（公立）大学的法学教育：以北京大学为例。

民国时期官办（公立）大学的法学教育，北京大学最有典型意义，也最具代表性。北京大学的前身为京师大学堂，其开办于1898年，庚子之役时曾一度停办，至1902年又重新开学。1909年京师大学堂筹设了专门的法政科大学，开展专门的法学教育。1911年辛亥革命爆发，京师大学堂停办。1912年中华民国成立，京师大学堂复又开学。斯时教育总长蔡元培着手改革旧的教育制度，同年5月改京师大学堂为北京大学校，嗣后又改称为国立北京大学校。1913年2月改该校政法科为法科，由余棨昌出任法科学长。其中法科包括法律学门、政治学门和经济学门。〔1〕

1917年1月蔡元培任北京大学校长，他在对北大旧学制进行全面改革的同时，也对法科法律学门进行了一系列改革。这些改革举措主要包括：实行教授治系，广聘英才充实师资队伍；改革招生制度，修订课程实行选科制；制定管理规则、建立严格的考试制度；建立法律学专门研究所，组织社团举办讲座等。〔2〕经过蔡元培的一系列改革，北京大学法科成为全校最为完备的学科。据统计，1913～1923年，北京大学法科（系）的毕业生人数为613人，占全校毕业生总数（1995人）的30.7%，

〔1〕 参见李贵连等编：《百年法学：北京大学法学院院史（1904～2004）》，北京大学出版社2004年版，第23、41～42页。

〔2〕 参见张国福："北京大学法律学系前期的教学改革及其优良传统"，载《中外法学》1998年第3期。

居全校各科、系之首。〔1〕

1927 年6 月，奉系军阀张作霖进入北京。同年8 月6 日，张作霖颁布“大元帅令”，将包括北京大学在内的北京 9 所国立高等学校合并成所谓的“京师大学校”。原北京大学法学院被合并至北京法政大学，称为法科第二院。〔2〕1928 年 6 月，张作霖掌控的安国军政府垮台，南京国民政府复将京师大学校改为中华大学，后又改为北平大学，北京大学和北京师范大学遂掀起了复校运动。1929 年 8 月，南京国民政府被迫恢复了国立北京大学的名称。1930 年蒋梦麟担任北京大学校长之后，改北大法科为法学院，法学院设政治、经济、法律三系，戴修瓒任法律系主任。1934 年法学院设法科研究所，负责培养法学研究生。〔3〕1937 年平津沦陷后，部分北京大学法律系学生辗转抵赴昆明，编入西南联合大学法商学院法律学系。

（2）私立大学的法学教育：以朝阳大学为例。

国人最早创立的私立大学，为 1906 年罢学归国留日学生在上海创立的中国公学。虽然清政府 1904 年颁布之《学务纲要》禁止私立学堂讲习法政，但其约束力甚微。迨至 1910 年，清政府迫于形势，废除了此项禁令。民国之后，由于国民政府颁布了一系列法令准许创办私立大学，遂有不少社会名流募资筹设私立大学。这些学校虽屡有变迁，但至1936 年，设有法科的私立大学和学院亦复不少。在上述私立大学（学院）中，在法学教育方面成绩卓著者，当为北京朝阳大学。

朝阳大学是北京法学会成员江庸、汪有龄等集结法学会同仁，以私人力量集资创设的专门性法科大学。1912 年4 月，孙中山宣布辞去临时大总统一职，汪有龄返回北京恢复北京法学会，并邀集江庸、黄群、蹇

---

〔1〕参见李贵连：“二十世纪初期的中国法学（续）”，载《中外法学》1997 年第 5 期。

〔2〕参见萧超然等编著：《北京大学校史（1898 ~ 1949）》（增订本），北京大学出版社 1988 年版，第 235 ~ 236 页。

〔3〕参见张国福：“北京大学法律系建立及其前期概况”，载《中外法学》1994 年第 5 期。

念益等法界名流集资筹设朝阳大学，以培养法学人才。朝阳大学成立后，公推汪有龄为校长。因其校址设在朝阳门内海运仓，故命名朝阳大学。该校初设法律、政治、经济等科，并于1913年正式招生。由于1929年颁布之《大学组织法》第5条规定具备三个学院以上者，始得称为大学，不合条件者仅称为独立学院。朝阳大学因只有法律和经济的科系，不符合大学的学科建制，遂改称为朝阳学院，但仍准用大学印信，世人也一直称其为朝阳大学。该校在法学教育和法律人才培养方面，均堪称民国法律院校的楷模，故于1916年获教育部颁发之特别奖状；1918年司法部又授予其“法学模范”称号；1927年世界法学会特邀朝阳大学为会员，在海牙会议上肯定朝阳大学为“中国最优秀之法律学校”。〔1〕“七·七事变”之后，朝阳大学先是迁至湖北沙市，后又辗转迁至成都和重庆。抗战结束后，又复校于北平。

在朝阳大学的办学历史中，素以名师云集而著称。当时在朝阳大学执教者，诸多为法学名家。如余棨昌、钟赓言、程树德、石志泉、李浦、刘志敭、张孝簃、江庸、冈田朝太郎、岩谷孙茂、胡以鲁、陈镐生、钱泰、朱深、刘鸿渐、黄右昌、夏勤、王家驹、邵勋、李怀亮、戴修瓒、陈大齐等，不独在学术上有着高深的造诣，且均能尽瘁心力，认真施教。朝阳大学教授所编写的《朝大讲义》，在其时法学界颇负盛名，外校学子及社会人士以得此讲义为荣，并以之为研究法学或应考文官与司法官者的重要参考资料。〔2〕

朝阳大学在办学期间，极为重视师资和法学人才的储备与培养。1922年之后，“每年就毕业各生成绩较优者，选择数名，资派赴美、德、法、日各国留学，指定学科，令其专攻，以备他日讲师之选”。该校所制定之《资派留学生简章》第1条规定：“凡本校各科系毕业学生，

〔1〕参见熊先觉：“朝阳大学——中国法学教育之一脉”，载《比较法研究》2001年第3期。

〔2〕参见“私立朝阳大学”，载薛君度、熊先觉、徐葵主编：《法学摇篮：朝阳大学》增订版，东方出版社2001年版，第16页。

毕业成绩平均在85分以上者，得由校长指定地点及专攻学科，资助全费或半费，派赴国外留学，以资深造。”〔1〕民国时期有多位朝阳大学学生，如胡长清、陶惟能、吴振源、曾志时、李祖荫等，均曾先后被朝阳大学资派出国，回国后又在母校任教，并在民法学方面取得不凡建树。就法学人才培养而言，自1928年朝阳学院获准立案以来的21年间，毕业的学生计有专门部法律科6班、政治经济部7班、大学部法律系21班、经济政治系各13班、司法组3班、司法会计专修科3班、书记官专修科及监狱官专修科各2班。连同朝阳大学阶段计算，前后共培养毕业生近7000人，而法律科系的毕业生，又约占70%。〔2〕在法律科系的毕业生中，除了少数从事研究和执教外，大多供职于司法部门。朝阳大学为当时社会提供了一种职业化的法学教育，为民国司法实务人才的培养做出了重要的贡献。抗战前后的全国各级司法机构，无不有朝阳同学跻身其间，因此在司法界成就了“无朝不成院，无朝不开庭”的佳话。

（3）教会大学的法学教育：以东吴大学法学院为例。

中国近代的教会院校，皆由外国传教士或教会团体筹办。民国时期，教会大学设有法科者，计有震旦大学、燕京大学和东吴大学三所，〔3〕但以设于上海的东吴大学法学院最为著名。东吴大学法学院名义上为东吴大学的一个学院，但除小部分经费由美国教会通过东吴大学拨付外，两校实际上处于一种相对独立的状态。

---

〔1〕李秀清：“品读朝阳”，载《比较法研究》2013年第3期。

〔2〕参见“私立朝阳大学”，载薛君度、熊先觉、徐葵主编：《法学摇篮：朝阳大学》增订版，东方出版社2001年，第20页。

〔3〕震旦大学由天主教教徒马相伯于1903年在上海创办，最初称震旦学院，其隶属于法国天主教耶稣会。该校以法国法为教学基础，教师多由在沪执业的法国律师兼任。1932年立案后改名为震旦大学。1935年，该校设置法学院，下分法律、政治经济二系，学制四年。燕京大学则由英美两国在华基督教会于1919年联合创办，1920年又将华北协和女子大学并入该校。1929年，燕京大学遵照国民政府教育部公布的《私立学校规程》，分文、理、法三学院。参见侯强：《中国近代法律教育转型与社会变迁研究》，中国社会科学出版社2008年版，第184～185页。

东吴大学由美国基督教卫理公会传教士于1900年在苏州创办。1915年，该校政治学教师、美国律师和基督教徒兰金（C. W. Rankin）在上海创办东吴大学法科，并自任教务长。1927年改称为东吴大学法律学院，1935年又改称为东吴大学法学院，其英文名称为The Comparative Law School of China，即“中国比较法律学院”。[1]1924年以前，东吴大学法学院一直利用位于上海昆山路20号的东吴大学附属第二中学的教室上课。1924年，东吴大学法学院搬迁至昆山路11A号，从此，该院有了自己相对固定的办学场所。[2]1921年兰金因事去职回国，美国人刘伯穆（W. W. Blume）接任东吴大学法学院教务长。1927年春，刘伯穆辞职，吴经熊被聘为首任院长，盛振为担任教务长一职。1937年日军进攻上海，盛振为率东吴大学法学院师生及员工避入上海公共租界。太平洋战争爆发后，东吴大学法学院停办，部分师生于1942年在上海开办中国比较法学院，而盛振为则率法学院部分师生迁至重庆，并于1941年至1950年期间任东吴大学法学院院长。抗战结束后，沪渝两地学校合并。1952年，院系调整之后，该院法律系并入华东政法学院。

该学院办学之初，主要利用下午晚些时候和晚上上课。除了兰金，所有教师都是法官，有英国人、美国人和中国人。起初全部学生不到12人。1918年6月，首批7名学生被授予法学士学位。最初的10年中，学院发展略缓，后来发展甚速，至1930年时，该院成为中国教会大学所主办的最大的一所专科学院。1930年，法学院招生594名，而东吴大学却只招到学生450名，而且其中的186名是法律预科生，学习两年以

---

〔1〕 兰金在上海开展比较法教育，缘于其作为一名曾经受过专门训练的律师，发现上海复杂的法律制度，包括中国、美国和欧洲，以及混合的法庭，并对此感到大为震惊。认为确有必要发展比较法律专业，培养能使中国法制现代化的法官；在以后的十几年时间中国将需要能够制定民法、编纂法典、组织法官团体的专家。参见［美］杰西·格·卢茨：《中国教会大学史（1850～1950）》，曾钜生译，浙江教育出版社1987年版，第170页。

〔2〕 参见谭金土：“回顾东吴大学法学院”，载谢泳等：《逝去的大学》，同心出版社2005年版，第168页。

后便入法学院学习。[1]

东吴大学法学院按照美国的法学教育模式设置，致力于培养具有比较法素质的人才，英美法和比较法在其课程体系中占据着非常重要的地位。学院虽然也采取了一种面向法律职业的人才培养模式，但与朝阳大学不同，其以培训执业律师而非司法官著称。依据对1936年同学录中有关法学院最早的18届毕业生（1918～1935）的统计，有41%的毕业生专职从事律师业。此外，该校也造就了一批法学教师、法官以及政府部门的法律专业人士。据统计，仅东吴大学法学院办学的最初20年里，有72名毕业生在高等院校从事教学工作，有4人是法学院院长，21人就任法官，41人在政府机构供职，还有7人为国民政府法典编纂委员会委员。[2]当然，东吴大学法学院也培养了一批在当时中国比较著名的各学科法学家，如吴经熊、王士洲、陈霆锐、陆鼎揆、何世桢、金兰荪、梁鋆立、丘汉平、孙晓楼、杨兆龙、倪征㬎、查良鉴、卢峻、郑保华、谢德风、盛振为等50多人，均为东吴大学法学院的毕业生。[3]

三、清末以迄民国民事立法的渐次展开

中国近代之民事立法，一直在继受西方法的整体思路中进行立法设计和法律制度安排。清末民初的两部民律草案[4]及后来南京国民政府

---

〔1〕参见［美］J.G.卢茨：“记东吴大学法学院”，载朱有瓛、高时良主编：《中国近代学制史料》第4辑，华东师范大学出版社1993年版，第621页。

〔2〕参见［美］艾莉森·W.康纳：“培养中国的近代法律家：东吴大学法学院”，王健译，贺卫方校，载《比较法研究》1996年第2期。

〔3〕参见何勤华：“中国近代法律教育与中国近代法学”，载《法学》2003年第12期。

〔4〕关于草案为何称民律而不称民法，依据俞江的研究，中文文献中最早使用近代意义上的“民法”一词始见于1887年黄遵宪所著《日本国志》，及后康有为鼓吹变法，亦反复提到修订民法。其实“民法”一词系借鉴日文汉字，而“民律”实为中国的自创词，但19世纪90年代末，中国出现了“民律”与“民法”并用的现象，且一直持续至20世纪20年代末。所以这一时期的《大清民律草案》和《民国民律草案》，都曾以“民律”为名。参见俞江：《近代中国民法学中的私权理论》，北京大学出版社2003年版，第25～27页。

制定颁布的《中华民国民法》，均是以大陆法系德、瑞、日等国民法为蓝本进行创制。此外，因《民国民律草案》是在《大清民律草案》的基础上损益而就，而《中华民国民法》又是以前两部民律草案为基础，并结合当时世界立法潮流及本国之社会情状，细加斟改而成。因此，两部民律草案和一部民法典之间，存在着一种内在的一脉相承的渊源关系。清末迄至民国的民事立法，主要依托于该两部民律草案和一部民法典，不过其条文表达、逻辑结构以及具体内容，均经历了一个嬗替完善的过程。

（一）《大清民律草案》的制定及其主要内容

中国自西方引进近代意义上的民法体系发轫于清末变法。清光绪二十八年（1902 年），英美等国诱以中国若改良司法，便考虑放弃其在华之领事裁判权。〔1〕因此之故，清廷成立修订法律馆，任命沈家本、伍廷芳等考订现行律例。沈氏拟就原有之大清律例，改纂为《大清现行刑律》，此项工作迄至光绪三十四年（1908 年）始告竣事，并于宣统二年（1910 年）颁行。该律虽“仍以刑律兼赅民事，但其民事部分已为扩大与增强”。〔2〕惟该时期只专注于修改旧律和翻译外国刑法专书，于民法则未遑编纂。1907 年 6 月，民政部大臣善耆在给清廷的奏折中指出：“查东西各国法律，有公法私法之分。公法者，定国家与人民之关系，即刑法之类是也；私法者，定人民与人民之关系，即民法之类是也。二者相因，不可偏废。”〔3〕而当时的宪政编查馆也奏请简派大员修订法律，清廷遂派定沈家本、俞廉三等为法律大臣，着手新律之修订。沈家本等亦于光绪三十三年（1907 年）十月二十七日开馆办事，酌设二科，

〔1〕清末法制变革最主要的动因源于撤废领事裁判权的良好初衷，除此之外，中国固有经济基础和社会结构的变化，欧日近代法典编纂的冲击，清廷救亡图存的危机意识，西方法学理论和学说在中国的引进和散播等，亦是重要原因。参见李贵连：《近代中国法制与法学》，北京大学出版社 2002 年版；黄源盛：《法律继受与近代中国法》，2007 年自版，第 48 页及以下。

〔2〕林咏荣：《中国法制史》，台北大中国图书公司 1976 年版，第 155 页。

〔3〕（清）朱寿朋编：《光绪朝东华录》第 5 册，中华书局 1958 年版，第 5682 页。

分任民律商律、民事刑事诉讼律之调查起草。每科设总纂1人，纂修、协修各4人，调查1人或2人。又设谘议官，甄访通晓法政、品端学粹之员，分省延请，以备随时谘商。并分别派员调查各省习惯，或谘请出使大臣调查各国成例。后来法律修订馆又延聘日本法学博士松冈义正〔1〕担任民律之起草工作，彼即依据调查之资料，参照各国之法例，斟酌各省之报告，详慎草定、完成民律总则、债权、物权三编草案。复以全书浩繁，文义间有艰深，乃详加校定逐条诠释理由，以期明晰。至亲属、继承两编，则由该馆商同礼学馆编订。至宣统三年（1911年）八月，民律草案终于完全脱稿。〔2〕

该次编定民律，曾确定四大立法宗旨：①“注重世界最普通之法则”；②“原本后出最精之法理”；③“求最适于中国民情之法则”；④“期于改进上最有利益之法则”。〔3〕而就实际言之，《大清民律草案》因主要以当时大陆法系各国民法典为立法参照，故在法律内容和法律体系上，与传统社会成文法典的构成、观念和价值标准等，均大异其趣。但《大清民律草案》作为清政府覆亡前完成的一部重要法典草案，却成为中国近代民法法典化的历史起点。

《大清民律草案》也称第一次民法草案，共分5编13章，总1569条，计总则编323条、债权编654条、物权编339条、亲属编143条、继承编110条。其中总则、债权和物权三编是以德国、瑞士、日本民法作为蓝本，而亲属和继承两编则大多沿袭中国旧律之内容。展开而言，

---

〔1〕松冈义正（1870～?），日本人，1892年毕业于东京帝国大学法科。1906年受聘来华任清政府修订法律馆顾问，起草民律，并在京师法律学堂讲授民法、民事诉讼法和破产法。参见王健编：《西法东渐：外国人与中国法的近代变革》，中国政法大学出版社2001年版，第546页。

〔2〕参见谢振民编著：《中华民国立法史》下册，中国政法大学出版社2000年版，第743～744页。

〔3〕参见“修订法律大臣俞廉三等奏编辑民律前三编草案告成缮册呈览折”，载故宫博物院明清档案部编：《清末筹备立宪档案史料》下册，中华书局1979年版，第912～913页。

其各编之主要内容如下：[1]

第一编：总则。内设8章，分别为法例、人、法人、物、法律行为、期间及期日、时效、权利之行使及担保。其对民法所涉之根本性问题，如自然人的权利能力、行为能力、责任能力、住所、人格保护、法人的意义和成立要件、法人的各项民事权利、社团法人、财团法人、意思表示、契约行为、代理行为、取得时效、消灭时效等，均作了详细规定。

第二编：债权。亦设有8章，即通则、契约、广告、发行指示证券、发行无记名证券、管理事务、不当得利、侵权行为。该编对债权的标的、效力、让与、承认、消灭以及各种形式之债的意义和有关当事人的权利义务等作了明确规定。

第三编：物权。共设7章，即通则、所有权、地上权、永佃权、地役权、担保物权、占有。其对各种形式的财产权之法律保护以及财产使用，进行了详细规定。

第四编：亲属。亦设7章，即通则、家制、婚姻、亲子、监护、亲属会、抚养之义务。该编对亲属的种类与范围、家庭制度、婚姻制度、未成年人和成年人的监护、亲属间的抚养等予以明确规定。

第五编：继承。共设6章，即通则、继承、遗嘱、特留财产、无人继承之继承、债权人与受遗人之权利。其对自然继承的范围和顺序、遗嘱继承的办法与效力、尚未确定继承人之遗产的处置办法、债权人和受遗人利益的法律保护等作出了明确规定。

通览整部草案，主要参照了德、日两国的民事立法例，就其立法技术而言，则引进了近代欧陆民法典的立法理念与法典编纂体例，其使用之概念，亦大多袭自欧陆民法。该草案无论形式和内容，"均颇整流详密，较诸旧法显不可同日而语，惟于我国习惯，毫无参酌，殊多扞格难

---

〔1〕参见俞廉三、刘若增编：《大清民律草案》，宣统三年（1911年）修订法律馆铅印本。

通之处”。〔1〕《大清民律草案》虽因清亡而未及颁行，在民初亦因并未颁布而被搁置，〔2〕但却在中国近代民法史上占据着一个极为显目的地位。

（二）《民国民律草案》的修订及其主要内容

民国初建，法制不备，而国家之司法审判，又不可无所依循。故民国元年（1912 年）3 月 11 日公布《临时大总统宣告暂行援用前清法律及暂行新刑律令》，文云：“现在民国法律未经议定颁布，所有从前施行之法律及新刑律，除与民国国体抵触各条应失效力外，余均暂行援用，以资遵守。”〔3〕关于民事法规，民国参议院宣布，所有民事案件，援用“前清现行律中规定各条”。〔4〕所谓“现行律”，亦即前述之沈家本主持修订的《大清现行刑律》，该律是在《大清律例》基础上删改而成。而“现行律中规定各条”，则指沈家本在《大清现行律·奏疏》中所称“不再科刑”各条。这些从刑事规范中剥离出来不再科刑的民事条款，同时并入原户部则例中的户口、田赋等条款，该两部分由民初司法部合

---

〔1〕 李祖庆：“中国民法之过去与现在”，载《法学季刊》1930 年第 1 卷第 3 期。

〔2〕 民国元年，时任司法总长的伍廷芳，曾以“前清政府之法规既失效力，中华民国之法律尚未颁行，而各省暂行规约，尤不一致”为由，咨请参议院将前清制定之民律草案，及其他草案已颁布之法律，除部分与民主国体相抵触者外，要求大总统咨由参议院承认，然后以命令加以公布，以为临时适用之法律。但参议院以民律草案，前清并未颁布，无从援用为由，要求民事案件仍照前清现行律中规定各条办理。《大清民律草案》遂被搁置。参见台湾“司法行政部”编：《中华民国民法制定史料汇编》下册，1976 年印行，第 1～3 页。

〔3〕 杨幼炯：《近代中国立法史》，范忠信等校勘，中国政法大学出版社 2012 年版，第 67 页。

〔4〕 当然亦有例外，《大清民律草案》曾于 1911 年 11 月 21 日被江苏省临时议会批准通过，民国初年在江苏省有民事法规效力。另，当时上海地方审判厅就其理案所适用的各种法律亦曾发表通告：“查苏省各审判检察厅业已逐渐推广，收受案件，所有应用各项法律，亟宜早示一定办法以免纷歧”，“拟照原案所开商法草案、破产律、刑律草案，第一次民刑诉讼律草案，各种均有各厅采取采用，至民法虽尚未有完全草案，其已编之前三篇，可以查取采用，其未有草案者，应暂依本省习惯及外国法理为准。”汪庆祺编：《各省审判厅判牍》，李启成点校，北京大学出版社 2007 年版，第 288 页。

编为一体后，一般称为“现行律民事有效部分”。〔1〕就该“现行律民事有效部分”的内容来看，主要是固有法中民事规范的重新整合。

为完成清末未竟之立法事业，民国元年（1912年）7月，国民政府附设法典编纂会于法制局，并置编纂调查各员，专事于民法、商法、民刑诉讼法，并上列附属及其余各项法典之草订。〔2〕至1914年2月，政府又裁撤法典编纂会，而代之以法律编查会，隶司法部。次年该会编成民律亲属编草案7章，共141条，除个别地方略有变化外，其内容与大清民律亲属法草案大致相仿。

1918年7月，国民政府复设修订法律馆。1922年春，华盛顿会议召开，中国代表提出收回领事裁判权议案，大会议决由各国派员来华调查司法，政府即责成司法部对于司法上应行改良各事，赶速进行，并饬修订法律馆积极编纂民刑各法典。该馆即参详前清民律草案，调查各省民商事习惯，并参照各国最新立法例，于1925年至1926年间完成草案。草案拟就时适值政变，法统废弃后，国会迄未恢复，故此草案未能成为正式民法法典。〔3〕展开而言，《民国民律草案》主要分为以下几个部分：〔4〕

第一编：总则。共计5章223条，其5章分别为人、物、法律行为、期限之计算、消灭时效。较之于《大清民律草案》，其省略了“法例”、“法人”、“权利之行使及担保”三章。第一章则分“人”与“法人”两节，第三章增加“行为能力”一节，第五章规定“消灭时效”，而将

---

〔1〕参见张生：《中国近代民法法典化研究》，中国政法大学出版社2004年版，第117～119页。

〔2〕台湾“国史馆”法律志编纂委员会编：《中华民国法律志（初稿）》，1994年印行，第4页。

〔3〕参见谢振民编著：《中华民国立法史》下册，中国政法大学出版社2000年版，第747页。

〔4〕参见潘维和：《中国历次民律草案校释》，台北汉林出版社1982年版，第363页及以下；谢振民编著：《中华民国立法史》下册，中国政法大学出版社2000年版，第748～749页。

“取得时效”安置于物权编中。

第二编：债编。共计4章521条，其4章分别为通则、契约、悬赏广告、无因管理，略去了《大清民律草案》中“发行指示证券”、“发行无记名证券”、“不当得利”、“侵权行为”四章。第一章增加“债之发生”一节，分“契约”、“侵权行为”、“不当得利”三款，第二章契约，与《大清民律草案》之内容略有异同。

第三编：物权编。共计9章310条，其9章分别为通则、所有权、地上权、永佃权、地役权、抵押权、质权、典权、占有。在结构和内容上，该编删去了《大清民律草案》物权编之第六章担保物权，将抵押权、质权各立一章，并增设典权一章。

第四编：亲属编。共计7章343条，其7章分别为通则、家制、婚姻、亲子、监护、亲属会、抚养之义务。与《大清民律草案》相比，其变化之处在于：第二章增设“家庭”一节；第三章第一节改为“婚姻之成立”，分“定婚”和“结婚”两款，第三节“婚姻之效力”，分“夫妻之权利义务”和“夫妻财产制”两款；第四章增设“亲子关系”、“养子”两节；第五章第三节改为“照管”。其余与前次草案大抵相类。

第五编：继承编。共计7章225条，其7章分别为总则、宗祧继承、遗产继承、继承人未定及无人承认之继承、遗嘱、特留财产、债权人或受遗人之权利。该编对《大清民律草案》继承编之文字表述与结构编排，稍作改进，将原草案“继承”一章析分为“宗祧继承”、“遗产继承”、“继承人未定及无人承认之继承”三章。

总体而言，《民国民律草案》大抵由《大清民律草案》改订而成，其总则编、物权编变更之处甚少，但将债权编改为债编，并间采瑞士债务法。[1]亲属、继承两编则加入现行民事有效部分，及历年大理院判

---

〔1〕日本民法称债权法，《大清民律草案》亦称债权法，其编名显然袭自日本。此外，由于清末接受西洋法律思潮，正视权利在社会生活关系中之作用，在民法方面不得不改弦更张，于是《大清民律草案》第二编称为“债权”。另一方面，第二次民律草案作此修改，主要是因为以债权两字名编，显出专保护债权人的意旨，偏重于债权的

例，就前案稍有增损。[1]然较之于《大清民律草案》，《民国民律草案》的立法用语似更为精炼，条文表达更为精确，结构亦更为合理。然自民元直至南京国民政府成立，由于政局动荡，法制方面的建设，一直成效不大。曾有学者评曰："自民国元年起至本年（按：指1930年）十月十日止，全国所适用者，仍以前清现行律为准，而济以前大理院及最高法院之解释判例，条文陈旧，判解散碎，朝行夕改，若乏准的。"[2]

（三）《中华民国民法》的制定及其主要内容

1927年4月28日，南京国民政府成立后，立法事业又重新提上日程。南京国民政府时期的立法，是继清末、北洋政府之后中国法律近代化进程的第三阶段。在这一历史阶段，国民政府的法制建设进展甚速，刑法、民法、商法、诉讼法以及宪法等重要法典均得以陆续颁行，并在此基础上初步构建了一个相对完善的"六法"法律体系。就民法方面言之，该时期也是中国近代民法典的定型时期。《中华民国民法》的制定、颁布和施行，使作为内含于民法典中的民事法律规范，亦在《大清民律草案》和《民国民律草案》基础上得到完善和发展，并且不再停留于纸面之上，成为在现实生活中发生实际法律效力的条文。总之，南京国民政府时期，是中国近代民事立法得到重大发展的一个历史阶段。

1927年，南京国民政府成立之初，曾责成法制局起草民法典。1928

人利益不免成为畸形的法律，今兹改定，则债权债务均可包括，并且隐寓保护债权人债务人双方的法意在内。参见潘维和：《中国民事法史》，台北汉林出版社1982年版，第4～5页；蔡天锡麟：《民法债编总则新论》，上海法政学社1932年版，第1页；胡长清：《中国民法总论》，中国政法大学出版社1997年版，第21页。胡长清亦对《民国民律草案》第二编"债编"编名之确立过程，详加缕述。其述曰：修订初期朱学曾以瑞士债务法为准，将编名改为"债务"，后朱因事去职，继其位者吴柄枞仍称"债务"。后吴又离职，应溥泉继其事，又将其称为"债"。最后王亮畴负责修订该编起草，在编名上一仍其旧，仍称为"债编"。参见胡长清："新民法债编释名"，载《法律评论》总第325期。

〔1〕参见谢振民编著：《中华民国立法史》下册，中国政法大学出版社2000年版，第748页。

〔2〕李祖庆："中国民法之过去与现在"，载《法学季刊》1930年第1卷第3期。

年夏，法制局着手起草亲属和继承两编，费时5月余，草案告成，计亲属法82条，继承法64条。然未及呈请公布施行，立法院又宣布成立，民法起草工作遂移交于立法院。其后国民党中央政治会议于1928年12月第168次会议议决《民法总则编立法原则》共19条。1929年1月29日立法院又召开第10次会议，组织民法起草委员会，指定傅秉常、焦易堂、史尚宽、林彬、王用宾五人为委员，并聘司法院长王宠惠、考试院长戴传贤及法国人宝道（Padoux）为顾问。该会组织成立后，对于民法之编订极为尽力，依照前述中央政治会议所议决之《民法总则编立法原则》，于同年2月1日开始起草民法总则，历时3个月，开会30余次，民法总则全编告竣。全编计7章，152条，于同年4月20日经该院第20次会议决议通过，呈经国民政府同年5月23日明令公布，以是年10月10日为施行期。同法之施行法19条，亦于同年9月24日公布，与总则编同时施行。[1]

新民法总则公布之后，立法院院长胡汉民等既向中央政治会议提议此次编纂民法，请将民商订为统一法典，复提出民法债权编立法原则15条，提请中央政治会议第183次会议决议并获通过。[2]立法院民法起草委员会乃遵照上项立法原则，着手起草民法债权编，经先后开会150余次，历时5个月左右，始于同年11月5日会议全部通过，呈请国民政府于同年11月22日公布，并于1930年5月5日施行，计分两章，凡604条。[3]债编脱稿后，民法起草委员会复遵照中央政治会议第202次会议决议之民法物权编立法原则，于1929年8月21日开始起草民法物权编，先后开会凡40余次，于同年11月完成，全编计10章，共211条，于同年11月9日经立法院第61次会议决议通过，呈经国民政府明

[1] 参见杨幼炯：《近代中国立法史》，范忠信等校勘，中国政法大学出版社2012年版，第248~250页。

[2] 参见谢振民编著：《中华民国立法史》下册，中国政法大学出版社2000年版，第761~762页。

[3] 《中华民国民法》仍沿用《民国民律草案》之命名，将是编名为“债编”。

令公布，亦以1930年5月5日为施行期。至于亲属、继承两编，也先后于1930年年终修订完成，经1930年12月3日立法院第120次会议全部通过，呈由国民政府于同月26日公布，以1931年5月5日为施行期。[1]

就《中华民国民法》的结构和内容而言，其共分5编29章，计1225条。观其内容，强调以“三民主义”为最高立法原则，并某种程度上彰显了法律社会化之色彩。其5编之具体内容如下：第一编总则，主要规定民事权利及法律关系的总原则，下设7章，分别为“法例”、“人”、“物”、“法律行为”、“期日及期间”、“消灭时效”、“权利之行使”；第二编债，是关于债关系的法律规定，下设“通则”和“各种之债”2章；第三编物权，规定对物的直接管理和支配，并排除他人干涉的民事权利，下设10章，即“通则”、“所有权”、“地上权”、“永佃权”、“地役权”、“抵押权”、“质权”、“典权”、“留置权”、“占有”；第四编亲属，规定因婚姻、血缘和收养而产生的人们之间的权利义务关系，下设7章，即“通则”、“婚姻”、“父母子女”、“监护”、“扶养”、“家”、“亲属会议”；第五编继承，规定被继承人死亡后由其亲属继承其财产的权利和义务，下设“遗产继承人”、“遗产之继承”、“遗嘱”3章。[2]

《中华民国民法》在立法技术上主要参照德国民法典和瑞士债务法。德瑞两国虽均属于大陆法的日耳曼法系，但其民法之精神和内容，却各具特点。德国民法典偏重于学理方面，编纂次序，可以比拟于一般学术书籍，尤其是将总则一章列诸法典之首，创当时未有之先例。《中华民国民法》分编方法，和德国民法典并无二致。就内容而言，德国民法典除了吸收了拿破仑法典个人主义的学说以外，同时处处顾及第三人利

〔1〕参见杨幼炯：《近代中国立法史》，范忠信等校勘，中国政法大学出版社2012年版，第250~251页。

〔2〕参见潘维和：《中国近代民法史》，台北汉林出版社1982年版，第53~84页。

益，内蕴“法律社会化”之精神。《中华民国民法》起草时，舍法国民法典而采德国民法典为蓝本，其根本原因，即在于此。此外，瑞士民法和瑞士债务法的特点，与德国民法不同，其条文词句简单，不似德国民法之深涩难解，且注重实用，对于理论和形式主义，并不过分重视。故而在法条内容方面，瑞士民法虽不及德国民法精密，但在实际适用上，却较德国民法为优。《中华民国民法》兼采两者之长，“若干部分模仿德国法典，其他部分采纳瑞士法的规定。因为历次草案内曾将若干德瑞制度生吞活剥地纳入中国法典，终于在起草正式条文时，被立法者摈弃或修改。此外，法国法典的数种良好制度而为德瑞法所无者，我国立法者亦予以采纳”。〔1〕并在此基础上，确定了在部分条文上仍具自己独特性格之民法典。但毋庸讳言，该法典仍存有过度模仿的缺陷，如吴经熊在将民国民法典与欧陆等国民法加以比较之后，得出以下结论：“我们试就新民法（即《中华民国民法》——笔者按）从第一条到第一千二百二十五条仔细研究一遍，再和德意志民法及瑞士民法和债编逐条比较一下，其百分之九十五是有来历的，不是照帐誊录，便是改头换面！”〔2〕

小　结

包括民法学家在内的中国近代法学家群体的产生，与中国近代大规模的法科留学事业有着莫大的关联。据统计，中国近代有案可稽的法科留学生有4500余人。〔3〕在这些留学生中，不乏取得高学位者。〔4〕法

〔1〕参见冉宗柴：“中国民法与德瑞民法之比较观”，载《震旦法律经济杂志》1947年第3卷第9期。

〔2〕吴经熊：《法律哲学研究》，清华大学出版社2005年版，第172页。

〔3〕郝铁川：“中国近代法学留学生与法制近代化”，载《法学研究》1997年第6期。

〔4〕据王伟考证，其中获得法学博士学位者，计有442人。参见王伟：《中国近代留洋法学博士考（1905～1950）》，上海人民出版社2011年版，第354页。

科留学事业的发展对中国近代法学和法学家群体的诞生，所起之作用主要体现如下：其一，法科留学生作为中国近代传播西方法学理论的主体，推动了西方法学知识在中国的传播，并最终促成一个法学知识群体在中国的出现。早在1900年，留日之中国学生，就开始组织翻译团体，其最早者为译书汇编社。该社成立之初，系由留日法政科学生杨廷栋、杨荫杭、雷奋等主持。“该社所翻译的对象，系以政治法律为主。”〔1〕王健也曾提到：“来华日本法律顾问，特别是留日法科生对于日本法律词语和概念在中国的介绍和传播贡献莫大；中国近现代的一套法律话语也正是建立在这样的基础之上的。”〔2〕其二，中国近代法科留学，为中国近代的法学教育事业，储备了充足的师资力量。中国近代著名法律教育家孙晓楼在20世纪30年代初曾说过：“国内现有的公私立大学法律科的教师或教授，以前大部分是留学日本的学生，现在大都是欧美留学回来的学生。”〔3〕1941～1947年，国民政府教育部对全国专科以上学校教员作了一次资格审查，审查合格的教员共8227人。其中1941年2月至1944年3月间审查合格的教授、副教授为2448人。而法科（包括政治、经济、法律、社会四个系）教授为254人，副教授为85人，合计339人，有留学背景者300人，占比为88.5%。〔4〕其三，中国近代的法科留学生构成了近代中国职业法学家群体的基础。中国近代的职业法学家，多数具有海外留学背景。据裴艳统计，中国近代150余位有着一定影响的法学家，均有着海外留学背景。这些人物中，包括许多民国

---

〔1〕黄福庆：《清末留日学生》，台北“中央研究院”近代史研究所1975年，第161～163页。

〔2〕王健：《沟通两个世界的法律意义：晚清西方法的输入与法律新词初探》，中国政法大学出版社2001年版，第247页。

〔3〕孙晓楼：《法律教育》，中国政法大学出版社1997年版，第69页。

〔4〕参见王奇生：《中国留学生的历史轨迹（1872～1949）》，湖北教育出版社1992年版，第271页。

时期的民法学家。〔1〕

中国近代新式法学教育的兴办，也为包括民法学家在内的中国近代法学家群体的诞生和成长，提供了生存土壤。随着清末民国时期国内法学院校的纷纷设立，在这些法律院校中执教的本国教员开始日益增多，并最终成为中国法学教育的师资主体。这批法学教员，承担了培养中国法律人才的重任。许多法科学生在国内受过良好法学教育之后，又负笈海外求学，后来成为中国法学界的精英；此外，部分执教于国内法学院校的教员，亦充分利用其所任教学校的教学科研条件，积极从事法学研究，著书立说，从而奠定了自己在中国法学界的地位。就民法学家而言，如余棨昌、胡长清、史尚宽、梅仲协、黄右昌、陈瑾昆、戴修瓒等，概莫能外。

清末以迄民国民事立法的渐次展开，则为民国时期民法学家群体的生成和成长，提供了重要契机。从《大清民律草案》到《民国民律草案》，再到《中华民国民法》，在法典编纂过程中，通过参与起草法典，一批杰出的民法学家得以崭露头角。此外，民法典制定过程中和公布前后，法学界也围绕着民事立法中的若干具体问题展开过热烈的讨论乃至争论，并提出过诸多富有建设性的见解，而这又进一步丰富了中国的民法理论。尤其需要指出的是，《中华民国民法》颁布之后，为有助于法典之实施，中国民法学界还进行了新法典的诠释工作，以明确立法之精神，释明法条之涵义。在法典诠释过程中，大量民法学著作、民法学教科书得以问世，法政期刊上所刊载之民法学论文，亦数量不菲。凡此种种，皆为民国时期民法学家群体的最终形成，创造了良好的学术条件。

---

〔1〕参见裴艳：《留学生与中国法学》，南开大学出版社2009年版，第103～130页。

第二章
民国时期民法学家群体概貌及其代际谱系

何类人可以冠以法学家之名？对于此问题，不同学者仍存仁智之见。谢晖认为：“法学家是这样一批人，他们是法律现象——事物的法的关系、主体的法的需求以及法律文本的专门理解和解释者”。“法学家未必一定是学院派的专家，他们可能是立法者，也可能是法官”。〔1〕不过也有学者认为，法学家实为“法律人”这一属概念下的一个种概念。“法律人”泛指一切以法律、法学为志业的人，包括法学家和法律家。而所谓法学家，应指那些以法律理论产出为主要工作的职业人员；法律家则指主要以解决法律实务问题为志业的职业人员。当然，有些法律人可能两者兼具，既是法学家又是法律家。〔2〕很显然，后者对法学家的界定在外延上小于前者，属于狭义的界定。

本书按学界一般通说，将以法学研究为志业，具有一定的理论产出，并且享有一定学术声誉的法律职业人员，归入法学家这一范畴。不过若回到民国这一特定的历史语境，哪些人可以称之以“法学家”或“民法学家”，这一问题似乎显得有些棘手。一方面，如导论部分所言，

〔1〕 谢晖：“理解和解释：法学家心镜的法律图像（上）”，载《河南省政法管理干部学院学报》2003 年第 1 期。

〔2〕 参见周赟：“论法学家与法律家之思维的同一性”，载《法商研究》2013 年第 5 期。

一些近代人物之所以被冠以“法学家”之名，其实是社会实践的产物，并非纯粹的“名实”问题；另一方面，由于民国时期为中国法学的诞生和成长时期，部分法学家所从事之研究领域，往往横跨理论法学与应用法学，甚或横跨多个部门法学，[1]因而要明确其究竟属于哪一法学分支领域的法学家，不易判断。不过即便如此，本书仍依据一种较为宽泛的标准，将民国时期在民法学领域有一定理论建树，且在民国民法学界具有一定影响者，纳入这一群体范围。但需另加说明的是，本书将个别在民国时期民法制度建设方面，或在译介西方民法论著方面卓有成绩者，亦一并纳入；但对于个别虽有若干民法论著问世，但成果不丰，且可归属于其他法学分支领域的法学家，则排除在外。[2]这种归纳思路，或招致其他学者的诘难，然笔者出于归类和写作上的便宜考虑，仍依据上述判断，剔选出62位民国时期的民法学家，并将其主要情况制成以下简表（表2.1）：

表2.1　民国时期民法学家简表[3]

序号	姓　名	籍　贯	国内教育	国外留学	所获学位	高校执教情况	行政和司法任职情况	执律师业情况
1	曹　杰（1896～1995）	安徽屯溪	1921年毕业于北京大学			上海复旦大学、政法大学、东吴大学法学院教授	国民政府浙江金华地方法院、汉口地方法院、山东高等法院推事、民庭庭长	

〔1〕如王宠惠之研究，即横跨法理学、宪法学、民法学和刑法学等多个领域；夏勤之论著，则兼及民法、刑法、刑事诉讼和法理学；燕树棠之研究，亦广泛涉及民法学、国际法学和法理学等法学分支。诸如此类，在民国法学界不一而足。

〔2〕如吴经熊之研究领域，横贯法哲学、宪法学、民法学等诸多领域，其在民法学方面亦发表过多篇论文，但主要建树侧重于法哲学和宪法学，故本书未将其纳入民法学家这一群体之中。

〔3〕本表主要依据书后附录“民国时期民法学家传略”，并广泛参考各类人物辞典和人物传记资料制成。表中对民法学家相关背景情况的撮要载述仅截止于1949年，兹处特予说明。

续表

序号	姓　名	籍　贯	国内教育	国外留学	所获学位	高校执教情况	行政和司法任职情况	执律师业情况
2	陈承泽（1885～1922）	福建闽侯	举人	1906～1909年在日本明治大学就读			参议院议员	
3	陈瑾昆（1887～1959）	湖南常德	毕业于常德县城高等小学堂	1908年赴日留学，1913年考入日本东京帝国大学法律系	东京帝国大学法学士	朝阳学院教授、北平大学法学院名誉教授，北京大学法律系讲师、教授	奉天高等审判厅推事、庭长，大理院推事、最高法院庭长、司法部参事、最高法院推事、国民政府司法行政部民事司司长	兼职及专职律师
4	陈　箓（1887～1939）	福建闽侯	先后于福州马尾船政学堂、铁路总局附设之矿化学堂、自强学堂学习	1903～1907年就读于法国巴黎大学	巴黎大学法律学学士		先在海牙万国保和会和荷兰使馆任职，回国后于外务部、法部任职。历任法部主事、外务部考工司郎中、北京外交部政务司司长、墨西哥全权公使和都护使、驻库仑办事大臣、督办参战事务处处长、外交部次长兼中国出席国际联盟代表、南京国民政府外交部顾问、外交部条约委员会副会长、南京伪中华民国维新政府外交部长	1928年10月后在上海执律师业务
5	戴修瓒（1887～1957）	湖南常德	毕业于南京高等师范学校	1905年入日本中央大学法律系，后入早稻田大学继续研究法学	日本中央大学法学士	上海法学院、北京大学、清华大学、朝阳大学等校法律系教授，重庆中央大学部聘教授，后又相继在西南联合大学、重庆复旦大学、南京中央大学任教	北洋政府司法部佥事、总检察厅检察官、京师地方检察厅检察长、武汉国民政府司法部秘书、武汉国民政府最高法院庭长兼裁判所庭长	执律师业

续表

序号	姓　名	籍　贯	国内教育	国外留学	所获学位	高校执教情况	行政和司法任职情况	执律师业情况
6	高　种（1885～?）	福建闽侯		日本中央大学就读	日本中央大学法学士	北洋法政专门学堂教员	清法部主事、宪政编查馆科员、资政院秘书官；民国后历任法政局参事、大理院推事、福建省司法局局长、山东高等审判厅厅长、湖南高等审判厅厅长、法典编纂会调查员、福建司法筹备处处长、中央高等文官惩戒委员会委员等职	
7	何孝元（1896～1976）	福建闽侯	清华学校工程学专业就读	1916～1920年就读于美国哥伦比亚大学、芝加哥大学	哥伦比亚大学经济学学士、芝加哥大学法律博士	山东省特别法政大学、上海法政大学、持志大学、大夏大学教授	交通部英文秘书、中东铁路地亩处副处长、处长，国防部法规司司长、华中军政长官公署副秘书长	1931年于上海执律师业
8	洪文澜（1891～1971）	浙江富阳	毕业于浙江法政学堂	1935年被派赴日本考察司法		中央大学、中央政治学校、法官训练所、北平朝阳大学、上海法学院、上海政法学院、东吴大学教授	江西九江地方审判厅、京师高等审判厅、大理院、最高法院推事，司法行政部民事司司长、最高法院民庭庭长兼司法院首席参事、中央公务员惩戒委员会委员、司法院法权研究委员会委员、讨论战后法规特种委员会委员兼召集人、司法院大法官	
9	胡长清（1900～1988）	四川万县	1923年毕业于北京朝阳大学专门部法律科	1926年毕业于日本明治大学	日本明治大学法学士	朝阳大学、中央大学、中央政治学校大学部（并曾兼法律系主任）、燕京大学、华西大学等校民法、刑法教授	南京国民政府法制局二科科长、中央研究院社会科学研究所研究员、立法院民法起草委员会编纂、浙江省兰溪自治实验县县长、浙江第四区行政督察专员、江苏第九	

续表

序号	姓　名	籍　贯	国内教育	国外留学	所获学位	高校执教情况	行政和司法任职情况	执律师业情况
							区行政督察专员、湖南和四川省政府委员兼民政厅厅长、国民党内政部次长、国民党候补中央执行委员	
10	胡诒谷（1876～?）	浙江慈溪	1897年毕业于上海圣约翰大学	1906～1908年就读于美国加州大学伯克利分校和芝加哥大学；1908～1909年就读于美国伊利诺伊斯大学香槟分校	伊利诺伊斯大学文学士和法学士	南洋公学讲师、英文系主任、教务长；京师大学堂法科、司法部司法讲习所教员	邮传部参议厅法制科法律起草员、大理院推事兼庭长、上海租界临时法院上诉院民庭庭长、江苏高等法院民庭庭长、民国北京政府大理院推事	
11	胡元义（生卒年不详）	湖南常德		日本东京帝国大学	东京帝国大学法学士	清华大学、武汉大学、西北联合大学、四川大学、同济大学等校法学教授，南京国民政府教育部部聘教授	湖北高等法院检察官推事、国民政府司法部科长	
12	黄右昌（1885～1970）	湖南临澧	举人，1899年就读于湖南时务学堂	1902年入日本岩仓铁道学校，后转入日本法政大学	日本法政大学法学士	湖南法政学校民法教授、北京大学法科教授、北京大学法科学长，清华大学（政治系）、法政大学、朝阳大学、中国大学、民国大学和天津法商学院教授、司法院法官训练所教授	湖南省议会会长、立法委员、国防委员会法制委员会专委、司法院大法官	兼执律师业

续表

序号	姓　名	籍　贯	国内教育	国外留学	所获学位	高校执教情况	行政和司法任职情况	执律师业情况
13	柯凌汉（1896～1985）	福建长乐	1916 年毕业于福建法政专门学校法律系本科	1916 年入日本早稻田大学法律系		福建法政专门学校、福建大学等校法律系教师，福建学院法律系主任兼教授、福建学院院长、厦门大学法律系教授	长乐县教育局局长、福建高等法院检察官、第三分院首席检察官、庭长，第四分院院长、厦门地方法院院长、南京最高法院民事庭推事	
14	李怀亮（1886～?）	湖南湘乡		日本中央大学法科	日本中央大学法学士	河南法政学堂教员、司法讲习所及司法储才馆教授、国立北平大学法学院与国立北京大学法学院讲师	大理院推事、国民政府最高法院庭长	曾执律师业
15	李　谟（生卒年不详）					暨南大学教授	浙江杭县地方检察厅检察官、江苏上海地方审判厅推事	
16	李宜琛（1910～1976）	福建建瓯	早年就读于北京师大附中；1930 年国内大学毕业	1931 年留学日本早稻田大学法学部	早稻田大学法学士	曾任教北平大学，同时兼河北法商学院教授；受聘于国立西安临时大学、国立西北联合大学、国立西北大学法商学院、国立编译馆；复旦大学、北平朝阳大学、天津法商学院教授		1945 年于北京任专职律师
17	李祖荫（1899～1963）	湖南祁阳	1927 年毕业于北平朝阳大学法律系	朝阳大学毕业后留学日本明治大学，未毕业即回国		燕京大学、北平大学教授，兼任朝阳大学教授、名誉教授及《法律评论》总编辑，任教于湖南大学讲授法理学和民法等课程，后任湖南大学法律系主任、法学院院长	国民党政府第九战区长官司令部少将参议、湖南大学训导长、湖南省教育厅厅长	

续表

序号	姓　名	籍　贯	国内教育	国外留学	所获学位	高校执教情况	行政和司法任职情况	执律师业情况
18	林　彬（1893～1958）	浙江乐清	1919年毕业于国立北京大学法律系				北京地方法院检察官、推事，高等法院庭长、最高法院推事；国民政府法制局编审、行政院参事、立法院第一、二、三、四届立法委员，兼任宪草法制、民法、刑法委员会委员及法制委员会委员长、考试院法规委员会委员、中国国民党第六届中央监察委员、制宪国民大会代表、行宪国民大会代表、司法院大法官、司法行政部部长、总统府国策顾问等	
19	林鼎章（1877～1958）	福建闽侯	举人，后毕业于京师大学堂			上海大夏大学法科教授，复旦大学法律系讲授民法	京师法官养成所教务长、京师地方审判厅推事、京师高等审判厅推事和民事庭庭长、大理院推事、国民政府最高法院法官、司法院参事、国民政府最高法院庭长	1927年在上海短暂执律师业
20	刘含章（1880～1952）	福建闽侯	毕业于前清法律学堂			燕京大学、中央大学、贵州大学法学教授	大理院推事、北京政府司法部参事、修订法律馆副总裁、国民政府最高法院庭长、贵州省高等法院院长、司法院部参事、最高法院庭长	
21	刘鸿渐（1884～1962）	湖南长沙		毕业于日本东京帝国大学法科	东京帝国大学法学士	北京朝阳大学讲师，北平民国学院法律系、北平大学法商学院法律学系、广西大学及西北大学教授		

续表

序号	姓　名	籍　贯	国内教育	国外留学	所获学位	高校执教情况	行政和司法任职情况	执律师业情况
22	刘镇中（1887～1969）	福建闽侯	1913年毕业于北京大学法科	毕业于法国巴黎大学	巴黎大学法学博士	中央大学、安徽大学、朝阳学院、厦门大学、司法院法官训练所教授	北洋政府临时法制院参事、司法行政部参事、司法行政部民事司司长	
23	刘志敭（1886～?）	江苏武进		毕业于日本东京帝国大学法科	东京帝国大学法学士	北平大学法学院、成都大学法学院、清华大学、北京大学法学院法律系、新民学院教授，“司法部法官养成所”讲师、	京师高等审判厅、大理院推事，南京国民政府最高法院首席推事、司法行政部法官训练所主任、“临时政府司法委员会”特约员朝阳大学教授	曾执律师业
24	刘钟英（生卒年不详）	湖南湘阴	举人，毕业于北京法政学堂				大理院、最高法院推事，最高法院庭长	
25	楼桐荪（1896～1992）	浙江永康	1915年毕业于浙江法政专门学校	1919年留学法国巴黎大学	巴黎大学法科硕士	浙江省立法政专门学校校长、上海法政大学教务主任、上海法科大学政治系主任、江苏行政研究所教务主任	中国国民党南京市党部执行委员、浙江临时政务委员会机要秘书、浙江政治人员养成所所长、中国国民党浙江省党部执行委员兼秘书长、立法院第一届至第四届立法委员、立法院宪法起草委员会委员及经济委员会委员、全国经济合作事业委员会委员（后任该会秘书长）、考试院法规委员会委员、外交部条约委员会专门委员、国民党第六届中央执行委员、“制宪国民大会”国民党代表、全国经济委员会委员、“行宪”第一届立法院立法委员	

续表

序号	姓　名	籍　贯	国内教育	国外留学	所获学位	高校执教情况	行政和司法任职情况	执律师业情况
26	罗　鼎（1887～1979）	湖南攸县	秀才，1903年入长沙明德学堂，翌年转学长沙中路师范	留学日本东京一高预科、日本仙台第二高等学校、东京帝国大学	东京帝国大学法学士	北京大学、北京政法专门学校、南京中央大学、南京中央政治学校、重庆朝阳学院、安徽大学、湖南大学、武汉大学教授；担任重庆法官训练班、军法人员训练班、去台湾接收人员训练班讲师	湖南攸县禁烟局长、湖南省湘阴县厘金局长、北洋政府国务院战后经济调查委员会委员、北京京师高等审判厅民事庭推事、江苏司法厅民事和刑事科科长、国民政府中央司法部民事第一科科长、国民政府法制局编审、国民政府立法院立法委员	
27	梅仲协（1900～1971）	浙江永嘉		留学法国	巴黎大学法学硕士	国立中央大学、中央政治学校民法讲习，重庆东吴大学教授		
28	宁柏清（1887～?）	湖北江陵	毕业于湖北法政专科学校	留学日本大学		湖北法政大学、武昌中山大学、上海江南学院、文化学院、上海法政大学、复旦大学、中国公学、持志学院、国立四川大学教授		
29	欧阳谿（生卒年不详）	湖南长宁		留学日本法政大学	日本法政大学法学士			
30	欧宗祐（1899～1951）	广东东莞	毕业于北京大学	公费送往日本留学考察			武汉国民政府农民部秘书	
31	潘震亚（1889～1978）	江西南城	1916年毕业于江西法政专门学校			上海法学院、文化学院、中国公学、江南学院、法政大学、复旦大学等校教授	众议院秘书、国会非常会议秘书、大理院推事兼司法行政处主任、国民党一大秘书处议事科长、黄埔军校政治教官、司法部第一处处长兼第二处处长、军事委员会革命军事裁判所庭长	1928年后至上海解放前长期执律师业

续表

序号	姓　名	籍　贯	国内教育	国外留学	所获学位	高校执教情况	行政和司法任职情况	执律师业情况
32	裘千昌（1896～1969）	浙江奉化		早年留学日本，1929年毕业于日本九州帝国大学文法学部	九州帝国大学法学士	安徽大学法学院、成都大学法学院、中山大学法学院、四川大学法学院、朝阳学院等校教授		曾做兼职律师
33	阮毅成（1905～1988）	浙江余姚	1927年毕业于中国公学大学部政治与经济系	留学法国巴黎大学	巴黎大学法学硕士	国立中央大学、中央政治学校、国立富士大学教授，浙江大学法学院院长	浙江省第四区行政督察专员、浙江省政府委员兼民政厅厅长、“制宪国民大会”代表	
34	芮　沐（1908～2011）	浙江吴兴	1930年毕业于上海震旦大学	留学法国巴黎大学、德国法兰克福大学	巴黎大学法学硕士；法兰克福大学法学博士	中央大学法律系、西南联合大学法律系、北京大学法律系、北京政法学院教授		曾做过兼职律师
35	史尚宽（1899～1970）	安徽桐城		留学于日本京都第三高等学校、日本东京帝国大学法律系、德国柏林大学、法国巴黎大学	东京帝国大学法学士	中山大学、中央大学及政治大学教授	国民党立法委员、法制委员会委员长、考试院秘书长兼法规委员会主任委员、第一届国民大会代表、总统府国策顾问	
36	陶汇曾（1899～1988）	湖北黄冈	1922年毕业于北京大学			任教于上海大学、复旦大学、暨南大学、中国公学，武汉、南京中央军校教官，中央大学、清华大学、燕京大学、北京大学、北京师范大学教授	国防参议会参议员、军事委员会侍从室第五组组长、国防最高委员会参事、国民党中央宣传部副部长	

续表

序号	姓　名	籍　贯	国内教育	国外留学	所获学位	高校执教情况	行政和司法任职情况	执律师业情况
37	唐纪翔（1879～?）	河北大兴	毕业于京师大学堂仕学馆			北京法政学堂、殖边学堂、俄文法政专门学校、民国大学、国立京师大学法科、中国大学、燕京大学、朝阳大学教授，北京大学法学院法律学系讲师	东省铁路俄文学堂教务长、俄文专修馆斋务长	
38	汪　波（1907～?）	福建惠安	上海法政大学	留学日本			审判检察职务、国大代表、国民党宪政督导委员会委员	厦门、晋江两地执业律师
39	王伯琦（1909～1961）	江苏宜兴	1931年毕业于东吴大学	留学法国巴黎大学	东吴大学法学士；巴黎大学法学博士	国立云南大学教授、法律系主任，并任教于中山大学	浙江省政府视察、军事委员会参事、南京教育部参事	1940年兼执律师业
40	王宠惠（1881～1958）	广东东莞	1899年毕业于北洋大学法科	1901年赴日研究法政，1902年转赴欧美留学	耶鲁大学法学硕士；耶鲁大学民法博士	曾任教于上海南洋公学	南京临时政府外交总长、北洋政府司法总长、大理院院长、南京国民政府司法部长、司法院院长、外交部长、国防最高委员会秘书长、代理行政院长、海牙常设国际法庭正法官	
41	王去非（1895～?）	湖南湘阴	毕业于北京中国大学			河南中山大学、公立法专官训练班、南京文化学院、上海法学院、江南学院、复旦大学、持志学院法律系教授	河南开封地方法院首席检察官、上海地方法院推事	曾执律师业
42	吴传颐（1910～1978）	江苏苏州	毕业于震旦大学			任国立中央大学法学院法律系副教授、教授、系主任		曾任兼职律师

续表

序号	姓　名	籍　贯	国内教育	国外留学	所获学位	高校执教情况	行政和司法任职情况	执律师业情况
43	吴学义（1902～1966）	江西南城	毕业于朝阳大学	留学日本京都帝国大学	京都帝国大学法科硕士	安徽大学法律系系主任，南京中央大学、武汉大学法学院教授	国民政府立法院立法委员、1946年赴日本东京远东国际军事法庭担任中国检察官顾问	
44	吴振源（生卒年不详）	安徽		留学日本明治大学	明治大学法学士	东北大学文法学院讲师，朝阳学院法科教员、中央政治学校教授		
45	郗朝俊（1881～?）	陕西华阴	关中大学堂	留学日本法政大学	日本法政大学法学士	西北大学、中山学院教授	陕西军政府财政部副部长、陕西省教育厅长、国民政府最高法院推事，立法院第二、三、四届立法委员，湖北高等法院、陕西高等法院院长，司法院大法官会议大法官	
46	夏　勤（1892～1950）	江苏泰州	1912年毕业于京师法律学堂	留学日本中央大学、东京帝国大学	日本中央大学法学士	国立北京大学教授，朝阳大学教务长、副院长，国立北京法政大学、中央大学法律系、中央政治学校法律系教授，陆军大学将官班法律学教官	大理院推事，北京政府署总检察厅检察官、首席检察官；南京国民政府法制局编审、最高法院刑庭庭长、法官惩戒委员会委员、司法行政部常务次长、最高法院院长和司法人员考试典试委员长、司法院大法官	
47	谢寿昌（1897～1971）	浙江嵊县	1920年毕业于震旦大学法科	留学法国巴黎大学	巴黎大学法学博士	震旦大学、复旦大学、持志大学、中国公学、法政大学等校教授	武汉国民政府外交部秘书、南京国民政府外交部官员、司法院秘书长、司法行政部部长、公务员惩戒委员会委员长兼司法院秘书长	

续表

序号	姓　名	籍　贯	国内教育	国外留学	所获学位	高校执教情况	行政和司法任职情况	执律师业情况
48	许　壬（1884～1930）	浙江瑞安		1904年赴日，先入弘文学院，后就读于日本法政大学	日本法政大学法学士	浙江官立政法大学教务长兼民法教习，1910年创立浙江政法学堂兼民法教习，同时兼审判研究所民法教习	浙江第一地方法院院长兼法庭庭长，都督府参议员、省宪议会议员	执律师业，并任浙江律师公会会长
49	燕树棠（1891～1984）	河北定县	1914年毕业于北洋大学	留学美国哈佛大学、哥伦比亚大学、耶鲁大学	哥伦比亚大学法学硕士；耶鲁大学法学博士	北京大学法律系主任、教授，西南联大法律系兼法科研究所法律学部主任，武汉大学法律系教授	南京国民政府法制局编审、司法院大法官	
50	应　时（1886～?）	浙江吴兴	毕业于南洋公学	留学法国、德国、瑞士	瑞士洛桑大学法学硕士；巴黎大学法学博士	历任浙江公立法政专门学校教务长，北京大学、朝阳大学、司法储才馆、中国公学教授，并曾在东吴大学法学院、上海法政学院、震旦大学等校任教职	外交部条约研究委员会顾问、法权讨论委员会顾问、上海第一特区地方法院庭长、第二特区地方法院院长	
51	余棨昌（1881～1949）	浙江绍兴	曾就读于京师大学堂	留学日本东京帝国大学	东京帝国大学法学士	司法部司法讲习所讲师、北平大学法学院教授，兼任北京大学法学院讲师、朝阳大学教授	清政府户部主事、民国北京政府大理院民二庭庭长、司法部司法讲习所所长、法制局参事、司法官惩戒委员会委员、司法官训练处处长兼法典编纂委员会顾问、大理院院长兼司法惩戒委员会委员长	曾兼执律师业
52	郁　嶷（1890～1950）	湖南澧县	1913年毕业于北洋法政专门学校	留学日本早稻田大学	早稻田大学法学士	奉天省立法政专门学校教授、京师大学法科讲师，朝阳大学、中国大学教授，河北大学法律系主任、北平大学法学院讲师、河北省立法商学院法律系主任兼教授、北京大学教授	江宁地方审判厅厅长、湖南财政厅厅长、国民政府法制局编审	

续表

序号	姓　名	籍　贯	国内教育	国外留学	所获学位	高校执教情况	行政和司法任职情况	执律师业情况
53	曾志时（1903～1972）	广西桂林	1924年毕业于朝阳大学法律系	留学日本明治大学	明治大学法学士	朝阳大学、燕京大学、中国大学教授，抗日战争期间任教于北平私立中国大学，后任教于广西大学		
54	张企泰（1909～？）	浙江海盐	1929年毕业于清华大学政治系	留学法国巴黎大学、德国柏林大学、波恩大学	巴黎大学法学博士	中央大学、中央政治学校、西南联合大学教授，同济大学法学院代院长，光华大学教授	司法行政部编查处编纂、行政院公务员惩戒委员会委员	曾执律师业
55	张正学（1897～1986）	浙江海宁	1920年毕业于天津北洋大学法律系			执教于杭州浙江法政学校，并曾任上海东吴大学法学院教授	上海地方检察厅检察官、上海法院民事推事	曾从事专职和兼职律师
56	张志让（1893～1978）	江苏常州	1912年考入北大预科，1915年毕业于复旦公学	留学美国加利福尼亚大学文科学院、哥伦比亚大学法律系，并曾在德国柏林大学进修法律	哥伦比亚大学法学硕士	抗战爆发前曾兼课东吴法学院夜校。1932年起任复旦大学法律系主任。抗战期间任教于广西大学，并在复旦大学任教授兼法学院院长。1949年任北京大学教授	任北京政府修订法律馆纂修、大理院推事，后任武汉政府最高法院审判员	曾执律师业。1936年“七君子事件”辩护律师
57	赵凤喈（1896～1969）	安徽和县	1927年前后于北京大学就读研究生	留学法国巴黎大学	巴黎大学法学硕士	中央大学讲师，清华大学、西南联大教授，清华大学法律学系系主任兼清华研究院法科研究所政治学部主任		任教西南联大时兼执律师业
58	周　枏（1908～2004）	江苏溧阳	1928年毕业于中国公学大学部	留学比利时	比利时鲁汶大学政治外交学硕士，1934年获该校法学博士	上海持志学院、湖南大学、苏皖政治学院、厦门大学、暨南大学、上海法政学校等院校教授		

续表

序号	姓 名	籍 贯	国内教育	国外留学	所获学位	高校执教情况	行政和司法任职情况	执律师业情况
59	周新民（1897～1979）	安徽桐城	1922年毕业于安徽公立专门学校法科	留学日本明治大学研究科	日本明治大学法学士	安徽公立专门学校教员，上海法政大学（后改名上海法政学院）、上海法科大学等校兼职教授，复旦大学法学院、云南大学法律系教授		
60	朱 方（1893～1953）	上海	毕业于上海龙门师范学校	留学日本，就读于日本大学法科	日本大学法学士	任上海万竹小学、震旦附中、上海艺术大学等校教职		曾在上海执律师业
61	朱献文（1872～1949）	浙江义乌	毕业于京师仕学馆，法政科进士	留学日本东京帝国大学	东京帝国大学法学士		翰林院检讨、资政院议员、国务院法制局参事、大理院推事、江西及京师高等审判厅厅长、江苏高等审判厅厅长、司法院参事、浙江省临时参议会第二届议长	
62	宗惟恭（生卒年不详）	江苏南京	毕业于浙江公立法政专门学校			历任上海群治大学法科主任，浙江私立法政专门学校、江南大学、上海文化学院、持志大学、复旦大学、中国公学教授		曾执律师业

一、民国时期民法学家群体概貌

民国时期民法学家群体的籍贯分布、教育背景、职业构成、家庭出身等自然情况，是影响该群体得以长成及其学术特质的重要因素。梳理清楚这些静态层面的基础性信息，不仅有助于我们更好地把握这一群体的总体概貌，而且可为我们理解这一群体的职业活动，认知其与中国近代民法学建立与发展之关系提供某种线索。下文将围绕以上关键性要素，以上表为基础，对民国时期民法学家之群体概貌进行初步的归纳和剖析。

（一）籍贯分布

在人类社会的发展进程中，古今中外均存在着大量的人才地域分布现象。法学人才的地域分布，揭示的是不同区域范围内法学人才的数量及其构成情况。中国近代法学人才的地域分布，除与该历史时期特定地区的自然地理环境密切攸关，也受到经济基础和社会文化条件等多重因素的影响。就民国时期民法学家群体的籍贯情况来看，其在区域分布上极不平衡，某种程度上亦成为该特定历史阶段中国法学人才地域分布的一个缩影。民国时期62位民法学家的籍贯分布，如表2.2所示。

表2.2　民国时期民法学家籍贯分布

籍　贯	安徽	福建	湖南	浙江	四川	江苏	湖北	广东	江西	广西	河北	陕西	不详
人　数	4	10	12	15	1	8	2	2	2	1	2	1	2
所占比例(%)	6.5	16.1	19.4	24.2	1.6	12.9	3.2	3.2	3.2	1.6	3.2	1.6	3.2

据表2.2可知，纳入统计的62名民法学家中，除两人籍贯不明外，其籍贯所在地以浙江、福建、江苏、湖南四省居多，占总数的72.6%；安徽省次之，共4人，占6.5%；其他各省如湖北、广东、江西、河北、四川、陕西、广西等省则明显偏少，合计仅占总数的17.7%。从区域分布上看，东南沿海地区（苏、浙、闽）人数明显偏多，内陆省份（除湖南省外）所占比例则明显偏低，且呈现出沿海、沿江、内陆和边远几个不同的地理层次。这种分布格局，与清末以来西风东渐的区域进程基本相吻合，也与中国近代新式法学教育事业和法科留学事业的区域发展状况大体一致。

江南省份素为全国的经济文化中心，在历史上即为人文荟萃之地。

五口通商之后，苏浙等省由于地处东南沿海，得风气之先，最早和最直接地受到欧风美雨的洗礼，其为新型人才的成长，提供了良好的历史契机。加之沿海沿江省份交通便利，适于商业性往来和文化的传播，也容易接受外界思想的影响，故经济发达，民智开通，人才辈出。南京国民政府奠都南京之后，江浙一带又成为全国的政治、经济和文化中心。在此历史背景下，江南人才在全国独占鳌头的优势地位不仅没有削弱，反而得以增强。法学人才自然亦不例外。

当然，中国近代法学人才在区域分布上所显示出的特点，也与自清末以来中国新式法学教育和法科留学事业之发展所存在的区域的不平衡性有莫大关联。概而言之，自清末大力兴办新式法学教育和鼓励法科留学以来，江、浙、闽、湘四省，就一直走在全国的前列。

早在1906年，江苏学政唐景崇即向朝廷呈递《奏预备立宪大要四条陈》，要求在各省设立法政学堂，以开启民智，培养立宪所需专门人才。该条陈云："今者我国之人民程度智识犹未大开，公德犹未尽立，试询以宪法成立后，百姓之对付于国家当有如何关系，如何担负，如何责任，则蚩蚩未必尽有此政治思想也，亦何取是组织宪法为哉"。"拟请旨饬下各督抚再赶紧设法，于省、府、厅、州、县遍立专门政法学堂"，"如此家喻户晓，视听一倾，宪法之成自然推行尽利矣"。〔1〕后学部通饬各省设立法政学堂。苏州省城则率先于1906年在江苏省开办了江苏法政学堂。数月之后，两江总督端方又在江宁创办江宁法政学堂。这一年江苏全省共开设法政学堂3所，招收学生267人。至1907年间，江苏省法政学堂数虽未增加，但学生数增长至458人。到1909年法政学堂数翻了一番，增加到6所，学生数增加到1009人，其中，宁属5所，学生803人，苏属1所，学生206人。至此，江苏省法政学堂数位居全国第一，学生数亦居全国第三，仅次于直隶、四川等省。在总计16所江

〔1〕唐景崇："奏预备立宪大要四条陈"，载故宫博物院明清档案部编：《清末筹备立宪档案史料》上册，中华书局1979年版，第116页。

苏专门学堂中，学生为1701人，而法政学堂以上二项占总数的比例分别为37.5%和59.31%。[1]由是可见，在清末兴办新式法政学堂的大潮中，江苏省即有着极为出色的表现。

浙江法政学堂由浙江巡抚增韫于1906年筹设成立，其时任命候补道许邓起枢为学堂监督，同时聘请许养颐、阮性存为教习。次年二月该学堂正式开学，其中有法律本科二年级一个班，政治本科一年级一个班，法律专修科一、二、三年级各一个班，政治经济专修科二年级一个班，学生约220名。校址由清泰门内小米巷原有军装局改建而成，继迁至马坡巷。[2]民国元年，浙江官立法政学堂改名为公立法政专门学校。此外，浙江私立法政学堂之设，则开全国之先河。清政府起初禁止私人讲授法律，后阮荀伯、许养颐、余樾园、凌砺深等人上书，力争私人兴办法政学堂。[3]浙江巡抚增韫接受了阮荀伯等人的意见，于宣统元年（1909年）十二月二十七日上奏朝廷，建议“将前定《学务纲要》内‘禁止私立学堂专习法政’一条全行删去，并由部通行各省准私立法政学堂，一切教授设备及用人管理诸事，仍归提学司严行监督，毕业后一体给奖”。[4]宣统二年（1910年）四月二十六日，学部议覆，“准予各省私立学堂专习法政”。但又明确规定：“所有各省私立法政专门学堂，应在省会地方。经费充裕，课程完备者，方准呈请设立。其各科课程学生入学程度，均按照官立学堂本科章程办理。”[5]是年，由阮荀伯、许

---

〔1〕参见刘正伟：《督抚与士绅：江苏教育近代化研究》，河北教育出版社2001年版，第155～156页。

〔2〕参见阮毅成：《民国阮荀伯先生性存年谱》，台湾商务印书馆1979年版，第25页。

〔3〕参见阮毅成编：《阮荀伯先生遗集》，台湾文海出版社1960年版，第13页。

〔4〕“浙江巡抚增韫奏变通部章准予私立学堂专习法政折”，载潘懋元、刘海峰编：《中国近代教育史资料汇编：高等教育》，上海世纪出版股份有限公司2007版，第160页。

〔5〕“学部奏议复浙抚变通部章准予私立学堂专习法政折”，载《教育杂志》1910年第6期。

养颐、余樾园、凌砺深等人创办的私立浙江法政学堂正式成立，聘陈叔通任监督，学校设在杭州刀茅巷。[1]学堂设立之初有教员21人、职员6人。1912年，该学堂改名为浙江私立法政专门学校。

福建省的法政教育亦开创甚早。光绪三十三年（1907年）五月，福建法政学堂在原鳌峰书院校舍基础上扩建而成。该学堂属于官立学堂，初设时分为别科和讲习科，之后增设法政讲习科和自治讲习科。课程科目包括大清律例及唐明例、现行法制及历代法制沿革、法学通论、罗马法、刑法、外国文、民法、商法、行政法、国际公法等24门。[2]民法学家柯凌汉曾于1912年就读于该学堂，后因品学兼优被选送日本留学深造。此外，福建省也是自浙江省之后设立私立法政学堂的第二个省份。1909年，新自日本学成归国的林长民、刘崇佑、何琇先、梁继栋、陈遵统、陈与年等鉴于社会人士缺乏政法学识，推行新政隔阂甚多，乃纠合同志组织"政学会"，开设法政讲习班，一时就学听讲者颇众，人数也日益增多。嗣后，大家一致认为，仅此组织还不足以适应社会的需要，课余私议进一步设立学校，以加强法政人才的培植。时适值省咨议局成立，来自9府2州的72名议员聚集一堂，共诉地方闭塞情形，益感有设校推广法政教育之必要。[3]浙江巡抚代奏准予设立浙江私立法政学堂获学部批准之后，福建省立宪派人士紧踵其后，援引浙江私立法政学堂之先例，于1911年3月在福州创立私立福建法政学堂。[4]其校址位于福州乌石山麓白水井，这是当时福建省唯一的一所私立高等学校。学堂由发起人组成维持委员会，选举林长民为监督。开设法律别科，学制为三年，同时设附属中学一所，学制为四年。课程设置与官立

〔1〕参见阮毅成：《民国阮荀伯先生性存年谱》，台湾商务印书馆1979年版，第27页。

〔2〕参见卢美松主编：《八闽文化综览》，福建人民出版社2013年版，第143页。

〔3〕参见郭松木："私立福建学院始末"，载中国人民政治协商会议福建省委员会文史资料编辑室编：《福建文史资料》第16辑，1987年版，第28页。

〔4〕参见宋秋蓉：《近代中国私立大学发展史》，陕西人民教育出版社2006年版，第49页。

法政学堂相同，首届招生360人，附中招生160人。[1]1912年，该学堂改称为私立福建法政专门学校，并于1913年经民国政府教育部批准立案。1914年7月，亦获得司法部之认可。1925年7月，私立福建法政专门学校改称福建大学。1927年，又恢复原校名。1929年，国民政府教育部正式明令废止专门学校，私立福建法政专门学校遂再次改名为私立福建学院。1932年2月，福建学院正式获准立案。

湖南省虽为内陆省份，但在开办近代新式法学教育方面却丝毫不逊于沿海省份，颇有先声夺人之势。前已述及，早在1897年，该省即设立了湖南时务学堂，学堂学生所学课程分为“博通学”和“专门学”两类，其“专门学”条目中所设之公法学，包括宪法、民律、刑律之类的内公法和交涉、公法、约章之类的外公法。光绪二十三年（1897年）十月，湖南巡抚陈宝箴改定《湖南课吏馆章程》，将巡抚吴大澂抚湘期间设立之课吏馆纳入湖南维新大业，并设置了新的课程，此为湖南省设立法政官校之端绪。光绪三十年（1904年），湖南开办仕学馆。翌年，清政府法部奏请专设法政学堂，并要求在课吏馆内增设仕学速成科。湖南遂在“仕学馆附设法政速成科，专选职官另设法政学堂，考选官、绅两班”。[2]光绪三十四年（1908年），仕学馆法政速成科改为法政学堂官校，原法政学堂改为法政学堂绅校。宣统二年（1910年），官绅两校合并为湖南官立法政学堂，迁入贡院新校舍。次年，武昌起义，湖南法政学堂停办。1912年，原官校不复存在，原绅校改名为湖南公立第一法政学校。景贤学堂于1910年改为景贤法政学堂，1912年又改名为湖南公立第二法政学校。1913年，第一、第二法政学校合并，改名为湖南公立法政专门学校，原第二法政学校称分校。辛亥革命后，武冈银文焕创办湖南私立法律学校，旋改名为湖南公立法律专门学校，1914年并入湖

〔1〕 参见卢美松主编：《八闽文化综览》，福建人民出版社2013年版，第143页。

〔2〕 “湖南巡抚岑春煊：奏遵章改办法政学堂折”，光绪三十四年四月初十日（1908年5月9日），载潘懋元、刘海峰编：《中国近代教育史资料汇编：高等教育》，上海世纪出版股份有限公司2007年版，第163页。

南公立法政专门学校，称南分校。原分校（即第二法政学校）称北分校。1915 年，公立法政专门学校暨其南北分校均迁入戥子桥前富顺商业学校旧址，分校不复存在。1924 年，赵恒惕任湖南省长时，下令在湖南工法商三所专门学校的基础上筹设大学。1926 年，湖南公立法政专门学校与公立工业专门学校、公立商业专门学校合并成立湖南大学。法政专门学校遂成为湖南大学法科。〔1〕

就中国近代的法科留学而言，以上四省亦为法科留学生人数较多的省份。甲午战争以前，因地处东南沿海，福建省与广东省一度成为中国留学生的主要来源地。甲午一役之后，出国留学者日渐增多，江浙两省异军突起，并逐步形成了在近代留学运动中独占鳌头的局面。19 世纪末 20 世纪初，大批中国学生为了寻求救国救民之路，纷纷东渡日本留学，并掀起了一个留日运动的高潮。而湖南省的留日学生人数，则在全国居于前列。〔2〕这些留日学生，多以学习法政科为主。〔3〕直至 20 世纪 40 年代，苏、浙、闽、湘四省的出国留学人数，均居于全国的前列。抗战前夕，全国学术工作咨询处曾对清末以来的回国留学生进行调查，在 4933 名被调查者中，江苏省有 790 名，占全国总数的 16%，浙江省有 648 名，占全国总数的 13.1%，分居全国各省的第一位和第二位；福建和湖南均为 346 人，占全国总数的 7%，并列居于第五位。〔4〕作为留学

---

〔1〕参见湖南大学校史编审委员会编：《湖南大学校史（976～1949）》上册，湖南大学出版社 1996 年版，第 128～129 页；俞峻："回忆湖南公立法政专门学校"，载中国人民政治协商会议湖南省委员会文史资料研究委员会编：《湖南文史资料选辑》第 20 辑，湖南人民出版社 1986 年版，第 32 页。

〔2〕据统计，截至 1904 年，中国留日学生人数为 2395 人，其中湖南籍学生为 373 人，占全部留日学生人数的 11%。参见陈先枢："湖南近代人才群体及其形成原因"，载《湖南社会科学》2000 年第 1 期。

〔3〕据李贵连统计，1905 年到 1911 年，清政府对回国留学生进行考试，合格以上人数共 1300 人，其中留学日本者达 1200 余人，而法政科又达 800 余人。参见李贵连：《近代中国法制与法学》，北京大学出版社 2002 年版，第 85 页。

〔4〕参见王奇生：《中国留学生的历史轨迹（1872～1949）》，湖北教育出版社 1992 年版，第 165 页。

生中的重要一支，以上四省的法科留学生亦占有较大比例。裴艳曾选择了155名中国近代留学出身的法学家作为研究样本，通过梳理发现，江苏省和浙江省各有23人，合占全国总数的29.7%，湖南省有11人，占全国总数的7.1%，福建省有10人，占全国总数的6.5%。[1]

（二）教育背景

一个人早年的教育背景，在很大程度上将决定他一生的选择。中国近代法学家的教育背景决定着他们的知识结构、思维方式、学术素养及其学术建树，一定意义上亦决定其在构建中国法学中的具体表现。具体到民国时期的民法学家群体，他们大多具有中外合璧的法学教育背景，这对其民法学知识体系的形塑，起着重要的作用。民国时期62位民法学家的国内教育情况，则如表2.3所示：

表2.3　民国时期民法学家国内教育背景

毕业学校	北京大学	京师大学堂、京师法律学堂、京师法政学堂	朝阳大学	清华学校（清华大学）	东吴大学	上海圣约翰大学
人数	6	6	4	2	1	1
毕业学校	福建法政专门学校	江西法政专门学校	浙江法政学堂	湖北法政专科学校	安徽公立专门学校	北洋法政专门学校
人数	1	1	2	1	1	1
毕业学校	湖南时务学堂	上海法政大学	中国公学	北洋大学	北京中国大学	南洋公学
人数	1	1	2	3	1	1
毕业学校	上海震旦大学	复旦公学	其他新式学堂（校）	举　人	不　详	
人数	3	1	9	1	12	

从上表可知，民国时期之民法学家，除12人国内教育背景不详外，

[1] 参见裴艳：《留学生与中国法学》，南开大学出版社2009年版，第131页。

其出身于清末民初设立之各类法政学堂（校）者，不少于10人。清末新政之后，各地法政学堂如雨后春笋般纷纷设立，而且直至民初仍呈现出良好的发展势头。这些学堂（校）开设了各类法学课程，部分民法学家早期在这些新式法学教育机构接受了初步的法学课程训练，并形成了其最初的知识积累。此外，出身于各类公私立大学者，不少于20人。其中北京大学、北洋大学、朝阳大学作为其时国内法学教育水平较高的名校，为中国近代培养了大量的法学人才，共有13名民法学家毕业于这三所大学。北京大学是全国著名学府，其法科在各科中较为完备，学生人数在多数年份中居于各科之首，民法学家曹杰、林彬、刘镇中、欧宗祐等均毕业于北京大学法科。北洋大学的法科则是中国近代第一个法律教育机构，自1911年至1920年，北洋大学法科共培养了88名法律专业毕业生，学生人数虽然不多，但由于该校在学生培养模式上形成了具有自己鲜明特色的优良传统，曾培养出一批优秀的法学人才和著名的法学家，如民法学家王宠惠、燕树棠、张正学等，均有在该校接受法学教育的经历。〔1〕朝阳大学虽为私立性质的单科大学，但以置办法科为重，其创建之初，就明确树立了“创设专门法科大学，养成法律专门人才”的基本宗旨和培养目标。〔2〕朝阳大学在培养中国近代法学人才方面，居功甚伟，被誉为中国的“法学摇篮”。民法学家胡长清、李祖荫、曾志时、吴学义，均毕业于朝阳大学法科。最后尤其值得我们注意的一点是，上表显示，至少有6位民法学家出身于教会大学。就中国近代新式高等教育发展而言，教会大学一直扮演着一个极为重要的角色，而法科，亦是其学科设置中的代表性学科之一。〔3〕教会大学也是民国时期

---

〔1〕参见天津市地方志编修委员会办公室、天津市司法局编：《天津通志：司法行政志》，天津社会科学院出版社2008年版，第130页。

〔2〕参见邱志红：《现代律师的生成与境遇：以民国时期北京律师群体为中心的研究》，社会科学文献出版社2012年版，第114页。

〔3〕1937年的一项统计表明，当时中国教会大学中法学专业学生人数所占比例已达10.3%。这一比例虽然低于全国26.4%的平均水平，但仍远高于教会大学中教育、商学、工程学、医学、农学等学科所占比例。参见［美］杰西·卢茨：《中国教会大学

民法学家在国内接受系统法学教育的重要场所。如王伯琦曾就读于东吴大学，胡诒谷就读于上海圣约翰大学，吴传颐、谢寿昌、芮沐就读于上海震旦大学，张志让毕业于复旦公学，等等。

不过由于国内法学教育水平相对偏低，有感于进一步深造和充实自己专业知识储备的需要，受清末民初大规模法科留学运动之影响，民国时期之法学家，大多亦有留洋习法的国外教育背景，[1]这种国外求学经历，为其进一步学习和研究民法理论知识创造了条件。民国时期民法学家的国外教育背景如表 2.4 所示：

表 2.4　民国时期民法学家国外留学简况

留学国别	毕业学校	获得学位情况	备　注
日　本（29 人）	明治大学（5 人）	3 人获法学学士学位，1 人未毕业，1 人获得学位情况不明	其中 1 人（汪波）曾留学日本，留学学校及获得学位情况不明
	东京帝国大学（8 人）	8 人均获法学士学位	
	中央大学（4 人）	4 人均获法学士学位	
	法政大学（4 人）	4 人均获法学士学位	
	早稻田大学（3 人）	2 人获法学士学位，1 人获得学位情况不明	
	日本大学（2 人）	1 人获法学士学位，1 人获得学位情况不明	
	九州帝国大学（1 人）	1 人获法学士学位	
	京都帝国大学（1 人）	1 人获法科硕士学位	

史（1850～1950）》，曾钜生译，浙江教育出版社 1987 年版，第 284 页。

〔1〕一项统计显示，1941 年至 1944 年全国审查合格的大学法科教授、副教授中，留学出身者的比例高达 88.5%。参见居正：“上海分会举行第二届大会祝词”，载《中华法学杂志（复刊）》1946 年第 6 卷第 4 期。

续表

留学国别	毕业学校	获得学位情况	备 注
法 国 （10人）	巴黎大学 （10人）	其中获法学学士学位者1人，法学硕士学位者4人，法学博士学位者5人	应时除获巴黎大学法学博士学位，亦获瑞士洛桑大学法学硕士学位
美 国 （5人）	芝加哥大学 （1人）	1人获法学 博士学位	燕树棠除获耶鲁大学法学博士学位，亦获哥伦比亚大学法学硕士学位
	伊利诺伊斯大学 （1人）	1人获 法学学士学位	
	耶鲁大学 （2人）	2人获法学 博士学位	
	哥伦比亚大学 （1人）	1人获法学 硕士学位	
比利时 （1人）	鲁汶大学 （1人）	1人获法学 博士学位	周枬除获鲁汶大学法学博士学位，亦获该校政治外交学硕士学位
德 国 （1人）	法兰克福大学 （1人）	1人获法学 博士学位	芮沐除获法兰克福大学法学博士学位，亦获法国巴黎大学法学硕士学位

上表显示，纳入本书统计的62名民法学家中，至少有46人具有海外留学背景，不过就其留学国别而言，仍以留学日本者居多，共有29人，其主要就读学校为日本东京帝国大学、明治大学、中央大学和法政大学；而留学欧美者明显偏少。前已述及，中国近代的法科留学，基于特定的历史条件，以东渡日本求学者居多。而留学欧美者虽人数不多，但大多获得较高级别的学位，如在10名留法者中，获得博士学位者即有5人；5名留美者中，则有3人获得法学博士学位；2名分别留学比利时和德国者，均获得法学博士学位。但29名留日者中，除1人获得法科硕士学位外，绝大多数仅获得法学士学位，无一人获得法学博士学

位。〔1〕此外，留欧美习法者，获得硕士学位者亦不在少数。这种海外教育背景，是这批人日后形成自己的法学知识积累，并最终成长为民法学家不可忽略的关键因素。

由于具有留日习法经历者颇众，使得中国近代民法学的诞生和成长，自始即带有浓厚的“日本化”倾向。部分民法学家，在日本留学期间，甚至得到过日本知名民法学家的教导。如李宜琛在日本早稻田大学法学院大学部研习民法时，师从该校法学博士中村万吉先生，并深得其赏识。中村先生在李宜琛所著《民法要论总则》一书所作之序中曾如此赞许李宜琛：“李宜琛君在早稻田大学法学部大学院倾倒于私法的研究，已经有了许多的成绩。明敏而真挚，在民国的留学士之中，的确是罕见的优秀之士。”其在李宜琛所著《现行物权法论》一书所作序言中亦对李宜琛之为人为学褒奖有加：“李君忠于学，其论述虽片言只语，未敢忽诸，每页脱稿，辄来见示，余亦迎而乐之。君之叙述论列，莫不精到无加，其秀俊睿智，从可知矣。君为稻门逸足，后生可畏，夙有定评，可谓宜矣。”而李宜琛在《民法要论总则》之“序例”中亦曾这样写道：“本书的属稿，几乎全出于吾师中村万吉博士的诱掖。自己的民法的知识，本得自先生的指导，著作时，又承先生悉心校阅，赐予我许多有力的见解，改正了不少的错误，同时对于自己狂妄的见解，也增加了颇多的自信。”〔2〕中村万吉与李宜琛交谊之甚密，由此可窥一斑。

---

〔1〕 此种现象，与中国近代较之留美、留欧法学博士相对偏多，而留日法学博士人数稀少的局面大抵一致。留日法科学生获得博士学位者极少，究其根源，首先与日本近代法学博士学位制度的特殊性有关。日本近代法学博士制度以荣誉性质的推荐制为主，而推荐制的对象并不针对日本各大学求学的学生，无论日本本国学生还是外国留日学生，要想取得课程博士和论文博士在日本都相当困难。直到1920年，日本才废除推荐制法学博士，但中国学生的留日潮早已过去，取而代之的是留美潮和留欧潮。其次，中国近代留日法科教育以速成性质为主，法学普及性教育大于法学研究性教育，注重了数量，牺牲了质量，注重了广度，牺牲了深度。最后，近代中日之间政治、军事冲突频繁，使得中国留日法科生很难静下心来攻读日本的法学博士学位。参见王伟：《中国近代留洋法学博士考 1905～1950》，上海人民出版社2011年版，第356～358页。

〔2〕 转引自夏新华：“寻访李宜琛”，载《华东政法大学学报》2009年第3期。

（三）职业构成

就中国近代来看，法学家的职业构成，从广义的角度言之，既包括法学教授，也包括司法官（含法官与检察官）和律师，甚至还包括政府部门的官员，而同时兼具多重身份者，亦极为普遍。分析民国时期民法学家群体的职业构成，不仅可以让我们借此认识这一特殊群体在当时社会所扮演的诸种角色，而且有助于我们窥斑见豹地了解作为法律人精英群体的法学家在那个特定时代的法律职业活动，及其对于中国近代之法学教育和法制建设所起的推动作用。

清末废科举之后，青年学子争相选择法政学科，其中一个重要原因，缘于就读法政学科，出仕为官较其他学科更易。〔1〕转型时期之中国，为法科毕业生提供了一个广阔的就业前景。其或则可出仕为官，或则可参加选拔成为司法官，或则可执律师业，或则进入学校担任法科教员，无一不为当时社会的体面职业。而在清末民初的留学大潮中，许多留学生赴海外选择研修法政学科，亦因为学成归国之后，可以谋取一个好的前程。如孙晓楼曾指出："留学生回国以后，无论他在国外做些什么，只要他等满这规定的年限，都是飞黄腾达：不是做议员，便是做法官；不是做行政官吏，便是做大学教授，青萍结绿，到处争聘。"〔2〕然就民国时期民法学家的职业构成来看，其大多有着较为丰富的法律职业生涯，且无严格的职业畛域之分。下面依据表 2.1，将民国时期民法学家的职业构成归纳成下表（表 2.5）：

---

〔1〕 蔡元培在就任北京大学校长的演说中曾说道："今人肄业专门学校，学成任事，此固势所必然，而在大学则不然，大学者，研究高深学问者也，外人每指摘本校之腐败，以求学于此者，皆有做官发财思想，故毕业预科者，多入法科，入文科者甚少，入理科者尤少，盖以法科为干禄之终南捷径也。"蔡元培："就任北京大学校长之演说"，载高平叔编：《蔡元培全集》第 3 卷，中华书局 1984 年版，第 5 页。

〔2〕 孙晓楼：《法律教育》，中国政法大学出版社 1997 年版，第 15 页。

表 2.5　民国民法学家的职业构成

序号	所从事过职业	人数	序号	所从事过职业	人数
1	法学教师	8	9	政府官员 + 司法官	2
2	政府官员	2	10	法学教师 + 政府官员 + 司法官	12
3	司法官	2	11	政府官员 + 司法官 + 律师	1
4	律　师	1	12	法学教师 + 司法官 + 律师	4
5	法学教师 + 政府官员	12	13	法学教师 + 政府官员 + 律师	5
6	法学教师 + 司法官	1	14	法学教师 + 政府官员 + 司法官 + 律师	6
7	法学教师 + 律师	4	15	不　详	1
8	政府官员 + 律师	1			

据上表可知，在纳入笔者统计的 62 名民国民法学家中，除 1 人职业情况不详外，余者职业分布状态较为复杂。概括言之，其职业构成表现出以下特点：

第一，高等法学院校教师仍是该群体主要的职业类型。统计表明，共有 52 人具有在法学院校从事法学教学和研究的职业履历，占总数的 84%。其任教之院校，除各类法律学堂（校）外，亦有不少集中于各大学，如北京大学、朝阳大学、东吴大学、清华大学、中央大学、复旦大学等。此类大学大多办学质量较优、声誉颇隆，对这些民法学家具有很强的吸引力。他们栖身于法学院校，不仅可以觅得一谋食之所，而且可以获得一个专心从事法学教育和法学研究的环境。但是，基于各自独特的人生经历，其在高校担任法学教师的情况又各不相同。有些人无意仕途，终生执教鞭于法学杏坛，属纯粹的法学教授和法学研究者，梅仲协即是一个典型。当年林彬先生出任"司法行政部部长"时，曾邀梅仲协出任该部政务次长，梅仲协"以读书人不适于做官，未应所邀"。[1]与

〔1〕 梅仲协：《民法要义》，中国政法大学出版社 2004 年版，"姚序"，第 4 页。

其有相似经历者，还有李宜琛、曾志时等人。不过此类人在数量上总体偏少。绝大多数民法学家的从教履历，或是以司法官员或政府官员身份兼事教职，抑或是从司法官或政府官员职务上卸任后转入法学院校担任教师。如余棨昌曾于1911年在日本东京帝国大学法科毕业后，历任清户部主事、法制局参事、司法官惩戒委员会委员、大理院推事、大理院庭长、司法讲习所所长、修订法律馆顾问、大理院院长、修订法律馆总裁等职。公务之余，一直在朝阳大学、北京大学、法政大学等校兼职从教，讲授民法课程。南京国民政府成立后，因厌倦政治，遂弃官而专执教鞭，历任朝阳大学教授、北京大学法律系教授、北平大学法商学院法律系主任等职，专事法学教学与研究。[1]

第二，担任过各级审判检察部门司法官者人数不少。62人中，计有不少于29人曾担任过各级法院与检察院的司法官员，占总数的47%。这批人中不乏民国时期一些著名司法官，他们通过在各级审判检察部门任职，集法吏与学者于一身。前述之余棨昌、夏勤、洪文澜、林彬、林鼎章、刘含章、刘钟英等都是该类人中的翘楚。夏勤曾于1928年任国民政府最高法院刑庭庭长，1945年2月复出任国民政府最高法院院长兼刑庭庭长，1949年3月又被选任为司法院大法官。[2]洪文澜在30岁时，由京师高等审判厅推事擢升为大理院推事。1929年任最高法院推事，并参与“判例”整编工作。抗战期间，任国民政府最高法院民庭庭长，且于1948年被选任为第一届司法院大法官。[3]林彬早年从国立北京大学法律系毕业后，历任地方法院检察官、推事，高等法院庭长、推

〔1〕 余樾：“忆余棨昌先生”，载薛君度、熊先觉、徐葵主编：《法学摇篮：朝阳大学》增订版，东方出版社2001年版，第166页。

〔2〕 参见夏勤：《刑事诉讼法要论》，郭恒点校，中国政法大学出版社2012年版，第220页。

〔3〕 参见吴斌：《法苑撷英：近代浙籍法律人述评》，华中师范大学出版社2012年版，第157～158页。

事及最高法院审判官等职。1948 年 7 月被选任为司法院大法官。[1]而林鼎章、刘含章、刘钟英，除担任过民初大理院推事，亦担任过南京国民政府最高法院推事、庭长等职。这批人蹩身于法律实务和理论研究两者之间，不仅有着丰富的司法实务经验，而且在民法理论方面也有着精深造诣。法律家兼为法学家，使得司法实务和学理研究之间，有了更多沟通和互动的可能。

第三，担任过各级政府行政官员者人数颇众。法律人出仕，不外两途，或为司法官，或出任各级政府部门行政官员。上表显示，在 62 人中，曾担任过各级政府部门行政官员者，计有 40 人之多，占总数的 65%。其所任之行政职务，主要指除审判检察职务之外各级政府部门官员、参议院议员、立法委员等。受法律人从政的时代潮流之影响，民国民法学家亦表现出较高的从政热情。这批人或以学者身份涉足政坛，或以政府官员身份兼事学术，是民国时期法学家从政的一个缩影。民国时期的法学家挟笔从政，主要有以下原因：首先，法学家从政，符合由来已久的中国士人的传统理想。读书为官不仅可以光耀门楣，亦是传统社会普通知识分子的进身之阶。“学而优则仕”的传统士子情怀，仍然是民国时期法学界知识分子挥之不去的一种情结，并潜移默化地支配着他们的行为模式。其次，晚清以还，中国一直处于民族存亡的社会变革之中，法学家跻身政坛，也隐含着这批知识精英冀图凭借自己的法学知识以实现其“救世”理想的良好初衷。最后，“士”者“持道以论政”，部分法学家以“法律技术官僚”的身份从政，并借此寻求更多的政治话语权。在自清末立宪运动开始的建设法治国家大背景下，这是法学家参与当时中国法治建设的一条重要路径。

第四，有着律师执业经历者亦复不少。62 人中，曾专职或兼职执律师业者计有 21 人之多，约占总数的 34%。法学家执律师业，其具体情

〔1〕参见吴斌：《法苑撷英：近代浙籍法律人述评》，华中师范大学出版社 2012 年版，第 158 页。

况不一，主要分为以下几种情形：其一，专执律师业者。此类人极少，典型代表是朱方。朱方是民国时期上海一带名噪一时的执业律师。在繁重的律师业务之余，其仍能笔耕不辍，实属难能可贵。[1]其二，一时未谋至理想职业，暂充律师业者。如陈箓于1920年9月开始担任驻法国全权公使，南京国民政府成立后，其于1928年卸去驻法公使职，返沪任执业律师，并直至1934年任国民政府外交部顾问时止。[2]林鼎章于1927年从大理院推事职位上去职后，举家迁往上海，为谋生计，加入了当地一家有名的律师事务所，并很快成为一个著名律师。但其执律师业不到两年，又再次成为南京国民政府最高法院的法官。[3]其三，以法学院校教师身份兼职从事律师业务者。部分法学家虽在大学担任教授，但也有经济上不甚宽裕者，故兼执律师业亦不失为其舒缓经济困境之一途。如其时议者所云："学校经费涸竭，教授之俸给，仅堪一饱，陟黜又无常规。私立学校之经费，较之国立者，尤形拮据。若遇国事突变，学校财源顿绝，教授当各自为谋"，"普通大学教授如此，法律教授岂容独异"。[4]据李祖荫回忆，其20世纪30年代在北京大学法律系任教时，该系教师中，"有兼任律师而且以律师为主业的，如戴修瓒、陈瑾昆、李怀亮等是，刘志敭虽兼律师，但是接收案件比较少一些，还是

---

〔1〕朱方曾自称："律务冗忙，仅于星期之暇，得偷闲一二小时握管。"朱方编著：《民法继承编详解》，上海法政学社1940年版，"编辑大意"，第2页。

〔2〕参见杨立强、刘其奎主编：《简明中华民国史辞典》，河南人民出版社1989年版，第293页。

〔3〕参见林同奇："林氏家风——中国士大夫传统现代转化一瞥"，载邵建编：《思想者4：一个世纪的人与事》，青岛出版社2008年版，第94页。

〔4〕刘世芳："大陆英美法律教育制度之比较及我国应定之方针"，载《法学杂志》1934年第7卷第3期。到20世纪40年代，由于战争缘故，大学教授的经济状况更是进一步恶化。据燕树棠后人追述，抗战时期的昆明，物价上涨，经济不景气。燕树棠一家人口众多，生活相当困难，为贴补家用，他和夫人曾摆过地摊。生活贫困加之教学任务繁重，致其罹患眼疾，当地无法医治，又无钱去外地治疗，后来还是他的一位学生资助了一些钱，才得以前往成都治病。参见燕今浩："怀念父亲燕树棠"，载燕树棠：《公道、自由与法》，清华大学出版社2006年版，第536页。

以教书为主业”。[1]另据昆明律师公会的记载，20世纪40年代，在昆明登记执业的律师最多时达50多人。其中包括戴修瓒、芮沐、赵凤喈、王伯琦、吴传颐等，他们均系当时西南联合大学和云南大学的著名法学教授。[2]

总体言之，在民国时期民法学家群体中，终生从事一类法律职业者甚少。纯粹在高等法学院系从事法学教职者仅8人，而仅担任过政府官员或司法官者均为2人，只以专职律师为业者则只有1人。大多数民法学家，一生中曾涉足了两种或两种以上的法律职业，61人中，既担任过法学教师，又担任过政府官员和司法官者，计达12人之多。此种现象充分凸显了以下事实：其一，由于社会发展和法制建设的推进，当时社会对具有较高法律专业知识的人才有了更多的需求，这使得法律人精英群体在职业选择方面有了更广阔的空间。其不仅可以涉足仕途，而且可以逐渐向法学院校教师、律师等其他行业分散。其二，由于该时期法律人的职业分工尚不甚发达，各法律职业之间的就职门槛并无非常严格之限制，各法律职业均对法律人精英群体保持了相当程度的开放，这也就为民国法学家们的职业流动和职业转换，提供了更多的可能性。而这一切，又使当时法律人群体因职业隔阂的消减，更易结合成一个相对稳固的法律职业共同体。

（四）家庭背景

家庭背景作为人才成长的先赋性因素，主要包括成长环境、父辈或祖辈的知识经验、家庭的社会关系和经济状况等，它是人才成长的重要客观条件。民国时期民法学家的家庭背景，一定程度上影响着他们的教育经历或之后的职业选择。由于相关文献阙如，许多民国时期民法学家的家庭背景情况，已难考证。不过笔者仍借助于各类传记史料的零星记

---

〔1〕 李祖荫：“北京大学点滴回忆”，载全国政协文史资料委员会编：《文史资料存稿选编》第24辑“教育”，中国文史出版社2002年版，第43页。

〔2〕 参见云南省水利水电厅编：《云南省志》卷五十七“司法志”，云南人民出版社2001年版，第255页。

载，摭拾部分如下：

陈箓出生于福建省闽侯一望族之家，15 岁时考入福州马尾船政前学堂学习。〔1〕王宠惠的祖父王元琛和父亲王煜初均笃信基督教，因广东地方反对基督教的势力甚为强大，被迫举家移居香港，1884 年其父被聘任为香港“道济会堂”牧师。王宠惠于 1881 年 12 月 1 日出生于香港，6 岁时进入香港圣保罗学校修习英文课程，在课余时间其父聘请当地的儒学名家周松石为其讲授国学典籍。10 岁时再入香港皇仁书院继续攻读英文课程。光绪二十一年（1895 年），王宠惠考取天津中西学堂（后改为“北洋大学”）头等学堂（即大学本科）法律门。〔2〕黄右昌为清代著名诗人黄道让嫡孙，其“三岁能识千字，五岁能作对联，十二岁成秀才，十七岁中举人”。〔3〕林鼎章的父亲林福熙于 36 岁时中进士，曾先后任四川省广元县、渠县和浙江省瑞安县的知县。由于父亲的特殊身份，林鼎章在其父所捐的监生名下免考科试，1902 年未经秀才考试便直接参加省级会试成为举人。当时他只有 24 岁，是公认的年轻聪明的举人。但由于科举制度不久取消，他没有机会成为进士。〔4〕刘含章之父刘瀛，则为清光绪十二年（1886 年）进士。〔5〕陈瑾昆出生于“世袭地主家庭”，“自幼在家塾读诗书”。〔6〕楼桐荪 1896 年出生于浙江永康胡库乡楼店村，“家世业农。父其香，后因家境关系，改习农商，家道

---

〔1〕 参见刘清涛：“陈箓”，载中国社会科学院近代史研究所中华民国史研究室编：《中华民国史：人物传》第 1 卷，中华书局 2011 年版，第 321 页。

〔2〕 参见张生：“王宠惠与中国法律近代化——一个知识社会学的分析”，载《比较法研究》2009 年第 3 期。

〔3〕 王存诚编：《韵藻清华：清华百年诗词辑录》上册，清华大学出版社 2011 年版，第 60 页。

〔4〕 参见林同奇：《林氏家风——中国士大夫传统现代转化一瞥》，载邵建编：《思想者 4：一个世纪的人与事》，青岛出版社 2008 年版，第 86、92 页。

〔5〕 参见福州市地方志编纂委员会编：《福州人名志》，海潮摄影艺术出版社 2007 年版，第 67 页。

〔6〕 彭正湘：“法学家陈瑾昆”，载中国人民政治协商会议常德市鼎城区委员会文史资料研究委员会编：《常德县文史资料》第 6 辑，1990 年印行，第 294 页。

渐见起色”。楼桐孙（荪）“禀性聪慧，幼从‘楼店圣人’楼尚敬习经籍”。〔1〕柯凌汉出生于福建省长乐县岱西村，“其父柯雍，为清代莆田教谕，吴航书院山长。凌汉少时聪敏，家学渊源，先入吴航小学，毕业后考入福建法政专门学校法律系本科，成绩优异”。〔2〕陶汇曾“出生于一个苦读书、求功名、入仕途的家庭”。〔3〕他曾这样介绍自己的父亲：“我的父亲名炯照，字月舸。丁酉拔贡。经济特科一等第四名。清末历任河南夏邑、新野、安阳、叶县、洛阳诸县知县事。民初任湖北黄陂县县长，及河南汝阳道道尹。”〔4〕李祖荫“出生在一个号称九代书香之家”。其父亲、伯父、叔父，都是前清的秀才，虽未出仕，但道德文章，都为人称道。祖父更是清同治甲戌科的翰林。〔5〕戴修瓒出生于湖南省常德县南坪乡戴家岗村。父名戴宪成，布店店员，壮年去世，家中兄妹8人，生活比较困难，全赖兄长攒钱供他读书。〔6〕张志让之家庭出身及早年教育情况，据其自传介绍，“父赞宸，号韶甄，任萍乡煤矿总办，曾兼任汉阳铁厂总办”。1904年以前，张志让“与两兄同就家庭所聘教师读书。1905年至1910年与姊妹同就家庭所聘中、英文教师读书。1911年在清华学校初级部（中学性质）肄业。1912年在北京大学预科理科肄业”，旋因学潮“回沪改入大同学院，至1914年毕业”。〔7〕梅仲协“先世吴越著姓，家学渊源。大父宦游鄂省，卓著政声；令尊韬晤家

〔1〕“楼桐孙（荪）先生事略”，载台湾“国史馆”编：《国史馆现藏民国人物传记史料汇编》第17辑，台湾“国史馆”1988年编印，第514页。

〔2〕李乡浏：“柯凌汉”，载中共福州市委宣传部、福州市社会科学所主编：《福州历史人物》第7辑，1993年印行，第123页。

〔3〕贺渊：《新生命研究》，社会科学文献出版社2011年版，第24页。

〔4〕陶希圣：《潮流与点滴》，中国大百科全书出版社2009年版，第58页。

〔5〕参见李蟠：“书生李祖荫的坎坷人生”，载《世纪》2013年第6期。

〔6〕参见张惠芬：“著名法学家——戴修瓒”，载中国人民政治协商会议常德县委员会文史资料研究委员会编：《常德县文史资料》第3辑，1987年印行，第33页。

〔7〕张志让：“张志让自传”，载中国人民政治协商会议全国委员会文史和学习委员会编：《文史资料选辑（合订本）》第29卷总第84~86辑，中国文史出版社2011年版，第223页。

园，淡于仕进”。〔1〕周枏于1908年5月出生在江苏省溧阳县歌歧中村。“父亲是清末秀才，体弱多病，民国后在本乡小学任教。母亲略识字，敦厚朴实，勤俭持家，为乡里所称道”。〔2〕

从以上10余人的家庭背景来看，其多数出身于功名之家或书香门第，家庭经济条件较为优渥，这为他们能够接受比较好的教育奠定了坚实的经济基础。此外，他们大多具有较好的家学渊源，部分在幼年时即受过良好的国学训练，只是后来由于科举制度被废除，他们与同时代的许多青年学子一样，不得不适应新的现代教育制度，走上不同于科举功名的道路。而新式法学教育的出现与发展，又为他们提供了更多的选择机会。但一个显而易见的事实是，他们之后选择了法学专业，其实与他们祖父辈的知识背景并无必然联系。不过李宜琛是一个例外。

李宜琛之所以选择法学专业，与其父亲的学习经历及职业背景有较大关联。李宜琛之父为李兆年，曾在京师法政学堂和进士馆法政讲习所学习，之后历任广东翁源县和浙江新登县知县，京师初级审判厅、京师地方审判厅推事。民国成立后，还担任过北京临时参议院议员和国会参议院议员。父亲的政法生涯对少年李宜琛的成长影响颇深。李宜琛曾立志从事文学创作，但父亲极力主张其从事法律工作。受其父影响，李宜琛“弃文从律”改学法律。1930年李宜琛大学毕业，翌年留学日本，而留日的原因，据说也是基于其父的意愿。李父认为李宜琛为长子，留学日本离中国近，有事回家方便。〔3〕

二、民国时期民法学家群体的代际谱系

19世纪末20世纪初，在沈家本等人的极力推动下，中国法学开始由

〔1〕“梅仲协先生事略”，载大陆杂志社编：《中国近代学人象传初辑》，大陆杂志社1971年版，第182页。

〔2〕周枏：“我与罗马法”，载安徽省法学会编：《周枏与罗马法研究》，安徽人民出版社2010年版，第3页。

〔3〕参见夏新华、肖海英：“再寻李宜琛”，载《华东政法大学学报》2011年第4期。

传统向近代转型。[1]随着中国新式法学教育事业的逐步展开，一批知识精英在吸收西方法学理论之后，逐渐将其融化于本土法学知识体系之中，中国近代法学遂由此得以产生，而近代意义上的法学家作为一个新的知识精英群体，亦借此得以孕育和长成。当然，基于不同的时代背景和政治气候，从清末到当代，中国的法学家群体，也呈现出不同的代际特征。[2]

许章润曾以自然代际为基本线索，将思想的沿承与嬗变、学术风格的形成与转换、学界人物的升沉与聚散等因素综合加以考量，将清末至现今的中国法学家划分为五个代际。在其划分思路中，将清末民国时期的法学家划分为三代：第一代法学家产生于清末变法改制期间，主要代表人物为沈家本、梁启超、严复、伍廷芳和王宠惠等。第二代法学家出现于20世纪20年代初期以降，以接受了现代西式法律教育的法律从业者为主体，其面对新问题，秉持新理念，尝试新范式，使得中国整个法学面貌为之一变，而真正纯粹法学意义上的中国学术传统，亦滥觞于此代法学家。第二代法学家的代表人物主要有王世杰、杨鸿烈、程树德、钱端升、吴经熊、徐朝阳、梅汝璈、胡长清、林纪东、张志让、张君劢、丘汉平等人。第三代法学家产生于20世纪30年代中期前后，其大多受教于第二代法学家，就年龄论或与第二代相仿，但其秉持专家本色，坚持学理探讨，注重中国问题，将已然启其端绪的中国法学传统，渐予深化与光大。而于学术谱系言，则可划分为独立的一代。第三代法学家的代表人物主要有蔡枢衡、王伯琦、李浩培、倪征日奥、戴修瓒、陈瑾昆以及王铁崖、韩德培等人。[3]

---

〔1〕 参见王立明："也论20世纪初中国法学的转型"，载林明、马建红主编：《中国历史上的法律制度变迁与社会进步》，山东大学出版社2005年版，第7~8页。

〔2〕 参见丁洁琳：《近现代中国法学家与中国法律文化》，中国政法大学出版社2013年版，第39~40页。

〔3〕 第四代法学家产生于1949年之后，大多经受了新中国成立后一系列政治运动的冲击，改革后才重新返回教学科研岗位。代表人物有江平、王名扬、谢怀栻等人。第五代为1977年后经由高考入读法律院系，在今日法学界挑大梁者。参见许章润："书生事业无限江山——关于近世中国五代法学家及其志业的一个学术史研究"，载

何勤华主要结合出生时间、接受法学教育的时间、教学科研时间等因素，将新中国的法学家阶层划分为四代。其把20世纪20年代之前出生的学者确定为新中国第一代法学家，并将这一代法学家具体细分为如下两批：一批是在民国时期已经有所成就并为民国政府服务的法学家，如江庸、黄右昌、周鲠生、燕树棠、胡长清、钱端升、杨兆龙、梅汝璈、王铁崖等。新中国成立后他们一直留在大陆，被称为旧法人员；另一批是在民国时期接受法律教育但很早就参加了中国共产党领导的革命斗争，或者是地下党，或者是革命根据地的法制建设者，是得到党和人民认可的红色法学家，如董必武、陈瑾昆、何思敬、张友渔、潘念之等。[1]

对中国法学家的代际谱系进行适当的划分，有助于我们更为清晰地认识法学家在中国法学发展的各阶段所扮演的历史角色，及其与中国近代以来法学的知识转型和知识积累之间的密切关系。但是我们同时亦应清醒地认识到，对清末以来中国法学家的代际进行划分，实际上并无一个绝对的客观标准，不同的学者基于不同的视角，依据不同的标准，可能会得出不同的划分结论。

许章润和何勤华对中国法学家的代际划分，对笔者分析民国时期民法学家群体的代际谱系，具有重要的参考意义。不过欲勾勒民国时期民法学家群体的代际谱系，必须结合清末迄至民国中国民法学发展的阶段性特征加以分析和判断。

（一）中国近代民法学发展的阶段性特征

中国近代民法学的发展，与中国近代民法法典化之进路琴瑟相和。其突出特点是学术研究与立法的迫切需求紧密结合，法典编纂推动了民法学的研究，而民法学研究的成就也凝聚于法典编纂之中。中国近代民

许章润主编：《清华法学》第4辑，清华大学出版社2004年版，第40~45页。

〔1〕参见何勤华："法学家与新中国法学的进步"，载《中国社会科学报》2009年7月1日。

〔2〕芮葆："简论20世纪的中国民法学——兼论知识产权法学对民法学的影响"，载郑成思主编：《知识产权文丛》第3卷，中国政法大学出版社2000年版，第345页。

法学之发展，经历了一个从传播日本民法学再到自身独立发展的曲折过程。要而言之，中国近代民法学的形塑，就其发展阶段来看，主要表现出以下两个重要特征：

（1）清末民初时期，主要是单纯译介日本民法学相关论著或者依托日本民法理论体系，对民律草案中之民法条文进行诠释。

此一特点，是由于清末民初的民法制度建构，很大程度上受日本民法之影响。如《大清民律草案》前三编大抵经由日本法学家之手制订，其文本内容亦主要模仿日本民法典；而《民国民律草案》又因袭《大清民律草案》，这种法律文本借鉴的日本色彩，必然导致民法理论的“日本化”。加之当时留学海外之法政人物，多以赴日学习法律为主。他们在日本学习法律期间，或通过翻译日本法政书籍，或将讲义整理编辑成册，将法学知识引入国内。这批人学成归国之后，又大多充任检察官、法官、律师或法政学堂之教习，从而成为日本法学输入中国之媒介和主要中坚。〔1〕职是之故，该时期中国民法学的“日本化”，也就势所必然。

该时期比较重要的民法学论著，主要为日本民法学家的各类讲义或著作的译作，包括汪庚年编译之京师法律学堂松冈义正讲义《物权法、债权法》；〔2〕光绪三十一年（1905年）湖北法政编译社出版之法政丛编系列丛书《民法总则》（梅谦次郎著，严献章、匡一译），《民法财产物权》（梅谦次郎著，樊树勋编译）、《民法物权担保》（梅谦次郎著，彭树棠编译）；〔3〕富井政章所著《民法原论》（两个译本，分别为王双歧译，渊学书社1907年版；陈海瀛译，上海商务印书馆1907年版）；梅谦次郎的《民法讲义》（黎炳文译，天津保定官书局1907年版）和

〔1〕参见俞江：《近代中国民法学中的私权理论》，北京大学出版社2003年版，第38页。

〔2〕参见李贵连：《近代中国法制与法学》，北京大学出版社2002年版，第86页。

〔3〕参见俞江：《近代中国的法律与学术》，北京大学出版社2008年版，第333页。

《日本民法要义总则编》（孟森译，上海商务印书馆1910年版），《日本民法要义继承编》（金泯澜译，上海商务印书馆1911年版），《日本民法要义亲族编》（陈与燊译，上海商务印书馆1911年版），《日本民法要义债权编》（孟森译，上海商务印书馆1913年版），《日本民法要义物权编》（孟森译，上海商务印书馆1913年版）；以及熊元楷、熊元襄根据日本民法学者志田钾太郎在京师法律学堂授课讲义编译的《民法总则》、《民法债权总论各论》、《民法物权》（均于北京安徽法学社1905年初版后，至民国三年（1914年），共再版过3次）。[1]总之，从留日学生的民法学笔记到松冈义正等的民法讲义，从对日本民法的简单而全面的介绍到翻译富井政章、梅谦次郎等日本民法学家的专著，日本民法学被引进至中国。[2]《大清民律草案》出台之后，民初书坊间贩售之民法学著述，多为对该草案法律条文的注疏，而其所依托之理论基础，仍存有日本民法理论的浓厚气息。如民初朝阳大学法律科之民法讲义，即是如此。[3]而此时出版的在当时颇具影响力的民法学著作，如柯凌汉所著之《中国债权法总论》，亦复如是。[4]

（2）中华民国民法典颁布后，中国的民法学理论，开始在秉承日本民法理论的基础上，兼采德、法等欧陆各国民法理论，并且注意结合中华民国民法典的具体条文及中国实际之情形，有意识地构建本土式民法理论体系。

前已述及，1929年，中华民国民法之总则编、债编、物权编次第公布，并于1930年施行。同年，亲属继承两编也编订完毕，并于翌年施行。于此，作为民事方面主要法源的《中华民国民法》大致底定。然如民国民法学家梅仲协所言，该民法之编定，“采德国立法例者，十之六

〔1〕参见何勤华：《中国法学史》第3卷，法律出版社2006年版，第329～330页。

〔2〕参见梁慧星：《为了中国民法》，中国社会科学出版社2013版，第327页。

〔3〕参见朝阳大学法律科讲义《民法概论》、《民法总则》、《债权通则》、《债权各论》、《亲属继承编》等，编著者不详，出版年月不详。

〔4〕参见柯凌汉：《中国债权法总论》，福州新民公司1924年版。

七，瑞士立法例者，十之三四，而法日苏联之成规，亦尝撷取一二”。[1]因此，这种立法借鉴上的新变化，必将对其时民法学理论之发展，产生一定的导向作用。从该时期民法学家的相关论著可以发现，其对立法例或民法条文的比较分析，已不再局限于日本民法，而广泛延及德国、法国、瑞士、苏联乃至英美法系诸国，而其引证之民法学说，亦不再囿于日本民法学者之学说，而是兼采欧西，尤其是德法等国民法学者的理论学说。此外，该阶段中国的民法学著作，尤其是民法学论文，对微观层面的民法制度和民法理论问题，已表现出更高程度的学术关切，在研究风格上逐步呈现出由“通”向“专”纵深发展的倾向，这种倾向至20世纪40年代愈发明显。该时期民法学论著颇多，下章中有专门列举，兹处不作赘述。

（二）民国时期民法学家群体的代际谱系及其特点

本书以中国近代民法学的发展脉络为背景，以民国时期民法学家群体的自然代际为基础，结合各民法学家的研究领域及其学术建树，将该群体划分为以下三个代际谱系（表2.6）：[2]

表2.6　民国时期三代民法学家简表

代　别	姓　　　名
第一代	陈承泽　陈　箓　高　种　朱献文　许　壬　余棨昌　王宠惠 黄右昌　应　时　胡诒谷　李怀亮
第二代	夏　勤　刘含章　唐纪翔　刘志敭　林　彬　林鼎章　柯凌汉 陈瑾昆　戴修瓒　郗朝俊　洪文澜　胡元义　宁柏清　燕树棠 刘渐鸿　刘镇中　罗　鼎　欧阳谿　欧宗祐　潘震亚　张志让 朱　方　刘钟英　阮毅成　裘千昌　吴振源

〔1〕梅仲协：《民法要义》，中国政法大学出版社2004年版，“初版序”。

〔2〕本书对于民国时期民法学家群体的代际划分及部分述论，一定程度借鉴了俞江的研究成果。俞江认为，从清末至1949年，中国近代法学共产生了三代学者。其对中国近代法学三代学者的详尽阐析，可参见俞江：《中国近代民法学中的私权理论》，北京大学出版社2003年版，第16～24页。

续表

代　际	姓　　　名
第三代	李祖荫　楼桐荪　曹　杰　李宜琛　胡长清　史尚宽　郁　嶷　何孝元　汪　波　吴学义　梅仲协　周新民　陶汇曾　王伯琦　王去非　李　谟　吴传颐　曾志时　张企泰　张正学　赵凤喈　宗惟恭　谢寿昌　周　枬　芮　沐

结合上表，下面将民国时期三代民法学家及其特点分述如次：

(1) 第一代民法学家。第一代民法学家多为中国近代民法学的开创者，他们既有一定的国学根底，又均有留洋背景，中西学兼通。有的在清末即颇负盛名，进入民国之后仍活跃于政界和司法界。此代民法学家具有以下特点：论其事功主要侧重于民事立法和司法实务领域，除个别人之外，其个人学术成果尚不丰富。这批人中，有的参与了《大清民律草案》的制定，有的则参与了《民国民律草案》的修订。而余棨昌、胡诒谷、李怀亮等，均有在民初大理院从事民事司法审判工作的经历。就论著言之，其或以民法译著为主，或以纵横民法学所有领域的通论性民法著作居多。而王宠惠不仅是民国时期著名的政治家与外交家，更是一位杰出的法学家。他参加了南京临时政府、北洋政府与南京国民政府时期的立法与司法工作，其研究领域非常广泛，在宪法、刑法、民法、国际法等领域，均有有分量的论著问世。[1]然总体言之，至20世纪30年代之后，这一代法学家，除个别人外，基本停止了学术研究工作。

(2) 第二代民法学家。第二代民法学家大多活跃于20世纪20年代后期至30年代抗战爆发之前，他们是20世纪30年代中国民法学繁荣的主导者。此一代民法学家主要毕业于清末民初的各类新式法学教育机构，其中诸多有海外留学背景。他们在学术研究风格上具有以下特点："以通治学"，但其民法学研究逐渐摆脱了第一代民法学家以译述日本民

〔1〕参见华友根：《20世纪中国十大法学家》，上海社会科学院出版社2006年版，第95页。

法学论著为主的局面，并逐步确定了自己相对固定的研究领域。就学术论著而言，第二代民法学家的学术研究仍普遍存在横跨多个法学分支领域的现象。如夏勤、陈瑾昆、戴修瓒既在民法学领域颇有建树，在刑事诉讼法领域亦有较高的学术造诣；唐纪翔和阮毅成既是民法专家，也是国际私法领域的专家；林彬和郗朝俊除出版了民法学论著，也有不少刑法学方面的著作问世。此外，除了民法学研究，戴修瓒、胡元义、宁柏清、潘震亚、朱方、裘千昌等人，还涉足了商法领域的研究，燕树棠、欧阳谿则兼攻法理学，而洪文澜在民事诉讼法领域，欧宗祐、张志让在宪法学领域，皆有丰硕成果。当然，此一代民法学家中，专攻民法者亦复不少，如刘含章、罗鼎以亲属法和继承法研究见长，柯凌汉和刘志敭主攻债权法和物权法，吴振源专事债权法的研究。总体言之，第二代民法学家在民法学领域都有精深的造诣，其治学风格虽然仍以“通”为主，但已初步显现向“专”转化的端倪。

（3）第三代民法学家。第三代民法学家主要活跃于20世纪30年代后期至40年代。在时间节点上，他们与第二代民法学家活跃期略有交叉，但是他们所专注的研究领域，已不似第二代民法学者广泛。第三代民法学家治学风格的主要特点是：以“专”为主，侧重于民法学中某一个或两个领域的研究。展开而言，第三代民法学家中横跨两个及两个以上法学分支学科者不多，除非是民法学兼及法学通论。而民法学中，或则研习民法总则，兼修债权法或物权法，或则侧重于债权法、物权法、亲属法与继承法中某一个或两个领域，再旁及其他。[1]但普遍学有专攻，在民法学的某一个或两个领域表现出自己扎实的学术功底。如史尚宽、胡长清、李宜琛、吴学义、张正学、梅仲协、王伯琦等在民法总则方面，王去非、曹杰、张企泰在物权法方面，李谟、周新民在债权法方

---

〔1〕像胡长清这样优秀的民法学家，能从民法总则延伸到债法和继承，已属难能。而他的这种成就，还是得益于一直从事《法律评论》的编辑工作，接触面较广。参见俞江：《近代民法学中的私权理论》，北京大学出版社2003年版，第20页。

面，郁嶷、楼桐荪、罗鼎、陶汇曾、汪波、赵凤喈等在亲属法或继承法方面，李祖荫和吴传颐在比较民法学方面，周枏在罗马法方面，都有着独到的学术见解。他们的论著就学术风格而言，就是向专深方向发展，有明显超越了上一代学者的迹象，并代表了民国期间民法学研究的总体水平。〔1〕

小　结

作为中国近代法律人精英群体的一支，民国时期民法学家群体是时代的产物。就该群体的社会构成而言，则体现出以下特征：其一，在籍贯分布上主要集中于江苏、浙江、福建、湖南等沿海和沿江省份，这一现象与以上诸省清末民初新式法学教育和法科留学事业较为兴盛有关；其二，从教育背景来看，大多是在清末民初的新式法学教育机构接受初步法学训练后，又负笈海外研习法学，而海外的法学知识积累，则是他们后来能够在民法学领域展开学术研究的一个关键性因素；其三，就职业构成观之，该群体中殊少有终生从事一种法律职业者，大多在法学教授、司法官员、律师和政府官员间进行职业流动，这种学术界和实务界的交相互动，造就了他们法学家与法律家两种身份兼具的职业品格；其四，就家庭背景而言，他们大多出身于科举功名之家，家庭的文化熏陶和相对宽裕的经济条件，为他们创造了一个良好的受教育环境。但总体上看，他们的法学知识，与其祖父辈的知识积累，并无多大关联。民国时期民法学家群体所体现出的上述特质，某种程度上也是中国近代法学家，乃至法学知识分子的一个共通特点。

与中国近代民法学发展的阶段性特点相适应，民国时期民法学家群

---

〔1〕 参见俞江：《近代民法学中的私权理论》，北京大学出版社2003年版，第22页。

体又可分为三个不同的代际。由于时代背景不同，不同代际间民法学家之学术风格又存在较明显的差异。其学术风格转换的总体趋向是：由单纯译介日本民法学过渡至既借鉴日本民法学，又兼采欧陆民法理论学说；由“以通治学”纵横多个法学分支学科到只专注于民法学研究；由民法条文疏注和西方民法理论述介，延伸至微观层面的民法制度和民法问题的探研。而这种倾向，则为中国近代民法学发展一般规律的一种投射。

第三章
民国时期民法学家群体的法律职业活动

前已述及，民国时期民法学家群体的职业分布状况比较复杂，即使就绝大多数个体而言，其在不同法律职业间的流动亦甚为频繁，往往在法学教授、司法官、政府官员、律师四种身份之间进行轮换。有的甚至身兼多重角色，一生中完整地经历了作为一名法律人能够参与的所有职业活动。这使得该群体的法律职业活动，被赋予了极其丰富的内涵。要而言之，民国时期民法学家群体的法律职业活动，主要涉及民事立法、法学教育、民法学研究以及司法实务四个方面。部分民法学家参与民事立法，主要与他们担任立法机构的政府官员有关，其从事法学教育和民法学研究，则缘于他们在法学院校担任法学教授的经历，而担任司法官以及执律师业的职业履历，亦成为他们法律职业生涯中的浓重一笔。

一、民国时期民法学家的民事立法活动

在西方法学界，参与法律或法典的制定，被视为法学家的一项重要职业活动。正如张中秋所言，在西方，“几乎每一部杰出的法典都是法学家努力的产物”。[1]中国的法律近代化，同样也少不了法学家的推动。如清末法学家沈家本、伍廷芳等就曾出任清朝修律大臣，主持制定

---

〔1〕 张中秋：《中西法律文化比较研究》，南京大学出版社1999年版，第259页。

过刑律、民律等重要法律，在清末修律活动中居功甚伟。[1]章宗元和朱献文，高种和陈箓，则分别主持了《大清民律草案》亲属、继承两编的起草。此外，在清末修律过程中，我们还可觅见日本法学家的身影。《大清民律草案》总则、债权、物权三编，均由日本法学家松冈义正主笔起草。[2]另，在沈家本的主持下，清末受聘来华协助制定新律的日本法学家，除松冈义正外，还有冈田朝太郎、志田钾太郎、小河滋次郎等。[3]

进入民国之后，在《民国民律草案》的修订，《中华民国民法》的制定，以及其他民事立法活动中，许多民法学家亦积极躬预其中。下面详述如次：

民国初元，法制未备，故设立法典编纂会于法制局，嗣改隶于司法部，更名为法律编查会，以司法总长兼会长。1928 年又更名为修订法律馆。"先后充任会长及馆长者，为章宗祥、梁启超、董康、王宠惠、江庸、罗文干、马德润及余棨昌。参与修订事务者，其人甚多，举其要者，有石志泉、陆鸿仪、罗文干、余棨昌、黄右昌、朱学曾、吴柄枞、应时、王凤瀛及李炘诸人。"[4]

民初关于民法法典之修订，进行甚缓。民律亲属编第二次草案虽于民国四年（1915 年）由法律编查会修订，然全部民法迟至民国十四年

---

〔1〕光绪二十八年（1902 年），直隶总督袁世凯会同湖广总督张之洞、两江总督刘坤一奏保派员修订法律。同年，清廷派沈家本、伍廷芳为修订法律大臣。迨至光绪三十三年（1907 年），宪政编查馆议复修订法律办法，认为立法应设专官。遂于是年派沈家本、俞廉三、英瑞为修订法律大臣，创设修订法律馆，招致欧、美、日本之留学生分科治事。参见杨幼炯：《近代中国立法史》，范忠信等校勘，中国政法大学出版社 2012 年版，第 47 页。

〔2〕参见朱勇主编：《中国民法近代化研究》，中国政法大学出版社 2006 年版，第 339 页。

〔3〕光绪三十四年（1908 年）十月，沈家本奏请"聘用日本法学博士志田钾太郎、冈田朝太郎、小河滋次郎、法学士松冈义正，分纂刑法、民法、刑民诉讼法草案"，清廷"允之"。（清）朱寿朋编：《光绪朝东华录》第 5 册，中华书局 1958 年版，总第 6019 页。

〔4〕杨幼炯：《近代中国立法史》，范忠信等校勘，中国政法大学出版社 2012 年版，第 218 页。

（1925年）始先后完竣，并次第公布，是为第二次民法草案。参与第二次民律草案起草者及其主要分工如下：大理院院长余棨昌主持民律起草工作并负责起草总则编，修订法律馆副总裁应时、修订法律馆总纂梁敬錞负责起草债权编，北京大学法律系教授黄右昌负责起草物权编，修订法律馆总纂高种负责起草亲属、继承两编。[1]而余棨昌、应时、黄右昌、高种均为民初知名民法学家，有着较为深厚的民法学素养。

南京国民政府成立之后，其立法工作被再次提上日程。1928年10月8日颁布之《中华民国国民政府组织法》规定："国民政府以行政院、立法院、司法院、考试院、监察院组织之。"根据该"组织法"，立法院被确定为国民政府最高立法机关，有议决法律案、预算案、大赦案、宣战案、条约案及其他重要国际事项之职权。立法院设院长、副院长各一人，均须由国民政府委员担任。立法委员49人至99人，"由院长提请国民政府任命之"，每届任期两年，并不得兼任中央及地方各机关之事务官。[2]1928年11月起，国民政府先后任命了第一届立法委员49名。两年后的1930年12月，国民政府又任命了第二届立法委员49名。[3]在该

---

〔1〕参见朱勇主编：《中国民法近代化研究》，中国政法大学出版社2006年版，第341页；张生：《中国近代民法法典化研究》，中国政法大学出版社2004年版，第155～156页。

〔2〕中国第二历史档案馆编：《中华民国史档案资料汇编》第5辑第1编，江苏古籍出版社1994年版，第24页。

〔3〕第一届立法委员名单（总额49人，共53人次）：王用宾、王葆真、王世杰、方觉慧、田桐、史尚宽、朱和中、吴铁城、吴尚鹰、吕志伊、宋美龄、邵元冲、周震鳞、周览（辞）、林彬、马寅初、恩克巴图、孙镜亚、庄嵩甫、陈肇英、陈长蘅、陶玄、黄昌谷、黄居素、郭泰祺（另任）、曹受坤（辞）、张凤九、张志韩、傅秉常、焦易堂、曾杰、赵士北、楼桐荪、邓召荫、刘盥训、刘克儁、刘景新、刘积学、郑毓秀、郑忾辰、蔡瑄、卫挺生、卢仲琳、卢奕农、缪斌、戴修骏、魏怀、罗鼎、钮永建（补）、马超俊（补）、彭养光（补）、周纬（补）、冯兆异（补）。第二届立法委员名单（总额49人，共67人次）：王用宾、王葆真、方觉慧、史尚宽、朱和中、吴铁城（另任）、吴尚鹰、吕志伊、宋美龄、马超俊、恩克巴图、林彬、马寅初、孙镜亚、庄嵩甫（辞）、陈肇英、陈长蘅、陶玄、黄右昌、张凤九、张志韩、傅秉常、焦易堂、曾杰、赵士北、楼桐荪、邓召荫、刘盥训、刘克儁、刘景新、刘积学、张默君、郑忾辰、蔡瑄、

两届立法委员中，民法学家史尚宽、楼桐荪、黄右昌、罗鼎、林彬、郗朝俊等均荣列其中。

中华民国民法典之制定，亦始于1928年，至1930年左右，总则、债、物权、亲属、继承五编均次第起草完毕，并经国民政府立法院会议决议通过。其起草之具体经过，第一章已有详述，此处不复赘述。综观该部民法典，其“富有进步性之特色”，主要体现在以下三点：一是“采行民商合一”的法典编撰体例；二是“确立社会本位的思想”；三是“促进固有法系的更生”。〔1〕

此次民法典起草，其主要参与者及具体分工如下：①燕树棠草拟亲属编，罗鼎草拟继承编。②立法院院长胡汉民、副院长林森负责拟定民法各编“立法原则”，提交并参与中央政治会议对“立法原则”的审议。同时还参与民法起草委员会的起草会议，召集立法院会议，主持审议民法各编草案的三读会等。③傅秉常、史尚宽、焦易堂、林彬、郑毓秀（物权法草案完成后辞去民法起草委员，由王用宾替补）担任民法起草委员会委员，负责拟定民法典草案的条文。④司法院院长王宠惠、立法院院长戴传贤，以及法国人宝道以民法起草委员会顾问身份参与民法典的编订。〔2〕在此次立法过程中，参与者皆能尽心竭力，恭谨从事。时任立法院院长的胡汉民曾对他们的工作作出如是评价：“大

卫挺生、卢仲琳、戴修骏、魏怀（辞）、罗鼎、钮永建、彭养光、周纬、冯兆异、史维焕、朱履和、郗朝俊、刘师舜（另任）、李书华、竺景嵩、张维翰（补）、王柏龄（补）、胡庶华（补）、南桂馨（补）、黄序鹓（补）、董修甲（补）、赵迺传（补）、王伯秋（补）、程中行（补）、狄膺（补）、诺那呼图克图（补）、何遂（补）、凌陞（补）、广禄（补）、邓家彦（补、辞）、傅汝霖（补）、贾士毅（补）、李仲公（补）。以上参见陈红民、雒军庆：“国民政府一二两届立法院组成分析”，载《民国档案》2000年第2期。

〔1〕 潘维和：《中国历次民律草案校释》，台北汉林出版社1982年版，第235～237页。

〔2〕 参见谢振民编著：《中华民国立法史》下册，中国政法大学出版社2000年版，第749、755页；张生：《中国近代民法法典化研究》，中国政法大学出版社2004年版，第177～178页。

家都非常努力，尤其是立法委员，不分昼夜地开分会”，“从朝到晚，用全副精神向前干去。而且一切讨论都十分郑重，十分认真，以纯客观的态度来辩论，义理所在，丝毫不让；及至法案已经决定，便一致尊重，再无异议了”。“这种精神，是国会或任何议会所不易见到的”。〔1〕

在上述参与者中，胡汉民、王宠惠、宝道、傅秉常、焦易堂、史尚宽、林彬、郑毓秀、王用宾都可以归入法律组。法律组成员根据他们的履历和学术造诣，又可细分为技术派和意见派两支。所谓技术派，就是对民法深有研究，在立法中发挥技术骨干作用的立法者，如王宠惠、史尚宽、林彬，均在民法学方面有着高深造诣，是该次立法中发挥重大作用的民法学家。其通过参与立法，直接将自己的民法思想融入民法草案中。史尚宽被选定为民法起草委员时，年仅 30 岁，在民法起草委员会诸委员中最为年轻。所谓意见派，则指仅提出立法建议者，而最终定案多依从其他更权威法学家的意见。胡汉民、宝道、傅秉常、焦易堂、郑毓秀皆属于意见派。〔2〕当然，除以上参与者外，部分民法学家虽然没有进入权力机关参与立法活动，但作为民间的法学研究者，亦起到了立法者助手的作用。

在该次起草民法典过程中，还有一件逸事颇值玩味。1928 年 5 月，吴经熊被国民政府司法部任命为编订法典委员会委员，准备参与民法典的起草工作。〔3〕他接到这项任命后十分兴奋，5 月 19 日写信告诉霍姆斯（Oliver Wendell Holmes），说他“最美的梦想实现了”，“将把一年的心血投入到这项伟大的事业中去”。〔4〕然而，几个月之后立法院成立，编订法典委员会不再负责民法典的起草工作，吴经熊旋即被任命为上海

〔1〕胡汉民：“民法债编的精神”，载吴经熊、华懋生编：《法学文选》，中国政法大学出版社 2003 年版，第 438 页。

〔2〕参见张生、李彤：“民国民法典的编订：政府与法律家的合作”，载《中国社会科学院研究生院学报》2006 年第 1 期。

〔3〕参见陈夏红：《百年中国法律人剪影》，中国法制出版社 2006 年版，第 92 页。

〔4〕吴经熊：《法律哲学研究》，清华大学出版社 2005 年版，第 330 页。

临时法院刑庭推事兼上诉院院长。不过，吴经熊对于民法典的编撰仍然抱有很高的热情。1928 年 9 月，他发表《对于编订民法之商榷》一文，旨在结合中国国情对新民法的编纂提出建议。[1]此例足以从一个侧面说明，当时民国时期的法学家，对于立法事业之高昂热情。

最后，尤值一提的是，在中国共产党领导的革命根据地，曾经有过制定民法典的初步尝试，而民法学家陈瑾昆，则积极地参与了这一立法活动。[2]1946 年 6 月，经中共中央书记处批准，在边区宪法研究会的基础上，成立了中央法律问题研究委员会，谢觉哉担任主任委员。该委员会成立后，除了继续修改宪法草案外，还根据形势发展的需要，尝试开展新的立法活动，包括召集有关人员研究与修改民法、刑法、诉讼法等。1947 年 2 月 3 日，研究委员会决定分成两个组开展工作：一为宪法组，组长王明；二为法制组，组长陈瑾昆。[3]1948 年，在河北省平山县西柏坡村，革命根据地的第一部民法草案诞生了。该草案由民法学家陈瑾昆主持起草，草案坚持了大陆法系民法的基本传统，但作出了一些与国民党政府民法不同的原则与制度设计。然而由于种种原因，草案在新中国成立后并未颁行。[4]此外，陈瑾昆还积极参与了《土地法大纲》、《婚姻法》、《共同纲领》等重要法律文件的制定，为新中国早期

---

〔1〕 吴经熊在该文中指出，民法典的编撰，在形式方面应注意以下几点：“（一）删除总则推广法例”；“（二）民法典之编次，应按下列次序：法例编、人编、亲属编、继承编、债编、物编”；“（三）关于刚性的法规与柔性的法规应如何调剂的问题”。吴经熊：“对于编订民法之商榷”，载《法学季刊》1929 年第 4 卷第 1 期。

〔2〕 1946 年 5 月，时任朝阳学院法学教授的陈瑾昆在北平中山公园公开讲演，遭国民党特务殴打侮辱。7 月，民主同盟中央委员闻一多、李公朴被国民党特务暗杀。陈瑾昆得悉噩耗，咬牙切齿，悲愤交加，同时也深知自己有被害之危。后在中国共产党劝说之下，携眷奔赴延安，并于同年 12 月加入中国共产党，成为新中国著名的“红色法学家”。参见彭正湘：“法学家陈瑾昆”，载中国人民政治协商会议常德市鼎城区委员会文史资料研究委员会编：《常德县文史资料》第 6 辑，1990 年印行，第 297 ~ 299 页。

〔3〕 参见易清：“论根据地政权后期起草民法典的尝试”，载《云南大学学报（法学版）》2011 年第 2 期。

〔4〕 参见《杨振山文集》，中国政法大学出版社 2005 年版，第 147 页。

的法制建设做出了卓越的贡献。

二、民国时期民法学家的法学教育活动

我国近代意义上的法学教育，肇端于清末法科留学事业的兴起及新式法学教育机构的开办。一方面，清政府向日本和欧美派遣了大批法科留学生，这批人奔赴海外，学习所在国包括民法学在内的法学理论知识；另一方面，在京师大学堂、京师法律学堂以及各省的法政学堂中，也开设了各类法学课程，这些课程中即设置有民法学课程。如1898年设立之京师大学堂，依据《京师大学堂章程》的记载，当时该学堂设有法律学课程。[1] 1905年3月由修律大臣伍廷芳、沈家本奏准设置的京师法律学堂，就该学堂课程表来看，其三年制的本科在第一学期设有"罗马法"课程，第二、三、四、五、六学期则均安排了"民法"课程，而一年半学制的速成科，三个学期皆设有"民法要论"课程。此外，1907年2月由清廷学部奏准设立了京师法政学堂，这是一所以普通高等法政教育为主，兼事已仕成人法政教育的高等法政专门学堂。就其三年制政科法律门和政治门课程表观之，三个学年亦均设有"民法"课程。1910年12月，清廷学部奏准改定从前的法政学堂章程，按照新章程的规定，政科法律门四年课程安排中，第一学年开设"罗马法"和"民法总论"课程，第二、三、四学年则分别开设有"民法物权"、"民法债权"、"民法亲族相续"（亲族法即亲属法，相续法即继承法）课程。新学章对于民法学课程的安排，悉数依照日本民法典的各编体例。[2]总之，发端于晚清的民法学教育，虽步履维艰，但也造就了一批掌握了初步民法学知识的新型法学人才，为晚清及之后中国的民事立法和民事司法，以及民法学教育和民法学研究的进一步开展，在人才储备方面准备

〔1〕参见张国福："北京大学法律学系前期的教学改革及其优良传统"，载《中外法学》1998年第3期。

〔2〕参见汤能松等：《探索的轨迹——中国法学教育发展史略》，法律出版社1995年版，第173、176页。

了条件。

当然，晚清国内的民法学教育，仍带有浓厚的日本民法学气息，此之缘由，一则由于当时国内高等和中级法政学堂，延聘了大量的日本教习，〔1〕如日本法学家松冈义正，即受聘于京师法律学堂讲授民法课。而其所采用之民法教材，也主要是日本民法学者的著作或讲义；二则由于当时在国内各法政学堂任教的法学教员，主要是留日归国之法科毕业生，其讲授的民法课程，传授的也主要为日本的民法学知识。

进入民国之后，随着日本教习纷纷离开中国，本土民法学者或民法学家，跻身于国内各法政院校者，开始日渐增多，他们为中国近代民法学教育的进一步展开，提供了充分的师资保障。

1912 年，时任教育总长蔡元培着手改革京师大学堂。同年 5 月，京师大学堂改称为国立北京大学校。1913 年 2 月又改政法科为法科，余棨昌出任法、商科学长，直至该年 12 月辞职。〔2〕1917 年 9 月学校决定废预科学长，由法科学长王建祖统一管理本、预科事务，称法本科、法预科。法本科置四个学门，一为法律门、二为政治门、三为经济门、四为商业门。法律门设教授会，该教授会于 1918 年 1 月成立，民法学家黄右昌、余棨昌均是其中成员。1919 年 12 月 3 日，北京大学评议会又议决取消科制，改法律学门为法律学系。系设主任和教授会，主任由本系教授会公举，任期二年。第一届主任为黄右昌。1920 年 4 月，黄右昌任期届满，开始选举第二届主任，黄氏又连续当选。〔3〕1917 年蔡元培开

---

〔1〕 清政府聘请日本教习，始于光绪二十七年（1901 年），到 1911 年日本教习大批回国止，前后共历 11 年。民国成立之后，国内虽仍有学校聘请日本教习，但为数甚少。汪向荣依据日本学者的研究和提供的资料，统计得出该时期中国高等法政学堂延聘的日本教习，计有 42 人，而在中级法政学堂任教的日本教习，则有 20 人。参见汪向荣：《日本教习》，三联书店 1988 年版，第 95、104 页。

〔2〕 参见张国福："北京大学法律学系前期的教学改革及其优良传统"，载《中外法学》1998 年第 3 期。

〔3〕 参见张国福："北京大学法律学系前期的教学改革及其优良传统"，载《中外法学》1998 年第 3 期。

始逐步解聘该校一批不称职的国内外教员，辞退了兼职官吏，聘当时有真才实学者为教授。黄右昌被聘为法本科教授，余棨昌被聘为法本科讲师。1919年法律学系成立，黄右昌和燕树棠又于次年被聘为法律系教授，王宠惠则被聘为法律系讲师。[1]另据北京大学1925年至1926年度《法律学系课程指导书》记载，余棨昌教授民法总则，燕树棠教授罗马法，林彬教授法院编制法，林志钧教授民法债权总论，黄右昌教授民法物权、民法亲属和民法继承，陈瑾昆教授民法债权各论、民事诉讼法和强制执行，夏勤教授刑事诉讼法。[2] 20世纪30年代初，北京大学法律系教授、副教授、讲师和助教已有17人，其中包括燕树棠、刘志敭、余棨昌、李怀亮、林彬、戴修瓒、陈瑾昆等人。[3]1931年，法学院对法律学系课程大纲加以修订，大纲将完备而体系化的法典（特别是民法）确定为法律系学生学习的重心。根据大纲规定，燕树棠讲授民法总则，刘志敭讲授民法债编总论、补讲民法物编、补讲民法债编各论，余棨昌讲授民法物编，戴修瓒讲授民法各论和特种民事法（公司法、票据法、海船法），林彬讲授民法亲属编和民法继承编。[4]

再以朝阳大学为例，在该校的创办人和专业授课教师中，以留学日本的法科毕业生居多。仅从朝阳大学创办后近20年的情形来看，夏勤曾担任过该校副校长，而罗鼎、戴修瓒、黄右昌、刘志敭、余棨昌、李怀亮、李祖荫、郁嶷、陈瑾昆、刘鸿渐等均有在该校从教的经历。他们不仅承担着民法、罗马法等法学主干课程的讲授，勤于施教，而且其中

---

〔1〕参见张国福："北京大学法律学系前期的教学改革及其优良传统"，载《中外法学》1998年第3期。

〔2〕参见张国福："北京大学法律学系前期的教学改革及其优良传统"，载《中外法学》1998年第3期。

〔3〕参见曾宪义、王健、闫晓君主编：《律学与法学：中国法律教育与法律学术的传统及其现代发展》，中国人民大学出版社2012年版，第319页。

〔4〕参见张国福："北京大学法律学系前期的教学改革及其优良传统"，载《中外法学》1998年第3期。

的不少人著书立说，学术精湛，当时就已是享有盛誉的法学名家。[1]根据刊于《朝阳大学概览》（1929年）的“各科系教员姓名略历一览表”可知，当时该校专兼职教员共有130余位，其中仅讲授“民法各编”者就有18位，当中不乏学界翘楚和法界名流，包括余棨昌、何基鸿、陈瑾昆、刘志敭、黄右昌、刘鸿渐、李怀亮、郁嶷等人。[2]而燕树棠则为该校留学英美的法科毕业生的教师代表，其毕业于耶鲁大学，主要讲授英文民法和国际公法。[3]

东吴大学法学院虽然以英美法教学为重心，专以教授比较法为主，但在其教师队伍中，仍可窥见若干民法学家的身影。依据东吴大学1933～1934学年报告，东吴大学校长曾任命前法官曹杰为东吴法学院第一位专职教授，他的专业是民法，并在财产法和家庭关系法领域撰述了重要著作。[4]由于东吴法学院的大部分教师为执业律师或法官，所以他们在法学院兼职开设夜课，张正学则为法学院较受欢迎的兼职教授之一。张正学毕业于北洋大学，在上海执律师业之前，曾担任过上海的法官和检察官。他于20世纪20年代后期到东吴大学法学院任教，并在此从教20多年。[5]

1937年抗日战争全面爆发，同年8月，国民政府教育部令北京大学、清华大学、私立南开大学在长沙成立国立长沙临时大学，并于11月1日开始上课。不久，南京沦陷，武汉危在旦夕，长沙震动。1938年2月，长沙临时大学又奉命西迁昆明，同年4月，学校正式更名为“国

---

〔1〕参见曾宪义、王健、闫晓君主编：《律学与法学：中国法律教育与法律学术的传统及其现代发展》，中国人民大学出版社2012年版，第344页。

〔2〕参见李秀清：“品读朝阳”，载《比较法研究》2013年第3期。

〔3〕参见曾宪义、王健、闫晓君主编：《律学与法学：中国法律教育与法律学术的传统及其现代发展》，中国人民大学出版社2012年版，第344页。

〔4〕参见［美］艾莉森·W. 康纳：“培养中国的近代法律家：东吴大学法学院”，王健译，贺卫方校，载《比较法研究》1996年第2期。

〔5〕参见［美］艾莉森·W. 康纳：“培养中国的近代法律家：东吴大学法学院”，王健译，贺卫方校，载《比较法研究》1996年第2期。

立西南联合大学”(简称“西南联大”)。[1]因清华大学法律系于1934年停办，南开大学未设法律系，西南联大法律系实为抗战前北京大学法律系的继续。西南联大法律系继承北大传统，重点培养法学理论研究人才。1938年7月12日联大会议决定由燕树棠任法律系主席。此后，燕树棠主持联大法律系前后凡八九年时间。这一期间，法律系师资匮乏，初始仅有蔡枢衡、陈瑾昆两名教师，之后随着张企泰、罗文干、林良桐、芮沐、章剑、李士彤等新聘者的到来，师资的紧张局面方得以缓解。[2]在西南联大法律系任教之民法学家，除前述之燕树棠、陈瑾昆、芮沐外，尚有戴修瓒、张企泰、赵凤喈等人。法律系开设之民法课程，主要有民法概要、民法总则、民法债编、民法物权、民法亲属继承、罗马法等。[3]

以上为民国时期若干民法学家在部分重要法学院系任教或担任教学管理工作之大略情形。前已分析，在法学院校充任教职，是民国时期民法学家群体的主要职业类型。其或专事教职，或以兼职身份从教，广泛分布于全国的综合性大学、法律单科大学或法政学堂（校）之中。其担任教职之具体情况，则可参见前章表2.1。

当然，具体到个人，依据各类传记史料，亦可觅见其从事民法学教育及法学教育工作的突出表现，下面撷取若干代表性人物撮述如下：

余棨昌在任民初大理院院长期间，对朝阳大学经费拮据的窘况表现出了特殊的体恤和关怀，“在朝大义务执教，不取分文薪酬”。他在朝阳大学讲授民法总则、物权、亲属继承等重要学科，“不仅学术造诣很深，而且品德高尚，嘉言懿行为学生所宗”。“从1912年建校起至1948年逝世前一

〔1〕 参见罗玲：“抗战时期国立中央大学与国立西南联大之比较刍议”，载《重庆师范大学学报（哲学社会科学版）》2013年第2期。

〔2〕 参见曾宪义、王健、闫晓君主编：《律学与法学：中国法律教育与法律学术的传统及其现代发展》，中国人民大学出版社2012年版，第319页。

〔3〕 参见云南省水利水电厅编：《云南省志》卷五十七“司法志”，云南人民出版社2001年版，第388页。

年为止，均在朝大为培育法学人才而鞠躬尽瘁，可谓朝大终身教授。”〔1〕

曾志时于1920年进入朝阳大学法律系就读，1924年毕业后留校任教。1927年东渡日本入明治大学专攻民法，1930年回国后继续受聘于母校任教。当时他虽然只是一个青年学者，但因其教学成绩优异已经蜚声校内外。除在本校任课外，每周还到天津法商学院兼课。曾志时在朝阳学院任教授时，讲授《民法总则》。朝阳学院毕业学生韦庆远称曾志时是当时给他印象最深的一位教师。他在回忆文章中追述道：

> 曾老师上课不带任何讲稿，但对《民法》的立法原则、法理以至具体条文均极熟悉，而且能够围绕教材举出一些经过精选的案例，借以加深学生的理解。他娓娓而论，我们密密而记，回去整理笔记，发觉每讲都是一篇条理清楚、中心明确、阐论透彻的好文章。同学们对曾老师的学者风度，深厚的学术功底无不钦佩，深感母校作为执当时法律学牛耳名不虚传。〔2〕

朝阳大学校友郭鸥一也在其忆述中提到，“我离开朝大时隔五十多年，但每每忆及诸师长十分怀念，特别是曾志时教授，脱稿讲课娓娓动听，严谨治学不倦育人，堪称楷模”。〔3〕1935年，曾志时就已被学生们公认为朝大的“台柱”。〔4〕

陈瑾昆于1917年从日本东京帝国大学法律系毕业后，曾任教于北京大学、朝阳大学。他在朝阳大学任教时，学生们对他“无比敬佩”，

---

〔1〕王承斌：“朝阳大学的六条办学特点”，载薛君度、熊先觉、徐葵主编：《法学摇篮：朝阳大学》增订版，东方出版社2001年版，第76~77页。

〔2〕韦庆远：“怀念好师长曾志时教授”，载薛君度、熊先觉、徐葵主编：《法学摇篮：朝阳大学》增订版，东方出版社2001年版，第211页。

〔3〕郭鸥一：“风风雨雨八十年——走过的路”，载朝阳大学校友会编：《朝阳校友通讯》，朝阳大学校友会2005年印行，第110页。

〔4〕“曾志时的速写”，载《朝阳》1935年第2卷第1期。转引自邱志红：“朝阳大学法律教育初探——兼论民国时期北京律师的养成”，载《史林》2008年第2期。

“尊重他不仅是学识渊博的师长，更是一位思想进步的引路导师”。[1]有学生后来在回忆文章中写道：“陈老师学识渊博，讲课深刻动人，甚受同学欢迎”。“陈老师在课间休息时，也不离开教室，总是被同学围着，不厌其烦地解答同学的提问”。甚至有一个朝阳大学经济系的学生，旁听了他一学期的课程之后，对法律产生了浓厚的兴趣，第二学期便转入到法律系司法组。[2]抗日战争期间，朝阳大学曾先后迁往湖北省沙市、四川省成都和重庆。1945 年 11 月，该校返迁北平，在朝阳大学旧址海运仓招收法律系和经济系两个班的学生，陈瑾昆则主持该校校务。[3]陈瑾昆极为热爱法学教育事业，他在自述中坦言：“教育为我终身事业”，“至大学与法官训练方面，则自民八以后至廿七年由西南联大暑期回平时止，从未间断，近数年亦仍在中大任教，可谓有‘得天下英才而教育之’的一乐”。[4]

唐纪翔于 20 世纪 30 ~ 40 年代执教于朝阳学院，他授课极为认真，对学生关爱备至，其授业学生曾回忆道：

> 多年来承公授课，课后急趋拜见，质疑问难，从来循循善诱，启迪有方。吾师每讲毕一则，总是要认真总结其要，使生各尽其思，各自钻研。搞不通处再行请教，毫不嫌烦，和颜悦色，诚意分析，娓娓细谈，提高兴趣。因人施教，教必真知，讲后吾师总是要问句话：明白不明白？会用不会用？还有什么要求？直至首肯为止。诸生无不感激，热泪盈眶，暖气串体。敬佩师教之谨严，对学生之认真负责，毫无倦容，慈祥之态，确是动人心脾。使生辈无时不在体会吾师之

---

〔1〕冬晖：“怀念陈瑾昆老师”，载薛君度、熊先觉、徐葵主编：《法学摇篮：朝阳大学》增订版，东方出版社 2001 年版，第 207 页。

〔2〕参见冬晖：“怀念陈瑾昆老师”，载薛君度、熊先觉、徐葵主编：《法学摇篮：朝阳大学》增订版，东方出版社 2001 年版，第 206 ~ 207 页。

〔3〕郭鸥一：“风风雨雨八十年——走过的路”，载朝阳大学校友会编：《朝阳校友通讯》，朝阳大学校友会 2005 年印行，第 110 页。

〔4〕陈瑾昆：“我的希望”，载《文萃》1946 年第 2 期。

渊博湛深，提携青年学子无微不至。盛意隆情，至深至切。[1]

戴修瓒早年赴日学习法律，辛亥革命后归国，即在北京各公私立大学担任民商法讲席，从事法学教研工作。20世纪30年代，戴修瓒先后在上海法学院、北京大学、清华大学、朝阳大学等名校任法律教授或兼系主任。[2]抗战爆发后任西南联大法律系教授兼系主任，1941年任中央大学法律系教授。南京国民政府教育部1941年6月开始设置“部聘教授”。[3]1942年所特聘之29名部聘教授中，法科教授获此殊荣者为周鲠生、胡元义。1943年12月所推选出的15位部聘教授中，唯一入选的法科教授是戴修瓒。[4]

李祖荫于1927年从朝阳大学法律系毕业后，自费留学日本，就读于明治大学法律专攻科。未及卒业，即应燕京大学之聘，于1930年回国任该校专任讲师，讲授民法诸课程。次年，受聘为朝阳大学、北京大学兼任讲师。1937年从燕京大学辞职专任北京大学法律系教授。[5]北平沦陷后，潜至天津再绕道香港抵达长沙，参与北大、清华、南开三校教师一起组建的长沙临时大学教学。此后三校迁往昆明合办“西南联

---

〔1〕王佐贤：“唐纪翔教授”，载薛君度、熊先觉、徐葵主编：《法学摇篮：朝阳大学》增订版，东方出版社2001年版，第169页。

〔2〕高萍萍：“本学术之精神，造健全之言论——著名法学家戴修瓒”，载张宪文主编：《民国南京学术人物传》，南京大学出版社2005年版，第282页。

〔3〕所谓“部聘教授”，是指该教授非某大学或独立学院聘任，而由教育部直接聘请，其目的在于鼓励在教学与研究方面表现优异的学人。根据南京国民政府《教育部设置部聘教授办法》（1941年6月3日）之规定，部聘教授应符合以下条件：“一、在国立大学或独立学院任教授十年以上者；二、教学确有成绩，声誉卓著者；三、对于所任学科有专门著作，且具有特殊贡献者。”中国第二历史档案馆编：《中华民国史档案资料汇编》第5辑第2编，档案出版社1997年版，第723页。

〔4〕参见曹天忠：“档案中所见的部聘教授”，载《学术研究》2007年第1期；陈媛：《中国大学教授研究：近代教授、大学与社会的互动史》，山西教育出版社2012年版，第159~160页。

〔5〕参见湖南省地方志编纂委员会编：《湖南省志》下册，湖南出版社1995年版，第566页。

大”，李祖荫没有跟进前往，而是留在湖南大学工作。1941年李祖荫出任湖南大学法律系主任，他以兼容并包的态度选聘教师，于是有不少法学名家被他邀聘至湖南大学，如黄右昌、戴修瓒、王觐、罗鼎、赵宝义、丘日庆等，斯时之湖南大学法律系可谓盛极一时。1944年，时任法律系主任兼训导长的李祖荫因支持进步学生被解聘，返回老家祁阳。抗战胜利后回校复职，主持法律系公务，后又出任新成立之法学院院长。〔1〕

柯凌汉于1919年从日本早稻田大学法律系毕业归国后，历在私立福建法政专门学校、福建学院、厦门大学任教授，并担任过厦门大学法律系系主任、福建学院院长等职。他平时教学极为严谨认真，“循循善诱，充实生动，很能吸引学生”。〔2〕退休前夕，厦门大学法律系毕业班同学对他进行鉴定，其鉴定评语为：“①教材方面，能把司法工作所需要的教材，作系统的讲授，基本上能解决问题。②教法方面，讲授认真，说明多样化清楚，生动有力。使同学听得很起劲，不觉厌烦。”〔3〕柯凌汉在自述中亦道：“余卒业于东京早稻田大学法科返国后，任母校（福建私立法政专门学校）民律学讲师，继续供职数稔于兹，每授课，必预编讲义案分与各生，一面蒐集参考材料随时口授，令笔记之。”〔4〕

民国时期民法学家们积极投身于民法教育事业，对于中国近代民法学知识的传播和传承，厥功至钜。不惟如是，这种任教经历，对于他们个人的民法学研究，亦极有助益。一方面，法学院校较宽松的工作环境，让他们有足够的时间和精力投入学术研究；另一方面，教学与研究两者相得益彰，也使得他们的民法学研究成果，得以经典民法学教科书的形式面世。民法学的研究，大体可分为教科书与特殊问题研究两个层

〔1〕参见李蟠：“李达与李祖荫的友谊”，载《书屋》2013年第1期。

〔2〕李乡浏：“柯凌汉”，载中共福州市委宣传部、福州市社会科学所主编：《福州历史人物》第7辑，1993年印行，第124页。

〔3〕林庆垒：“民法学家柯凌汉”，载中国人民政治协商会议福建省长乐县委员会文史资料工作组编：《长乐文史资料》第2辑，1986年印行，第118页。

〔4〕柯凌汉：《中国债权法总论》，福州新民公司1924年版，“序”。

次。民国时期，欧洲大陆各国与日本已进于特殊问题研究时代，而我国迄至《中华民国民法》颁行前后，尚处于教科书时代。[1]民国时期的民法学著作，相当部分是以教科书的形式呈现，大多是著者在其授课讲义或讲稿基础上修订而成。如胡长清以其授课讲义为基础撰成之《中国民法总论》、《中国民法债篇总论》、《中国民法亲属论》、《中国民法继承论》，被列入民国时期“大学丛书”系列，至今还在台湾再版发行。其学术水平，被民国法学界公认为同类著作所罕见。[2]柯凌汉所著《中国债权法总论》、《中国债法论纲》、《中华物权法论纲》，亦被当时法学界誉为中国法学的权威著作。1935 年，南京国民政府颁布新律后，根据法学教学需要，柯凌汉受命编写“民法债编总论”、“债编各论”、“物权”三门课程讲义。讲义以前述著作为底稿完成之后，被当时的法学教育部门推荐为大学法科教科书。[3] 1946 ~ 1949 年间，吴学义在安徽大学担任法律系系主任，并兼授“民法总则”等课程。据其授业学生回忆，当时学生皆以他的著作为教科书。[4]黄右昌作为中国近代罗马法教育和罗马法研究的先驱者，其罗马法著作，皆悉数脱胎于其在湖南法政学堂以及北京大学所授之罗马法课程的讲义，凭借这些教科书式的罗马法著作，黄右昌开创了北京大学良好的罗马法教研传统。[5]

三、民国时期民法学家的学术研究及其民法著述

一个人荣膺法学家之名，一般意义上言之，主要应归结为其撰著了

---

〔1〕 参见胡长清：《中国民法总论》，中国政法大学出版社 1997 年版，“弁言”。

〔2〕 参见佟柔主编：《中华法学大辞典（民法学卷）》，中国检察出版社 1995 年版，第 306 页。

〔3〕 参见陈建盛：“柯凌汉在厦门二三事”，载中国人民政治协商会议厦门市委员会文史资料委员会编：《厦门文史资料》第 19 辑，1992 年印行，第 40 页。

〔4〕 参见丁学仁：“怀念法律系系主任吴学义教授”，载国立安徽大学老同学回忆录编委会编：《国立安徽大学老同学回忆录》，安徽大学出版社 2008 年版，第 376 页。

〔5〕 参见程波：“近代中国罗马法教育的开创：从黄右昌的《罗马法与现代》说起”，载《法学教育研究》2013 年第 2 期。

具有较高学术水准的法学著作，并在法学理论研究方面有一定的建树。从事学术研究作为法学家的一项重要职业活动，要求他们运用自己的全部智慧和法学知识，去阐明法律制度与法律现象，并揭示其内在规律。民国时期民法学家大多有丰富的学术著述留存于世。这些民法学著述，构成了民国时期民法学知识的主要载体。

中国民法学发轫于清末，且首先从译介外国民法及其相关理论开始。早在1880年，当时在北京同文馆担任教习的法国人比利干（Billequin），就翻译了《法国律例》一书，该书包括了1804年的《法国民法典》。1902年，由胡贻谷翻译，基督教在上海设立之广学会出版的《泰西民法志》，则是中国正式引入的第一部西方民法学专著。[1]1903年修订法律馆设立之后，在沈家本等的主持下，西方，尤其是日本的民法学著作源源不断被翻译成中文。[2]然总体言之，清末的民法学著作，仍主要以译介大陆法系国家民法及日本学者所撰民法学著作或教科书为主，鲜有独立的研究性论著问世。

进入民国以后，尤其是20世纪30年代初中华民国民法典编订完成之后，中国的民法学研究，逐渐摆脱了单纯翻译和介绍外国民法的局面，发展成为比较成熟的科学理论体系。民国时期，在一批具有较高理论造诣的民法学家，如黄右昌、应时、陈瑾昆、戴修瓒、史尚宽、胡长清、梅仲协、李宜琛、曹杰、柯凌汉等的辛勤耕耘之下，中国的民法学论著日渐增多，这些论著，标志着中国本土意义上的民法学知识生产，步入了一个新的发展阶段。民国时期民法学家群体所产出之主要民法著

〔1〕参见田涛、李祝环："清末翻译外国法学书籍评述"，载《中外法学》2000年第3期。

〔2〕据俞江统计，清末的民法学书目，计有25种。这些作品既包括法国民法、德国民法、日本民法、俄罗斯民法等大陆法系国家的民法译本，也包括许多日本民法学者的民法学著作，如丸尾昌雄的《民法债权编释义》、《民法总则编·物权编释义》，田丰的《民法亲族编、相续编释义》，富井政章的《民法原论》，梅谦次郎的《民法要义》及各类民法讲义等。参见俞江：《近代中国的法律与学术》，北京大学出版社2008年版，第331~332页。

述，则可参见表3.1：

表3.1　民国时期民法学家群体主要民法著述一览表〔1〕

序号	姓名	主要民法著述（含译著）	
1	曹杰	著作	（1）《民法判解研究》，上海法学书局1934年版； （2）《中国民法亲属编论》，上海会文堂新记书局1935年版； （3）《中国民法物权论》，上海商务印书馆1937年版； （4）《民法总则注释》（与张正学合作），上海商务印书馆1937年版； （5）《中国民法亲属论》，上海法学编译社1946年版。
		论文	（1）“论限制行为能力人法律行为之效力”，载《法律评论》1930年第8卷第5期； （2）“论限制行为能力人法律行为之效力（续）”，载《法律评论》1930年总第369期； （3）“论法人之登记”，载《法律评论》1931年第8卷第21期； （4）“论法人之登记（续）”，载《法律评论》1931年总第385期； （5）“论民法上规定之物”，载《法律评论》1931年第8卷第23期； （6）“论民法上规定之孳息”，载《法律评论》1931年第8卷第24期； （7）“民法第九十条与第九十三条之研究”，载《法律评论》1931年第8卷第30期； （8）“民法抵押权章之研究”，载《法律评论》1931年总第403期； （9）“民法质权章之研究”，载《法律评论》1931年总第419期； （10）“隐名代理与表现代理”，载《法律评论》1931年总第422期； （11）“对于‘新民法施行后立嗣问题’否定说者意见之补充”，载《法律评论》1931年第9卷第9期；

〔1〕本表主要依据北京图书馆编《民国时期总书目（1911～1949）·法律》（书目文献出版社1990年版）和何勤华、李秀清编《民国法学论文精粹·民商法律编》（法律出版社2003年版）“附录：民国时期民商法律论文篇名索引”，并参考何勤华著《中国法学史》第3卷（法律出版社2006年版）第329～339页之“中国近代民商法学主要作品书目表”，结合本书附录制成。所有论著皆截止至1949年。

续表

序号	姓名	主要民法著述（含译著）	
1	曹杰	论文	（12）“论向第三人为给付之契约之学理基础”，载《法律评论》1932 年总第 432 期； （13）“论民法上关于给付时期与给付处所之规定”，载《法律评论》1932 年总第 436 期； （14）“民法第二二七条之解剖”，载《法律评论》1932 年第 9 卷第 25～26 期； （15）“请求权消灭时效之起算时期”，载《法律评论》1932 年总第 447～448 期； （16）“民法债编中提存之性质”，载《法律评论》1932 年第 9 卷第 43 期； （17）“民法第九九七条与第九九九条之研究”，载《法律评论》1932 年第 10 卷第 45 期； （18）“论民法上之不许流质”，载《法律评论》1932 年总第 462 期； （19）“民法亲属编之收养”，载《法律评论》1932 年第 9 卷第 43 期； （20）“预定赔偿额契约之三种问题”，载《法律评论》1932 年第 9 卷第 51 期； （21）“论强制拍卖之担保责任”，载《法学杂志》1933 年第 10 卷第 5 期； （22）“从现行民法考察赔偿义务人之地位”，载《法学杂志》1933 年第 10 卷第 6 期； （23）“种类债权特定后债务人之变更权”，载《法律评论》1933 年第 10 卷第 33 期； （24）“从现行法考察婚姻与婚约之本质”，载《法学杂志》1934 年第 7 卷第 4 期； （25）“民法上之代位继承”，载《法轨期刊》1934 年第 2 期； （26）“民法上之指示继承”，载《法律评论》1934 年第 11 卷第 5 期； （27）“民法第九七五条解释论之商榷”，载《法律评论》1934 年第 11 卷第 43 期； （28）“民法上之指示继承（续）”，载《法学杂志》1934 年第 7 卷第 6 期。
2	陈承泽	著（译）作	（1）《中华现行民律要义》，中华书局 1913 年版； （2）《民法要义·物权编》（［日］梅谦次郎著），上海商务印书馆 1913 年版。

续表

序号	姓名	主要民法著述（含译著）	
3	陈瑾昆	著作	（1）《民法总则》，北平朝阳大学 1927 年版； （2）《民法通义债编》，北平朝阳大学 1930 年版； （3）《民法通义总则》，北平朝阳大学 1930 年版； （4）《民法债编各论》，北平大学 1930 年版； （5）《民法通义债编总论》，北平朝阳大学 1931 年版。
		论文	（1）“中国现时的婚姻”，载《法律评论》1924 年第 32 ~ 37 期； （2）“契约之有错误与不合意之区别”，载《法律评论》1924 年第 47 期。
4	陈箓	译作	《法兰西民法正文》（又称《法国民法正文》），修订法律馆 1911 年印行。
5	戴修瓒	著作	（1）《民法债编总论》，上海会文堂新记书局 1930 年版； （2）《民法债编各论》，上海法学编译社 1931 年版。
		论文	（1）“民法债编”，载《现代法学》1931 年第 1 卷第 1 期； （2）“债编总论”，载《现代法学》1931 年第 1 卷第 2、4 ~ 5、9、12 期。
6	洪文澜	著作	（1）《民法债编通则释义》，上海法学编译社 1932 年版； （2）《民法实用债编》，司法行政部法官训练所印行，时间不详。
		论文	“情事变更之法则”，载《中华法学杂志》1944 年第 3 卷第 4 期。
7	胡长清	著（译）作	（1）《民法总则》（编），上海商务印书馆 1930 年版； （2）《婚姻法之近代化》（译）（［日］栗生武夫著），法律评论社 1931 年版； （3）《契约法论》，上海商务印书馆 1931 年版； （4）《中国继承法论》，法律评论社 1932 年版； （5）《中国民法总论》，上海商务印书馆 1933 年版； （6）《民法物权》，上海商务印书馆 1934 年版； （7）《民法总则》，上海商务印书馆 1935 年版； （8）《中国民法债编总论》，上海商务印书馆 1935 年版； （9）《中国民法继承论》，上海商务印书馆 1936 年版； （10）《中国民法亲属论》（编），上海商务印书馆 1936 年版。

续表

序号	姓名	主要民法著述（含译著）	
7	胡长清	论文	（1）“离婚之研究”，载《法律评论》1928年总第239～240期； （2）“我国之家族制度”，载《法律评论》1928年总第248期； （3）“读南京司法部限制置妾通令”，载《法律评论》1928年总第254期； （4）“名誉权之本质”，载《法律评论》1929年第6卷第14期； （5）“名誉权之本质（续）”，载《法律评论》1929年总第274期； （6）“论养子制度”，载《法律评论》1929年第6卷第25～26期； （7）“读中华民国亲属法及继承法草案”，载《法律评论》1929年第6卷第29期； （8）“论女子财产继承权”，载《法律评论》1929年总第293期； （9）“论事实婚与法律婚”，载《法律评论》1929年第6卷第39期； （10）“相奸者结婚不应禁止乎”，载《法律评论》1929年第6卷第40期； （11）“评已嫁女子追溯继承财产施行细则”，载《法律评论》1929年第6卷第44期； （12）“委任之本质”，载《法律评论》1929年总第303期； （13）“铺底权之研究”，载《法律评论》1929年第6卷第52期； （14）“新亲属法草案之特色”，载《法律评论》1929年第6卷第53期； （15）“民法之基础观念”，载《法律评论》1930年第7卷第1期； （16）“新民法债编释名”，载《法律评论》1930年第7卷第13期； （17）“苏俄新亲属法之婚姻”，载《法律评论》1930年第7卷第15期； （18）“新民法债编编别上之特色”，载《法律评论》1930年第7卷第16～21期； （19）“婚姻习惯之研究”，载《法律评论》1930年第7卷第17～18期； （20）“新民法之基础概念”，载《国立中央大学社会科学季刊》1930年第1卷第1～2期；

续表

序号	姓名	主要民法著述（含译著）	
7	胡长清	论文	（21）“对于新民法总则第一章之商榷”，载《中央大学法学院季刊》1930年第1卷第1期； （22）“论宗祧继承”，载《法律评论》1930年第7卷第22期； （23）“裁判离婚问题”，载《中央大学法学院季刊》1930年第1卷第2期； （24）“读陈长蘅氏‘对于民法亲属继承两编应先决各点之意见’”，载《法律评论》1930年第7卷第40期； （25）“家产法制私案”，载《法律评论》1930年第7卷第46期； （26）“家制论”，载《法律评论》1931年第8卷第3~4期； （27）“论民法总则编之非总则性”，载《法律评论》1931年第8卷第19期； （28）“民法第一六四条第一项后段之研究”，载《法律评论》1931年第8卷第20期； （29）“论民法总则编之非总则性”，载《法律评论》1931年总第383期； （30）“论民法第一七九条所谓无法律上之原因”，载《法律评论》1931年第8卷第22期； （31）“新民法与亲属结婚之限制”，载《法律评论》1931年总第389期； （32）“论对待给付与危险负担”，载《法律评论》1931年总第391期； （33）“新民法第二二七条强制执行之法意”，载《法律评论》1931年总第395期； （34）“论买卖之标的”，载《法律评论》1931年总第415期； （35）“夫妻财产制之一考察”，载《法律评论》1931年第8卷第52期； （36）“日本学者观察下之中国民法总则”，载《法律评论》1932年第9卷第34~35期。
8	胡诒谷	译作	《泰西民法志》（编译），上海商务印书馆1912年版。
9	胡元义	著作	（1）《民法总则》，北平好望书店1934年版； （2）《物权法论》，成都乐山文化印书馆1945年版。

续表

序号	姓名	主要民法著述（含译著）	
9	胡元义	论文	（1）“债务与责任”，载《国立武汉大学社会科学季刊》1933年第4卷第2期； （2）“过失相抵”，载《国立武汉大学社会科学季刊》1937年第7卷第3期。
10	黄右昌	著作	（1）《罗马法》，北京大学1918年版； （2）《物权》，北京法政大学1919年版； （3）《民法物权讲义》，民国朝阳大学印本，时间不详； （4）《民律要义（总则编）》，北京京华印书局1927年版； （5）《民法要义》，北京大学1927年版； （6）《新民法一束》（编），中华印书局1929年版； （7）《罗马法与现代》，北平京华印书局1930年版； （8）《民法亲属释义》，上海会文堂新记书局1936年版； （9）《民法诠解总则编》上下册，重庆商务印书馆1944年版； （10）《民法诠解总则编补编》，重庆商务印书馆1945年版； （11）《民法诠解》，重庆商务印书馆1945年版。
		论文	“继承制度之研究”，载《社会科学季刊》1931年第2卷第2期。
11	柯凌汉	著作	（1）《中国债权法总论》，福州新明公司1924年版； （2）《中国债法论纲》上下卷，福建学院讲义处1932年印行，上海商务印书馆1934年再版； （3）《中华物权法论纲》，上海商务印书馆1935年版； （4）《民法物权》（编），上海商务印书馆1935年版。
		论文	（1）“现代私法之进化”，载《厦大周刊》1930年总第228期； （2）“典权之初步研究”，载《法律评论》1931年第9卷第2期； （3）“论债权当然有不可侵性兼难中华债法论纲著者”，载《社会科学》1934年第1卷第2期。
12	李怀亮	著作	（1）《司法讲习所讲义录·债权总论》，出版信息不详； （2）《民事法规及判例债权编总则》（编著），出版信息不详。

续表

序号	姓名	主要民法著述（含译著）	
13	李谟	著作	（1）《民法债编总论》（与黄景柏合编），上海大东书局 1931 年版； （2）《民法债编总论》，上海法政学院讲义，印行时间不详； （3）《继承新论》（编著），上海大东书局 1931 年版； （4）《民法亲属新论》，上海大东书局 1934 年版。
14	李宜琛	著作	（1）《民法要论总则》，北平著者书店 1932 年版； （2）《现行物权法论》，北平好望书店 1933 年版； （3）《民法总则》，重庆国立编译馆 1943 年版； （4）《现行亲属法论》，重庆商务印书馆 1944 年版； （5）《现行继承法论》，重庆商务印书馆 1944 年版； （6）《婚姻法与婚姻问题》，重庆正中书局 1944 年版。
		论文	（1）“义务与责任”，载《法学专刊》1935 年第 3 ~ 4 期； （2）“论契约之方式”，载《法学专刊》1937 年第 7 期； （3）“论宗祧继承”，载《西北晨钟》1944 年第 6 卷第 11 ~ 12 期。
15	李祖荫	著作	（1）《比较民法总则》，燕京大学 1930 年印本； （2）《比较民法债编通则》，北平和记印书馆 1933 年版； （3）《民法概要》（讲义），湖南大学讲义 1941 年印本； （4）《民法解释史资料》（辑），湖南大学印本，时间不详。
		论文	（1）“同姓不婚制度论”，载《法律评论》1929 年第 6 卷第 24 期； （2）“嫡庶制度论”，载《法律评论》1929 年第 6 卷第 37 期； （3）“所有权之社会化”，载《新时代》1930 年第 1 卷第 4 期； （4）“中华民国新民法概评”，载《法律评论》1930 年第 7 卷第 24 ~ 25 期； （5）“中华民国新民法概评——总序”，载《新时代》1930 年第 1 卷第 3 期； （6）“世界民法史纲（一）（二）（三）”，载《法律评论》1930 年第 7 卷第 28 ~ 30 期； （7）“我国物权法之立法精神”，载《中国法学杂志月刊》1944 年第 3 卷第 3 期； （8）“比较物权法发凡”，载《中国法学杂志》1944 年第 3 卷第 7 期； （9）“论民法体裁之改造”，载《社会评论》1946 年第 29 期； （10）“论民法总则的立法精神”，载《社会评论》1946 年第 32 期。

续表

序号	姓名	主要民法著述（含译著）	
16	林彬	著作	（1）《民法总则》，出版信息不详； （2）《民法物权》，出版信息不详； （3）《民法亲属继承》，出版信息不详； （4）《民法概论》，“中央训练团党政高级训练班”1944 年印本。
17	林鼎章	著作	《亲属法》，重庆商务印书馆 1946 年版。
18	刘含章	著作	（1）《民法继承编实用》，南京环琦书屋 1936 年版； （2）《亲属法》，重庆商务印书馆 1944 年版； （3）《继承法》，重庆商务印书馆 1944 年版。
19	刘鸿渐	著作	《中华民国物权法论》，北平朝阳学院 1933 年版；
20	刘镇中	著作	（1）《债权各论讲义》，南京国立中央大学出版，时间不详； （2）《民法债编通则讲义》，上海群益书社 1933 年版； （3）《民法物权编讲义》，上海群益书社 1933 年版； （4）《民法实用债编各论》，重庆大东书局 1944 年版； （5）《民法债编通则》，南京国立中央大学出版，时间不详。
21	刘志敭	著作	（1）《民法实用债编各论》，司法行政部法官训练所讲义，印行时间不详； （2）《民法债编各论》，司法官养成所讲义，印行时间不详； （3）《民法债编总论实用》，司法官养成所讲义，印行时间不详； （4）《民法物权》，上海大东书局 1936 年版。
		论文	（1）“无限公司减少资本之限制问题”，载《法律评论》1929 年第 6 卷第 50 期； （2）“论适用时效之权利”，载《法学季刊》1930 年第 4 卷第 4 期； （3）“论适用消灭时效之权利”，载《法律评论》1930 年第 7 卷第 26 期； （4）“论权利之滥用”，载《法律评论》1930 年第 7 卷第 36 期； （5）“论我国民法上之时效非属单一制度”，载《法律评论》1932 年第 9 卷第 21 ~ 22 期；

续表

序号	姓名	主要民法著述（含译著）	
21	刘志歔	论文	（6）“我民法上之预约问题”，载《法治周报》1933 年第 1 卷第 1 期； （7）“论即时买卖之性质”，载《法治周报》1933 年第 1 卷第 12 期； （8）“债权契约及物权契约与民法第七六〇条之研究”，载《法治周报》1933 年第 1 卷第 20～21 期； （9）“混合行为之研究”，载《法治周报》1933 年第 1 卷第 22 期。
22	刘钟英	著作	（1）《民法继承释义》，上海法学编译社 1946 年版； （2）《民法实用总则》，司法行政部法官训练所讲义，印行时间不详。
23	楼桐荪	著作	（1）《民法原理》，出版信息不详； （2）《民法债编释义》（与吴春桐合著），上海新学会社 1930 年版； （3）《民法总则编释义》，上海新学会社 1931 年版； （4）《民法物权编释义》，上海新学会社 1931 年版； （5）《民法亲属编释义》（与汤城合著），上海新学会社 1931 年版； （6）《民法继承编释义》（与汤城合著），上海新学会社 1931 年版。
		论文	（1）“中国家制的过去与未来”，载《东方杂志》1929 年第 28 卷第 2 号； （2）“外人土地权问题”，载《中央大学法学院季刊》1930 年第 1 卷第 1 期。
24	罗鼎	著作	（1）《民法继承论》，上海法学编译社 1933 年版； （2）《民法继承实用》（编），上海大东书局 1945 年版； （3）《继承法要论》，上海大东书局 1946 年版； （4）《亲属法纲要》（编著），上海大东书局 1946 年版。
		论文	（1）“结婚之无效与撤销”，载《新法学》1948 年第 1 卷第 1 期； （2）“养子制度及民法所定法条之商榷”，载《新法学》第 1 卷第 3～4 期。

续表

序号	姓名		主要民法著述（含译著）
25	梅仲协	著作	《民法要义》，重庆公诚法律会计事务所1943年版。
		论文	（1）“比较夫妻财产制绪论”，载《社会科学论丛》1940年第2期； （2）“美国法上契约类别及所谓意思之一致（上下）”，载《法律评论》1941年第18卷第4~5期； （3）“评民法关于收养之规定”，载《法言》1942年第7期； （4）“收养制度之比较研究”，载《军法专刊》1942年第2卷第6期； （5）“论婚姻之无效与撤销”，载《军法专刊》1943年第3卷第1期； （6）“论结婚与收养”，载《社会科学论丛》1943年第5期； （7）“夫妻财产制之研究（一、二、三、四）”，载《法令月刊》1942年第5卷第10、12期，1943年第6卷第1~2期。
26	宁柏清	著作	（1）《债权总论及各论》，出版信息不详； （2）《债编总论》上下册（与周新民合著），上海法学书局1934年版； （3）《债编各论》，上海法学书局1934年版。
27	欧阳谿	著作	（1）《民法总则释义》，上海法学编译社1930年版； （2）《民法总论》，上海法学编译社1931年版。
		论文	（1）“工厂之安全问题”，载《劳工月刊》1933年第2卷第6期； （2）“关于法人本质之学说及批评”，载《法令周刊》1933年第143~144期。
28	欧宗祐	著作	《民法总则》，上海商务印书馆1928年版。
29	潘震亚	著作	（1）《中国债法总论》，出版信息不详； （2）《债权各论》，出版信息不详； （3）《中国亲属法论》，出版信息不详； （4）《中国继承法论》，出版信息不详。
		论文	（1）“继承法”，载《现代法学》1931年第1卷第3~11期； （2）“女子继承权的起源和经过”，载《法轨周刊》1933年第2卷第1期。

续表

<table>
<tr><th>序号</th><th>姓名</th><th colspan="2">主要民法著述（含译著）</th></tr>
<tr><td rowspan="2">30</td><td rowspan="2">裘千昌</td><td>著作</td><td>（1）《中国民法债编总论》，成都启大印刷局 1948 年版；
（2）《民法债编总论》，文华印书馆印行，时间不详；
（3）《民法总论》（编），讲义，编印信息不详；
（4）《债编各论》（编），讲义，编印信息不详。</td></tr>
<tr><td>论文</td><td>（1）“民法上之定金”，载《法律评论》1931 年第 16 卷第 10 期；
（2）“肖像权之侵害与民法之保护”，载《社会科学论丛月刊》1932 年第 4 卷第 1 期；
（3）“论民法第七十二条”，载《社会科学论丛月刊》1932 年第 4 卷第 4 期；
（4）“评述民法第一百一十条”，载《安徽大学月刊》1933 年第 1 卷第 5 期；
（5）“消灭时效与除斥期间”，载《安徽大学月刊》1933 年第 1 卷第 7 期；
（6）“论民法第二四四条债权人撤销权之诉的性质”，载《中国法学杂志》第 7 卷第 2 ~3 期。</td></tr>
<tr><td rowspan="2">31</td><td rowspan="2">阮毅成</td><td>著作</td><td>《中国亲属法概论》，上海世界法政学社 1933 年版。</td></tr>
<tr><td>论文</td><td>（1）“女子承袭遗产的实施方法”，载《政法论丛》1927 年 10 月 15 日；
（2）“唯实主义民法学”，载《中央大学法学院季刊》1931 年第 1 卷第 4 期；
（3）“苏俄遗产继承制度”，载《中华法学杂志》1931 年第 2 卷第 6 期；
（4）“法国已嫁女子在法律上之地位”，载《法律评论》1933 年总第 490 ~492 期；
（5）“契约自由及其限制——法国法例研究之二”，载《法律评论》1933 年总第 495 ~496 期；
（6）“关于‘人之行为能力’法律之择”，载《政治季刊》1934 年第 1 卷第 2 期。</td></tr>
<tr><td rowspan="2">32</td><td rowspan="2">芮沐</td><td>著作</td><td>《民法法律行为理论全部》，北平河北第一监狱 1948 年版。</td></tr>
<tr><td>论文</td><td>（1）“占有概念之比较”，载《国立武汉大学社会科学季刊》1937 年第 7 卷第 3 期；
（2）“非常时期的私法关系”，载《时事类编》1938 年第 5 期。</td></tr>
</table>

续表

序号	姓名		主要民法著述（含译著）
33	史尚宽	著作	（1）《民法总则释义》，上海法学编译社 1936 年版； （2）《民法原论总则》，上海大东书局 1947 年版。
		论文	（1）“论公司之国籍及在我国租界内之公司”，载《银行杂志》1926 年第 3 卷第 15 ~ 16 期； （2）“团体协约法解说”，载《中华法学杂志》1932 年第 3 卷第 5 期； （3）“劳动契约法论”，载《法学杂志》1933 年 6 卷第 3 ~ 6 期； （4）“论外国法人在我国之地位”，载《中国法学杂志》1936 年新编第 4 期； （5）“民法与三民主义”，载《文风杂志》1944 年第 1 卷第 6 期； （6）“谈重婚问题”，载《新妇女》1947 年第 3 期。
34	陶汇曾	著作	（1）《亲属法大纲》，上海商务印书馆 1928 年版； （2）《民法亲属论》，上海法学编译社 1933 年版； （3）《民法亲属》，上海商务印书馆 1936 年版。
		论文	（1）“自然人债务应否认其存在”，载《法学会杂志》1921 年第 1 期； （2）“因不归责于两造之事由所生之危险应由债权人负担抑应由债权人负担及是否可采损失分担之法”，载《法学会杂志》1921 年第 3 期； （3）“债务人受不当损失之契约可否听其随意解除”，载《法学会杂志》1921 年第 3 期； （4）“利之最高率最多额及滚利印子等方法应否限制”，载《法学会杂志》1922 年第 4 期； （5）“不当之违约金可否请求减额”，载《法学会杂志》1922 年第 5 期； （6）“宗法理论的制造”，载《民铎》1927 年第 8 卷第 4 期； （7）“离婚原因之义绝”，载中华学艺社编：《法制论丛》，上海商务印书馆 1928 年版； （8）“生物学上之亲属与法律上的亲属”，载《法令周刊》1931 年第 36 期。
35	唐纪翔	著作	（1）《民法总论》上下册，北平开明书局 1932 年版； （2）《民法总论》，中国大学讲义，1943 年印行。
		论文	“承认之意义及效力”，载《法律月刊》1931 年第 2 卷第 1 期。

续表

序号	姓名	主要民法著述（含译著）	
36	汪波	著作	（1）《女子继承权诠释》，上海民治书店1929年版； （2）《女子继承权详解》，上海民治书店1930年版； （3）《继承法ABC》，上海世界书局1930年版； （4）《亲属法ABC》，上海世界书局1931年版。
37	王伯琦	著作	《权利相对论》，中华书局1943年版。
38	王宠惠	著（译）作	（1）《德国民法典》（英译本），英国斯蒂芬斯书店1907年版； （2）《比较民法概要》，南京司法行政部法官训练所1916年印行。
		论文	（1）“德国民法浅说”，载《大中华》1915年第1卷第2～6期； （2）“婚姻财产制”，载《中华法学杂志》1930年第1卷第1期； （3）“团体协约之比较研究”，载《法学季刊》1931年第1卷第2期； （4）“比较民法导言”，载《中华法学杂志》1931年第2卷第3期； （5）“所有权之今昔观”，载《中华法学杂志》1931年第2卷第6期。
39	王去非	著作	（1）《民法物权论》，上海法学编译社1930年版； （2）《现代物权法论》，上海世界书局1933年版； （3）《民法物权要义》，上海法学书局1934年版； （4）《罗马法要义》，上海法学书局1934年版。
		论文	（1）“破产法上之三大难题”，载《法律评论》1924年总第39期； （2）“对于民律草案债编之我见”，载《法律评论》1926年总第159期； （3）“连带运送之研究”，载《法学季刊》1929年第1卷第2期； （4）“民法物权”，载《现代法学》1931年第1卷第1期； （5）“物权法论”，载《现代法学》1931～1932年第1卷第1～12期。

续表

<table>
<tr><th>序号</th><th>姓名</th><th colspan="2">主要民法著述（含译著）</th></tr>
<tr><td rowspan="2">40</td><td rowspan="2">吴传颐</td><td>著作</td><td>（1）《近代欧陆民法之演进》，独立出版社 1945 年版；
（2）《法国德国和苏联的民法》，美吉印刷社 1948 年版。</td></tr>
<tr><td>论文</td><td>（1）“侵权行为论”，载《法令周刊》1935 年第 276、278 ~ 279、281 期；
（2）“民法收养论”，载《法政》1935 年第 1 卷第 7 期；
（3）“不要因行为在比较法上之研究”，载《法令周刊》1936 年第 304 ~ 314 期；
（4）“国际私法上关于离婚之法律适用问题”，载《法令周刊》1935 年总第 257 期。</td></tr>
<tr><td rowspan="2">41</td><td rowspan="2">吴学义</td><td>著作</td><td>（1）《民事法论丛》，南京法律评论社 1931 年版；
（2）《中国民法总论》（编著），上海世界书局 1934 年版；
（3）《民法要论总则》（编著），上海世界书局 1934 年版；
（4）《战时民事立法》，重庆商务印书馆 1944 年版。</td></tr>
<tr><td>论文</td><td>（1）“形成权论”，载《法律评论》1921 年总第 223 ~ 226 期；
（2）“滚利之立法问题”，载《法律评论》1929 年第 6 卷第 45 期；
（3）“出版契约之本质”，载《法律评论》1930 年第 7 卷第 34 ~ 35 期；
（4）“所有权的基本问题”，载《国立武汉大学社会科学季刊》1930 年第 1 卷第 4 期；
（5）“夫妻财产制之立法问题”，载《法律评论》1930 年第 7 卷第 42 期；
（6）“再论夫妻财产制”，载《法律评论》1931 年第 8 卷第 16 ~ 17 期；
（7）“利息之新观念”，载《法律评论》1931 年第 8 卷第 38 期；
（8）“利息之新观念”，载《法律评论》1931 年总第 402 期；
（9）“日本劳工立法”，载《法学杂志》1933 年第 6 卷第 3 期；
（10）“雇佣人之责任”，载《国立武汉大学社会科学季刊》1934 年第 4 卷第 3 期；
（11）“习惯法论”，载《国立武汉大学社会科学季刊》1934 年第 4 卷第 4 期；
（12）“民法上之‘物’”，载《法律评论》1934 年第 12 卷第 3 期；
（13）“战时民事法之立法问题”，载《文风杂志》1944 年第 1 卷第 6 期。</td></tr>
</table>

续表

序号	姓名	主要民法著述（含译著）	
42	吴振源	著作	（1）《中国民法债编各论》，世界法政学社 1932 年版； （2）《中国债编各论》，世界法政学社 1933 年版； （3）《中国民法债编总论》，世界法政学社 1934 年版。
		论文	（1）“日本佃地法案”（译），载《法律评论》1927 年总第 200 期； （2）“非真正连带债务”，载《法律评论》1927 年总第 203 期； （3）“关于种类债务给付品质之立法上的比较”，载《法律评论》1927 年总第 208 期； （4）“论债权之不可侵性”，载《法律评论》1927 年总第 210 期； （5）“契约之社会性与法律”，载《法律评论》1927 年总第 219 期； （6）“由各国法制上观察劳动团结之自由”，载《法律评论》1927 年总第 235～255 期； （7）“由各国法制上观察劳动团结之自由”（译），载《法律评论》1928 年总第 235～237、239～255 期； （8）“法兰西之社会保险法”，载《法律评论》1928 年第 6 卷第 4～6 期； （9）“无责任之债务与无债务之责任”，载《法律评论》1928 年总第 266 期； （10）“事情变更原则之史的考察”，载《法律评论》1929 年总第 300～301 期； （11）“工厂法的适用范围——新工厂法批评之一”，载《法律评论》1931 年第 2 卷第 3～4 期； （12）“私法上之家族制度”，载《国立武汉大学社会科学季刊》1931 年第 2 卷第 4 期； （13）“反对修改民法第六八一条”，载《时代公论》1933 年第 78 期； （14）“团体协约之法律的构成”，载《政治季刊》1934 年第 1 卷第 1 期； （15）“团体协约之法律的构成”，载《政治季刊》1937 年第 2 卷第 1 期。
43	郗朝俊	著作	（1）《民法要义物权编》，上海法学编译社 1935 年版； （2）《民法要义亲属编》，上海会文堂新记书局 1935 年版； （3）《民法要义物权编》，上海法学编译社 1935 年版；

续表

序号	姓名	主要民法著述（含译著）	
43	郗朝俊	著作	（4）《民法要义亲属编》，上海会文堂新记书局 1935 年版； （5）《民法要义继承编》，上海法学编译社 1935 年版； （6）《民法要义债编通则》，上海会文堂新记书局 1936 年版； （7）《中国民法总则详论》上下册，中国文化服务社 1944 年版。
		论文	（1）"日本民法相续编改正要纲"，载《法学季刊》1930 年第 1 卷第 1 期； （2）"日本民法亲族编改正要纲"，载《法学季刊》1930 年第 1 卷第 1 期。
44	夏勤	著作	《物权法讲义》，中央政治学校，印刷时间不详。
		论文	（1）"工厂法私案"（与胡长清合撰），载《社会科学季刊》1929 年第 4 卷第 3～4 期； （2）"无过失损害赔偿责任论"，载《中央大学法学院季刊》1930 年第 1 卷第 1 期。
45	谢寿昌	著作	《民法实用债编全论》，重庆大东书局 1944 年版。
46	许壬	著作	（1）《民法财产》（合译，［日］梅谦次郎著），丙午社 1907 年版； （2）《民法债权总则》（编），私立浙江法政专门学校讲义，印刷时间不详； （3）《民法债权各论》（编），私立浙江法政专门学校讲义，印刷时间不详； （4）《民法财产编》（与姚华合编），上海群益书社 1913 年版。
47	燕树棠	论文	（1）"过错主义可否为侵权责任之惟一根本原则"，载《社会科学季刊》1930 年第 1 卷第 2 期； （2）"私法上占有观念之两大争点"，载《社会科学季刊》1930 年第 1 卷第 3 期； （3）"财产观念之变迁"，载《社会科学季刊》1935 年第 3 卷第 3 期。

续表

<table>
<tr><th>序号</th><th>姓名</th><th colspan="2">主要民法著述（含译著）</th></tr>
<tr><td rowspan="2">48</td><td rowspan="2">应时</td><td>著作</td><td>（1）《罗马法》（与陈允合著），上海商务印书馆 1931 年版；
（2）《民法第 1001 条但书之检讨》，上海会文堂新记书局 1939 年版。</td></tr>
<tr><td>论文</td><td>“世界民法编纂史略”，载《经济半月刊》1928 年第 2 卷第 5 期。</td></tr>
<tr><td rowspan="2">49</td><td rowspan="2">余棨昌</td><td>著作</td><td>（1）《民法亲属编》，朝阳大学法律科讲义，1927 年印刷；
（2）《民法要论总则》，北平朝阳学院 1931 年版；
（3）《民法要论物权》，北平朝阳学院 1931 年版；
（4）《民法要论亲属继承》，北平朝阳学院 1932 年版。</td></tr>
<tr><td>论文</td><td>（1）“我国民事法规定之沿革”，载《新朝大》1929 年第 2～3 期；
（2）“法律行为效力之状态论”，载《法学专刊》1933 年第 1 期。</td></tr>
<tr><td rowspan="2">50</td><td rowspan="2">郁嶷</td><td>著作</td><td>（1）《继承法要论》，北平朝阳大学 1931 年版；
（2）《亲属法要论》，北平朝阳大学 1932 年版。</td></tr>
<tr><td>论文</td><td>（1）“民法九九二之批评”，载《法律评论》1924 年总第 545 期；
（2）“妾制之研究”，载《法律评论》1928 年总第 259 期；
（3）“论宗祧继承之弊”、“特留分制度之根据”，载《郁嶷论文集》，北平朝阳大学 1930 年版；
（4）“论遗产继承之利弊”，载《法律评论》1929 年第 6 卷第 18～19 期；
（5）“女子继承权问题”，载《法律评论》1929 年总第 287 期；
（6）“论新亲属法草案采取个人制之当否”，载《法律评论》1929 年第 6 卷第 45 期；
（7）“特留分制度之根据”，载《法律评论》1929 年第 6 卷第 51 期；
（8）“论宗祧继承之弊”，载《法律评论》1930 年第 7 卷第 23 期；
（9）“家制余论”，载《法律评论》1930 年总第 365 期；
（10）“继母在现行民法上之地位”，载《法律评论》1931 年第 8 卷第 43 期；
（11）“新民法之非婚生子女述略”，载《法律评论》1932 年总第 453 期；
（12）“抛弃继承权之时期及方式——评司法院字七四四号解</td></tr>
</table>

续表

序号	姓名	主要民法著述（含译著）	
50	郁嶷	论文	释”，载《法律评论》1932年总第465期； （13）“夫妻贞操义务与和奸罪”，载《法律评论》1934年第11卷第12期； （14）“别居制之当否”，载《法律评论》1934年第11卷第19期； （15）“养亲子之间辈分之限制”，载《法律评论》1934年第2卷第30期； （16）“嗣子在现行法例上之地位”，载《朝阳月刊》1935年第2卷第1期。
51	曾志时	著作	（1）《民法债编总论讲义》，朝阳学院讲义，1935年印行； （2）《民法债编各论讲义》，朝阳大学讲义，1935年印行； （3）《民法总则》，朝阳学院法律评论社1936年版。
		论文	（1）“关于侵权行为本质论之一考究”，载《朝大季刊》1931年第1卷第2期； （2）“生前赠与与继承之关系”，载《正风》1947年第1卷第2期。
52	张企泰	著作	《中国民法物权论》，重庆大东书局1945年版。
		论文	（1）“两种不同的债的观念”，载《中华法学杂志》1933年第4卷第5~6期； （2）“法律行为中之意思演说及意思表示学说”，载《中华法学杂志》1933年第4卷第7期； （3）“约定违约金之比较研究”，载《中华法学杂志》1934年第5卷第4期； （4）“法人之产生解散及其能力范围”，载《中华法学》1934年第5卷第5期； （5）“中国民法及票据法的德文译本”，载《中华法学杂志》1934年第5卷第6期； （6）“法国法中之非婚结合”，载《法律评论》1934年第11卷第38期； （7）“物权变动立法主要之比较”，载《国立武汉大学社会科学季刊》1937年第7卷第3号。
53	张正学	著作	（1）《民法总则》，出版信息不详； （2）《民法总则注释》（与曹杰合编），上海商务印书馆1936年版。

续表

<table>
<tr><th>序号</th><th>姓名</th><th colspan="2">主要民法著述（含译著）</th></tr>
<tr><td>53</td><td>张正学</td><td>论文</td><td>（3）“法院判断民事案件适用之法则”，载《法律评论》1928年总第249～250期；
（4）“新民法研究一（物之意义与分类）”，载《法学丛刊》1930年第1卷第2～3期；
（5）“法律要件与法律事实”，载《法学季刊》1930年第4卷第4期。</td></tr>
<tr><td>54</td><td>张志让</td><td>论文</td><td>（1）“希腊急进性质之农地法”，载《法律周刊》1923年第1期；
（2）“英德契约法之比较”，载《法律周刊》1923年第3～4期；
（3）“德国民法之根本主义”，载《法律周刊》1923年第5期；
（4）“论出嫁母与亲生子之法律关系”，载《法轨周刊》1933年第1卷。</td></tr>
<tr><td rowspan="2">55</td><td rowspan="2">赵凤喈</td><td>著作</td><td>（1）《民法亲属论》，出版信息不详；
（2）《中国妇女在法律上之地位》，上海商务印书馆1928年版；
（3）《民法亲属编》（编著），重庆国立编译馆1945年版。</td></tr>
<tr><td>论文</td><td>（1）“民法条文的逻辑问题”，载《法律评论》1934年第11卷第13期；
（2）“公务员的侵权责任”，载《社会科学》1936年第2卷第1～4期；
（3）“女子财产继承权之过去与将来”，载《东方杂志》1947年第43卷第6期。</td></tr>
<tr><td rowspan="2">56</td><td rowspan="2">周枏</td><td>著作</td><td>《民法概论》，苏皖政治学院1936年版。</td></tr>
<tr><td>论文</td><td>（1）“罗马十二表法”（与路式导合撰），载《社会科学月报》1937年第2卷第2期；
（2）“罗马法上的几个问题研究”，载《苏皖政治学院季刊》1941年第1期。</td></tr>
<tr><td>57</td><td>周新民</td><td>著作</td><td>（1）《民法总论》，上海华通书局1931年版；
（2）《民法债编通则新论》上下册，上海法学编译社1932年版；
（3）《民法债编分则新论》上下册，上海法学编译社1932年版；
（4）《债编总论》上下册（与宁柏青合著），上海法学书局</td></tr>
</table>

续表

序号	姓名	主要民法著述（含译著）	
57	周新民	著作	1934 年版； （5）《民法理论》，华通书局 1934 年版； （6）《民法债》上下册（编著），上海商务印书馆 1936 年版； （7）《物权法要论》，上海商务印书馆 1936 年版。
		论文	“债法的发达及其最近趋势”，载《教授与作家》1934 年第 1 卷第 2 期。
58	朱方	著作	（1）《民法亲属编详解》，上海法政学社 1931 年版； （2）《民法债编详解》，上海法政学社 1936 年版； （3）《民法总则详解》，上海法政学社 1936 年版； （4）《民法物权编详解》，上海法政学社 1936 年版； （5）《民法继承编详解》，上海法政学社 1936 年版。
59	宗惟恭	著作	（1）《民法亲属浅释》，上海会文堂新记书局 1932 年版； （2）《民法继承浅释》，上海法学编译社 1932 年版； （3）《民法亲属要义》（编），上海法学书局 1934 年版； （4）《民法继承要义》（编），上海法学书局 1935 年版。

中国近代的民法学，从单纯的理论引进，到有意识地自我完善并独立成长，经历了一个渐进发展的过程。就民国时期而言，民法学家群体借鉴并移用西方民法学的概念体系和知识架构，戮力探研民法制度和民法理论问题，并撰著了相当一批民法学论著。这些论著和当时中国的大部分法学论著一样，虽然存在着诸多不足，如条文阐解、判解分析、法学专著和论文等，均存在着一种“公式化”的倾向。[1]但毋庸置疑的

〔1〕 如当时议者所云：法学著作“内容和表现技巧的定型，千篇一律，用词含糊，意思不确定”，内容方面是“教科书式的和启蒙式的著作”，表现技艺则是“用语多半笼统，含糊，模棱两可”。“公式化的结果，使许多法学著作成了留声机，将别人说过的话再复述一遍，如果稍有增改，已经是了不起的上乘作品。”（郑方济：“中国法学著作的公式化”，载《震旦法律经济杂志》1945 年第 1 卷第 4 期。）另，郝铁川也曾指出：“中国近代的法学著作较之过去不可谓不多，但能够成为世界一级水平的著作却是罕见的，大都是西方法学理论的翻版。”（郝铁川：“中国近代法学留学生与法制近代化”，载《法学研究》1997 年第 6 期。）

是，其间亦不乏具有精卓见解之作，其对中国近代民法学的塑造，仍起着不容小觑的作用。时至今日，其依然是我们研究民法理论问题极好的参考性资料。

由上表可知，就民国时期民法学家群体所产出之主要著述来看，约可分为以下数类：

第一，民法条文疏注类著作。该类著作主要以近代的两部民律草案和《中华民国民法》，尤其是后者中的民法条文为注释对象，对条文意涵进行疏注性阐解。代表性著作如陈承泽的《中华现行民律要义》、黄右昌的《民律亲属释义》、刘钟英的《民法继承释义》、楼桐荪的《民法总则编释义》、《民法债编释义》、《民法物权编释义》、《民法亲属编释义》、《民法继承编释义》，欧阳谿的《民法总则释义》、曹杰与张正学的《民法总则注释》、史尚宽的《民法总则释义》、洪文澜的《民法债编通则释义》，以及朱方的《民法亲属编详解》、《民法债编详解》、《民法总则详解》、《民法物权编详解》、《民法继承编详解》等。[1]解释法条并明确其立法要旨，是法学家的主要任务之一。“法学家之解释法律，不仅要说明现实的法律是什么”，“他们更要说明的是：法律应当是什么”。[2]中国近代民法法典化过程中所形成的三部法律文本，大多数条文皆袭自西方，承载着欧陆民法的价值理念和规范原理。民法学家们凭恃自己的民法学知识，对其间之民法概念和法律条文进行知识解读和学理释明。此外，在对法条的诠解过程中，部分著作不满足于对法条、概念的表面含义进行解读，而是试图探讨支撑法条背后的社会历史根据；亦有论者，在对其时的“抄袭立法”予以批评的同时，从立法技术层面对民法典的编纂抑或部分法条的设计提出建设性意见。

第二，民法专论性理论著作。该类著作又可分为两种：一为民法综

---

〔1〕 以上各书出版信息参见前文表3.1，此处不一一赘列，下同。

〔2〕 谢晖：“理解和解释：法学家心镜的法律图像（上）”，载《河南省政法管理干部学院学报》2003年第1期。

论性著作，如黄右昌的《民法要义》、林彬的《民法概论》、胡长清的《中国民法总论》、楼桐荪的《民法原理》、欧阳谿的《民法总论》、唐纪翔的《民法总论》、吴学义的《中国民法总论》、梅仲协的《民法要义》等。二为侧重民法总则或各编之专论性著作。此类著作较多，现试举其要者如下：①民法总则方面的著作。主要有陈瑾昆、胡长清、胡元义、李宜琛、欧宗佑、林彬、张正学所著之《民法总则》，[1]以及史尚宽的《民法原论总则》，吴学义的《民法要论总则》等。②民法债编方面的著作。主要有柯凌汉的《中国债权法总论》与《中国债权法论纲》，陈瑾昆的《民法通义债编总论》和《民法债编各论》，戴修瓒的《民法债编总论》和《民法债编各论》，潘震亚的《中国债法总论》和《债权各论》，吴振源的《中国民法债编总论》和《中国民法债编各论》，周新民的《民法债编通则新论》和《中国民法债编分则新论》，裘千昌的《中国民法债编总论》和《债权各论》，宁柏清的《债编总论》和《债编各论》，胡长清的《中国民法债编总论》，李谟的《民法债编总论》等。③民法物权编方面的著作。主要有曹杰的《中国民法物权》，胡长清的《民法物权》，胡元义的《物权法论》，柯凌汉的《中国物权法论纲》，林彬的《民法物权》，刘鸿渐的《中华民国物权法论》，刘志敭的《民法物权》，王去非的《民法物权论》和《民法物权要义》，周新民的《物权法要论》等。④民法亲属编方面的著作。主要有曹杰的《中国民法亲属编》，胡长清的《中国民法亲属论》，李谟的《民法亲属新论》，李宜琛的《现行亲属法论》，林鼎章的《亲属法》，陶汇曾的《亲属法大纲》，郁嶷的《亲属法要论》，阮毅成的《中国亲属法概论》，宗惟恭的《民法亲属要义》等。⑤民法继承编方面的著作。主要有胡长清的《中国民法继承论》，李谟的《继承新论》，刘含章的《继承法》，罗鼎的《民法继承论》和《继承法要论》等。除以上几种主要类型的著作外，彼时还出现了一些研究细微层面民法问题的专题性著作，如芮

---

[1] 以上作品书名均为《民法总则》，特此说明。

沐的《民法法律行为理论全部》，以及汪波的《女子继承权诠解》等。总体而言，这些民法专论性理论著作，其或从宏观下笔，综论中国近代民事法理论的主要方面，或从微观入手，就中华民国民法典某一编所涉之主要理论要点进行细致梳理，其中部分著作，已经开始侧重于从体系上构建中国民法或民法中某一单元的理论框架。部分著作不仅具有完整的理论知识体系，而且具有较高的学术水平，在民国时期就已再版多次，更有甚者，1949 年之后仍在大陆和台湾再版发行。如梅仲协所著之《民法要义》，“其以德、瑞民法学说为主，系统研究 1929 年之民国民法，对理论继受上之‘日本化’倾向，作自觉的反省，取精用宏，卓然成一家之言”。〔1〕其在当时的民法学界，乃至今天大陆和台湾的民法学界，均产生了深远的影响。

第三，民法学讲义和教科书。前已述及，民国时期民法学家们的诸多研究成果，以经典民法学教科书的形式呈现。因此部分民法学家的著作，既属于学术作品，亦为其时之民法学教科书。该类著作在总数中所占比重较高，较为重要者如余棨昌的《民法亲属编》、《民法要论总则》、《民法要论物权》、《民法要论亲属继承》，黄右昌的《民法物权讲义》，曾志时的《民法债编总论讲义》和《民法债编各论讲义》，陈瑾昆的《民法通义总则》，胡长清的《中国婚姻法论》等，以上各书均脱胎于著者在朝阳大学的授课讲义。〔2〕另，洪文澜的《民法实用债编》，李怀亮的《司法讲习所讲义录 · 债权总论》，李祖荫的《民法概要》，刘镇中的《债权各论讲义》、《民法债编通则讲义》、《民法物权编讲义》，刘志敭的《民法实用债编各论》、《民法债编各论》、《民法债编总

〔1〕 梅仲协：《民法要义》，中国政法大学出版社 2004 年版，“校勘说明”。

〔2〕 朝阳大学的法律科讲义，在民国时期曾风靡一时。一位朝大毕业生曾这样回忆道：“当时人们都知道，母校数十年间的各课讲义价值连城。全国各大学法律院系的师生和各级司法官员大都托人甚至高价争购母校的讲义（包括已经阅读过的旧讲义），都以案头放有朝阳讲义为荣!”潘久维：“朝阳——我亲爱的母亲”，载薛君度、熊先觉、徐葵主编：《法学摇篮：朝阳大学》增订版，东方出版社 2001 年版，第 384 页。

论实用》，刘钟英的《民法实用总则》，夏勤的《物权法讲义》，亦是各法学院系和司法官员培训学校所使用的民法学讲义或教材。它们大多为著者多年授课和研究心得之凝结，既能做到理论联系实际，又自成系统，稍加整辑，便成为具有一定权威性的民法学教科书。

第四，民法译著。此类译作数量不多，主要包括欧洲各国的民法典及日本民法学家梅谦次郎等人的民法著作。如陈箓所译《法兰西民法正文》，胡诒谿编译之《泰西民法志》，以及陈承泽翻译的《民法要义·物权编》（［日］梅谦次郎著），许壬翻译的《民法财产》（［日］梅谦次郎著）等。此外，除汉文译作外，另有王宠惠的英文译作《德国民法典》，这个英译本因翻译品质的专业，完成后旋即由英国斯蒂芬斯出版公司出版。该译本一出，很快受到国际法学界的好评，并迅速成为欧美各大学法学院的通用教材。该书一直到20世纪70年代仍然在美国保持着经典教科书的地位。不惟如是，该书还对西方国家的司法审判活动产生了一定的影响。“有一次英国的法院审案子，要引用他的译本中的按语，作判决的根据，且事先写信到柏林，征求他的同意，他也回信同意了。”〔1〕

第五，比较民法学著作。此类著作亦为数甚少，代表性作品有王宠惠的《比较民法概要》，李祖荫的《比较民法总则》和《比较民法债编通则》，以及吴传颐的《近代欧陆民法之演进》和《法国德国和苏联的民法》等。此类著作大多侧重于民法条文的立法例比较研究，但一些著作比较之视野较为开阔，不仅着意于中日两国民法典的比较，而且将参照之法条，延及德、法、瑞、苏联等国。这为数不多的几本著作，不仅在中国近代的比较民法领域，而且在中国近代的比较法学领域，均占据着非常重要的地位。〔2〕

第六，罗马法著作。主要有黄右昌的《罗马法》和《罗马法与现

---

〔1〕段彩华：《民国第一位法学家——王宠惠传》，近代中国出版社1982年版，第103页。

〔2〕参见何勤华：“中国近代比较法的诞生及其成长”，载何勤华主编：《外国法与比较法研究》第1卷，商务印书馆2006年版，第6页。

代》，王去非的《罗马法要义》，应时的《罗马法》（与陈允合著）等。其中以黄右昌的《罗马法与现代》一书影响最大。黄右昌曾于1915年出版《罗马法》一书，该书为第一本由中国学者撰写的研究罗马法的著作。1918年，时任北京大学法科教授和法律系系主任的黄右昌将该书二版发行，北京大学校长蔡元培亲自为该书作序，在序言中蔡元培对黄右昌和其所撰之《罗马法》一书大加赞誉，其说："近顷欧化输入，国人始知民法之重要，乃始有参考西洋各国民法之举，而探源罗马法。北京大学教授黄黼馨君，民法专家也。著述宏多，罗马法实其再版之一，学者得是书而研求之，藉以求民法之原理，而应用于我国，其影响必非浅鲜也。"〔1〕1930年，黄右昌又在前两版的基础上将是书修订成《罗马法与现代》一书，该书后来跻于近代中国罗马法学术经典之林。而黄右昌也因其在罗马法方面的建树，荣膺"黄罗马"之美名。

当然，必须指出的是，就民国时期的民法学著作而言，以上类型划分仅是一个相对粗疏的廓定而已，许多著作，往往兼具各种类型之特点。如梅仲协的《民法要义》和胡长清的《中国民法总论》，既是颇具影响的民法学理论著作，也是民国时期的经典民法学教科书。而戴修瓒所著《民法债编总论》和《民法债编各论》两书，则为戴氏"将历年讲稿，按照我国现行法律，及现代法学思潮，增删修订"〔2〕之后得以成书。另，这些理论性著作，对具体民法问题的分析，亦往往会辅以民法条文的释义或法条检讨，抑或与德、日、瑞等国民法相比较。

此外，随着法学的发展，中国近代的法政杂志渐次增多，在民国时期出版的各类法政杂志上，民国民法学家发表之民法论文亦复不少。该类论文，较之民法著作，其对民法相关问题之探讨，相对集中且更为深入。其或对民法学中的基础性概念与民法原则进行界定，或对微观层面

---

〔1〕蔡元培："再版原序"，载黄右昌：《罗马法与现代》，何佳馨点校，中国方正出版社2006年版，第1~2页。

〔2〕戴修瓒：《民法债编各论》上册，上海会文堂新记书局1936年版，"例言"，第1页。

的民法问题进行剖析。当然也不乏论者结合民法判例，从法理上析其得失，或结合法律文本，阐发法律条文之具体涵义，甚或检讨立法缺陷，提出立法改良之精见等，兹处不一一赘述。

最后，综览表3.1可以发现，民国时期各民法学家所产出之民法著述，其在数量上甚不平衡，有的著作等身，有的则寥寥无几，但数量并非衡量其学术水平和理论贡献的唯一标准。有些民法学家，虽然成果数量不丰，但质量上乘。如芮沐晚年在接受访谈时指出：陈瑾昆和刘志敭二位，“都是完完全全的书生，专心做学问的。依我的看法，他们在当时民法学界是一流的学者，他们的著作比较有权威性，不过他们的著作都不多”。〔1〕而被誉为中国民法学奠基人之一的王伯琦，1936年在法国留学5年之后，取得了巴黎大学法学博士学位（Dr. endroit）。1939年至1945年执教于国立云南大学，1949年任职于教育部和广州中山大学。解放前夕去台，1950年至1954年任职于台北“教育部”，之后任台湾大学教授直到去世。他的学生评价他的作品：“写得很少、但是每篇文章都值得读。”〔2〕

总体而言，民国民法学家所产出之民法论著，其数量甚为可观，其中也不乏经典之作。但毋庸讳言，这些民法著作，亦存在一些明显的缺陷，如论述中雷同处较多，且侧重条文注释，理论方面的日本化和体例上的教科书化仍比较严重。这均与当时中国法学的幼稚性有关。〔3〕然而，民国时期民法学家群体的学术研究活动仍应得到肯定。他们的著作毕竟形成了相当系统化的民法学理论体系，不仅彰显出民国时期中国民

---

〔1〕范忠信、陈景良主编：《中西法律传统》第3卷，中国政法大学出版社2003年版，第413页。

〔2〕参见［德］何意志（Robert Heuser）：“作为民国时期立法的维护者——王伯琦”，刘飞译，载米健主编：《中德法学学术论文集》第2辑，中国政法大学出版社2006年版，第127页。

〔3〕民国时期著名法学家蔡枢衡曾多次对这种现象进行检讨，并将其时之法学文化批评为“翻译文化”、“移植文化”、“讲义文化”、“教科书文化”和“解释法学文化”。参见李贵连：《近代中国法制与法学》，北京大学出版社2002年版，第223页。

法学理论研究所取得的成就，而且也为今天中国民法学的理论转型和发展奠定了一定的知识基础。

四、民国时期民法学家的司法实践活动

在英美法系国家，我们可以发现一个有趣的现象——大法官几乎都可以称之为法学家。像英国的丹宁勋爵，美国的霍姆斯、卡多佐、弗兰克、波斯纳等，不仅是优秀的大法官，而且还是举世闻名的法学家。他们既具有丰富的司法实践经验，又具有极高的法学素养和极富创见性的法律思想。[1]此中缘由，主要是英美法系国家的很多法官都是由从事法学研究、法律实践多年的学者或律师中遴选产生，这也就促成了英美法系国家法官兼学者这一现象的出现。但是在大陆法系国家，司法实践一般被认为属于从事法律实际工作的司法官和律师这两大法律人群体的职业活动，法学家的贡献主要在于研究和探索复杂的法律问题，并提出解决问题的新理论和新方法，为司法判决提供指导。例如在法国，司法特权制度的早期发展“割断了法官与法学家之间的紧密联系”；[2]在德国，法学家的学术论著虽然受到律师以及法官的推崇和援引，从而使得法学家与司法实践发生密切关联，但德国的法官和法国、意大利等欧洲大陆国家一样，均为职业型法官，由学者转任法官的现象，尚较为罕见。

就中国近代而言，其法官选任制度具有典型的大陆法系国家的特点。不过自清末迄至民国，则有一个颇为引人注目的现象，许多法学家亦有着担任司法官或执业律师的经历。具体到本书所讨论之民法学家，

---

〔1〕 如美国最高法院大法官法兰克福特（Felix Frankfurter）曾指出：“最高法院大法官除了必须是获得法律职业博士和经验丰富的律师，最重要的品质还应具备：哲学家、历史学家、预言家的品质。”他在谈及霍姆斯和卡多佐时特别强调，“他们是思想家，更重要的是，他们是法哲学家”。［德］傅德：“德国的司法职业与司法独立”，载宋冰编：《程序、正义与现代化：外国法学家在华演讲录》，中国政法大学出版社1998年版，第146页。

〔2〕［美］H. W. 埃尔曼：《比较法律文化》，贺卫方、高鸿钧译，清华大学出版社2002年版，第99页。

亦可发现，不少人均有着参与司法实践活动的职业经历，这些经历无论是对于其民法学研究还是教学活动，均产生了一定的积极影响。

中国近代法学家出任司法官员，民初已不乏其例。如清末即负有盛名的法学三杰，安徽宿松籍的熊元襄（1883～1924年，字燮恒），熊元翰（1873～1950年，字砚恒），熊元楷（1881～?，字矩恒）三兄弟，是清末民初妇孺皆知的知名法学家。他们整理出版的京师大学堂法科笔记，构成了中国现代法学的“元代码”。他们组织成立的安徽法学社，为引介西方法学著作、传播现代法学知识做出了卓著的贡献。但三人均具有担任司法官的经历。熊元襄于宣统元年（1909年）以第一名的成绩毕业于京师大学堂法科后，历任清朝法部佥事、刑事司代理司长，不久东渡日本任留学生监督处总务科长。回国后任刑事司司长兼甄拔律师委员会委员。民国成立后，又任北京地方检察厅厅长，兼法官考试委员会审查员。继而调任安徽省检察厅厅长、审判厅厅长。熊元翰为熊元襄的长兄，光绪二十九年（1903年）中举。初任吏部主事，后考入京师大学堂法科，以优等成绩毕业，历任京师地方审判厅推事、民二庭庭长。民国建立后，仍为北京地方审判厅厅长。熊元楷为熊元襄的仲兄，京师大学堂法科优等毕业生。历任江苏吴县初级检察厅检察官、直隶第二高等检察分厅检察官。民国成立后，任河北省高等审判厅推事、上海检察厅检察官，并兼任法官考试监试委员。[1]熊氏三兄弟皆以优异成绩毕业于京师大学堂法科，又同在京师和地方担任检察官和审判官，故深谙法学理论和当时的中国司法实践，可视为清末民初法学家参与司法实践的典范。

进入民国之后，在民初大理院担任推事者，有许多具有极高的法学素养，而民国民法学家中，亦有不少人有在大理院担任推事或院长的经

[1] 熊良工：“法学三杰：熊元襄、熊元翰、熊元楷”，载熊元襄整理：《刑事诉讼法》（［日］冈田朝太郎口授），吴宏耀点校，中国政法大学出版社2012年版，第165～166页。

历。据统计，在民初大理院担任过院长或推事者，计有76人，而其后跻身于本书所列民法学家者，系有王宠惠、朱献文、李怀亮、余棨昌、林鼎章、胡诒谷、洪文澜、夏勤、高种、张志让、陈瑾昆、刘志敭、刘含章、刘钟英14人。〔1〕

民国初年，因法制未备，〔2〕司法官员审理案件时，每苦无所依循，"将援用旧律欤？已为时代与潮流之所不许；将欲准据新法律欤？然而草案则有之，未足与言法典也。在此过渡时期，大理院之判决例，遂为全国法界所信崇"。〔3〕民初大理院推事们审理民事案件，其资以为裁判之法律准据者，主要为"现行律民事有效部分"，〔4〕但"现行律民事有效部分"仅寥寥数十条，且大部分为亲属继承之条文，关于债权物权之规定甚少。这导致大理院推事们在审理案件时，于适用法律无所依循。为济法穷，大理院便"于适用旧律外，则饰词依据民事通例，实则援用民律草案，浸假判例渐多。民国四、五年后，大理院之判例，法院及诉讼当事人，已视为有法律上之效力"。〔5〕大理院之判决，其中关于民事之部分，所载案件，在审理当时，大多未有成文法令可为依照，纯系采

---

〔1〕参见黄源盛：《民初大理院与裁判》，台北元照出版有限公司2011年版，第64～82页。

〔2〕依据1926年调查法权报告书，我国民初之法制，主要有以下三种缺陷：①根本法律（宪法）之不存在；②立法之不规则；③法律之不备。参见杨日然："清末民初中国法制现代化之研究——国民政府改革法制之背景及经过"，载杨日然：《法理学论文集》，台北月旦出版股份有限公司1997年版，第287页。

〔3〕张远谋："论判决例之效力"，载《法律评论》1934年总第531期。

〔4〕所谓"现行律"，即沈家本1905年主持修订的《大清现行刑律》。而"现行律中规定各条"，则指沈家本在《大清现行律·奏疏》所称"不再科刑"各条。这些从刑事规范中剥离出来不再科刑的民事条款，同时并入原户部则例中的户口、田赋等条款，由民初司法部合编为一体后，一般称为"现行律民事有效部分"。参见张生：《中国近代民法法典化研究》，中国政法大学出版社2004版，第117～119页。另，关于《大清现行刑律》编纂过程中的"不再科刑"之实质与考证，可参见陈新宇："'分别民刑'考——以《大清现行刑律》之编纂为中心"，载台湾中国法制史学会、"中研院"历史语言研究所主编：《法制史研究》2006年第10期。

〔5〕刘陆民："中华民法之沿革与精神"，载《法学丛刊》1930年第1卷第5期。

取法理而为之。民庭推事们通过其审理之民事案件，创设了诸多民事判决例，而判决例中具有普遍规范效力之部分，又从判例全文中析出，形成判例要旨。[1]就其判例要旨和判决理由而言，已可见理案推事们具有极高的民法学素养。大理院能在行使司法裁判权之同时，兼行法律创制职能，与诸推事皆为学者型法官有密切关联。

前揭之民法学家在大理院担任推事期间，亦审理过不少民事案件，并著有诸多民事判决例，下面试择两例扼要分析如下：

判决例之一

池锄等与池陈氏损害赔偿上告案（大理院三年上字第四四八号）[2]

[判例要旨] 凡以侵权行为损害他人权利者，应负赔偿之责，至其赔偿之标准如何，则不外由审判衙门查其实际上之损害，并其事由是否归责于加害人，衡情以定其数额之多寡。

身体上之损害，虽不能如财产之可以金钱计算，惟法既许被害人可以请求金钱之赔偿，自得由审判衙门斟酌被害人受害情形，定加害人赔偿之责任。

判决

上告人池锄　福建古田县人，年四十一岁，业农，住省城衣锦坊柴房

池粟　年三十八岁，籍贯、住址、职业同上

被上告人　池陈氏

右上告人对于中华民国二年十二月三十一日福建高等审判厅就该上

〔1〕自民国元年（1912年）至民国十七年（1928年），大理院共受理民事案件25 000件，刑事案件35 000件。而25 000件民事判决书中，又有1757件被著为民事判决例。参见黄源盛：《民初法律变迁与裁判（1912～1928）》，台湾政治大学2000年印行，第93页；张生：《民国初期民法的近代化——以固有法与继受法的整合为中心》，中国政法大学出版社2002年版，第65页。

〔2〕黄源盛辑：《大理院民事判例全文汇编》第6册，台湾政治大学基础法学研究中心藏，第11～15页。

告人与池陈氏等因损害赔偿一案所为第二审判决声明上告，经本院审理，判决如左：

主文

本案上告驳回。

理由

上告意旨略称：此案涉讼七年，上告人等羁身囹圄，谋生无计。家产早已用尽，幸逢大总统赦令得以释放，方冀赔偿一层可从轻减。乃被上告人贿嘱书吏徐承恩，诓骗族长池团祥出具切结，致高等审判厅判出洋一千元，不知被上告人所开各非远祖祀田或公房产业，并有已经出卖者，上告人实无力缴此千元，所断难以甘服云云。

被上告人答辩意旨略称：此案刑事问题已经大赦，自不必论。至赔偿一节，上告人诿称无力给付，不知其所有家产已由承发吏切实查明，并经上告人族长具结，承认赔偿千元，委系上告人力所能及，上告显无理由云云。

本院按民法法理，凡以侵权行为损害他人之权利者，应负赔偿之责，其赔偿之标准如何，则不外由审判衙门审查其实际上之损害，并其事由之是否须归责于加害人，衡情以定其数额之多寡。若其数额适法断定，而加害人实属不能为给付，则系执行法上问题，与其应负之责任系属二事，不容相混。身体之损害，虽非如财产之可以金钱计算，唯法既许被害人可以请求金钱之赔偿，自应由审判衙门斟酌被害人受损情形，令加害人负赔偿之责任，而其既定之数额亦不许加害人空言请求减免。本案上告人等剜伤被上告人之夫池仕潮及其夫弟仕湖，致成残废，现其家属因二人不能为劳务，生计艰难，是上告人所为委系情不可恕，在被上告人尤非得相当之赔偿以为慰藉不可。原审因判令上告人赔偿洋一千元，其为允洽，自不待言。兹上告人乃以无力缴款为词，以希冀减免，实属不合。且即以上告人产业论，查原审饬吏调查之报告书，有该单亲向族长池团祥（即池土胞叔）及房长等一一质问分明，并取具该族长房切结等语，是上告人等家产不能谓并未查明。上告人于受原审判决以后，始谓此报告书为贿嘱，并谓族长花押系诓骗而得，有池团祥之声明书可以证明，无论池团祥等之声明书不能遽认为真实，即使属实，亦属事后空言反悔，上告审中决无审究之余地，是上告人之上告显无理由。

据上论结，应认上告为无理由，应即驳回。至本案上告系空言攻击原判，无法律上理由，终应驳回之件，依本院现行事例得为书面审理，故本判决以书面审理行之，特为判决如右。

中华民国三年六月二十三日
大理院民事第二庭
审判长推事余棨昌
推事胡诒谷
推事李祖虞
推事孙巩圻
推事李怀亮
大理院书记官刘世瑗

该案为侵害身体权之民事诉讼。理案司法官包括审判长余棨昌，推事胡诒谷、李怀亮等人。被害人就侵身之损害提出赔偿请求，推事们依据侵权行为法理，认为侵害人身权应属于侵权行为，侵权人因就该等侵害承担民事赔偿责任。不过在赔偿责任的认定上，一方面应该查明其身体所受之损害，与侵权人之侵害行为是否存在因果关系，若系侵权人之过错造成，因根据侵权人之过错程度明确其赔偿责任；另一方面，人身损害赔偿之数额，与财产损害不同，应由审判部门斟酌被害人受损具体情形加以确定。该判例要旨严格按照侵权行为的构成要件，创制了人身损害赔偿的裁判规则，同时判决理由还着重强调，民事判决的执行问题，与侵权人的责任承担问题，系属二事，不容混淆。

判决例之二

洪徐氏与宋振吕就洪述祖杀人一案所为私诉上告案（大理院八年私

诉上字第七七号）〔1〕

［判例要旨］慰藉费固为广义赔偿之性质，究与赔偿物质有形之损害不同。赔偿物质有形之损害，例如医药、殡葬、扶养等费皆是；而慰藉费，则系以精神上所受无形之苦痛为准据。若仅就被害人或其家属精神上所受无形之苦痛判给慰藉费，自应审核各种情形，例如被害人之地位、家况及与该家属之关系，并加害人或其承继人之地位、资力均应加以斟酌。

判决

私诉上告人　洪徐氏，洪述祖之继续诉讼人，江苏武进县人，京寓教育会夹道门牌十号，年三十岁。

右代理人　傅柏山律师

私诉被上告人　宋振吕，湖南桃源县人，京寓皮库胡同门牌十五号，年十八岁。

右代理人　萧篁律师

右上告人对于中华民国八年三月三十一日京师高等审判厅就洪述祖杀人一案所为私诉第二审判决声明上告，本院审理，判决如左：

主文

原判撤销。

本案发交京师高等审判厅民事庭迅予更为审判。

理由

按民事条理："生命系人格权之一种，人格关系被侵害者，被害人或其家属，得请求赔偿损害与慰藉费。"此历经本院著为判例者也（参照本院七年私诉上字第二六号判决）。本案被上告人故父宋教仁，系由上告人之夫洪述祖教唆杀害，业经公诉判决确定在案，被上告人因父被害，对于上告人请求赔偿损害及慰藉费，自系无可卸责。上告论旨乃谓

〔1〕黄源盛辑：《大理院民事判例全文汇编》第6册，台湾政治大学基础法学研究中心藏，第124～126页。

慰抚由感情而生，上告人与被上告人既无感情，即无慰抚可言，未免误会。惟查慰藉费固为广义赔偿之性质，究与赔偿物质有形之损害不同。赔偿物质有形之损害，例如：医药、殡葬、扶养等费皆是；而慰藉费，则系以精神上所受无形之苦痛为论据。本案被上告人在原审就损害赔偿及慰藉费皆有请求，原判既谓被害人之家属可就埋葬、扶养等费之适当限度内请求赔偿，是对于被上告人主张赔偿损害一部，原非全行驳斥。而其判令上告人给付之抚慰费，是否赅括被上告人应受之赔偿损害及慰藉费而言，语意殊不明了。若果仅就被上告人精神上所受无形之苦痛判给慰藉费，则其数额既难以金钱计算，自应审核各种情形以为标准，例如被害人之地位、家况及与该家属之关系如何，固最宜注意，而加害人或其承继人之地位、资力如何，亦应加以斟酌。若果并就被上告人父遇害后，该家属得请求之抚育等费而言，则其物质上所受有形之损失若干，亦不能不依法调查认定。乃原判仅据被上告人之代理人所称漂流沪上、家景萧条一语，遂将给付额数率予断定，于法殊未尽合。上告论旨谓原审所判数额未加调查，无所根据，尚难谓为毫无理由。

依上论结，本案上告尚非全无理由，应将原判撤销，发还原厅民事庭迅予更为审判。至本件上告系因原审认定事实未尽合法，应予发还更审之件，故依本院现行事例，用书面审理，特为判决如右。

中华民国八年十二月三十一日

大理院民事第四庭

代理审判长推事林鼎章

推事陈瑾昆

推事孙巩圻

推事刘含章

推事郑天锡

大理院书记官陈敬绎

本案为民初轰动一时之宋教仁被刺一案所引发的民事诉讼案件。宋教仁之子宋振吕就加害人侵害其父生命权，提出民事赔偿请求，该请求中包含了慰藉费，即精神损害赔偿。案件上诉至大理院后，第三审理案推事包括审判长林鼎章，推事陈瑾昆、刘含章等人。慰藉费一节，为我国固有法中所无，《大清民律草案》亦仅对其作出过概括性规定而已。[1]理案推事们依据欧陆民事法原理，认为侵害他人生命即侵害人格关系（此时尚未使用人格权这一概念），被害人或其家属，可以提起物质上之有形损害和精神损害之赔偿请求。慰藉费就其性质而言为慰藉无形的精神痛苦，而非物质上有形之损害赔偿。其适用对象不仅包括被害人，还包括被害人的家属。不过精神损害赔偿费额之确定，应综合考虑各种情形，如被害人和加害人的社会地位、经济状况，以及被害人与其家属的关系等，斟酌后加以确定。就该案判例要旨而言，其一方面明确了慰藉费之性质，另一方面亦就慰藉费之确定应考量的各种因素，作了详尽的说明。此判例要旨将人格权侵害与一般的侵权行为加以区别，为民初人格权侵害案件中的精神损害赔偿问题，确立了一个相对完善的裁判规则。

在以上两判决例中，裁判者精湛的民法学素养，得到了充分的展现。此外，在民初司法活动中，有着较为突出表现者，还有以下三人必须提及。

余棨昌于 1914 年调任大理院推事兼庭长，1923 年 2 月起任大理院院长直至 1927 年。余棨昌长期任职于大理院，曾审理了大量民事案件，其主持制定的判决书，法度严谨，而其创设之判例要旨，同样具有极高的司法水准，部分在今天的台湾地区仍然没有废弃，可以作为司法例或法理直接援用。

---

〔1〕《大清民律草案》第 51 条规定："人格关系受侵害者，得请求屏除其侵害。前项情形以法律特别规定者为限，请求损害赔偿或慰抚金。"潘维和：《中国历次民律草案校释》，台北汉林出版社 1982 年版，第 160 页。

陈瑾昆于1917年9月任奉天省高等审判厅推事，由于表现突出，不久擢升为审判厅庭长。1918年4月奉派赴日本考察司法，1918年12月回国后调任新成立的修订法律馆纂修。1919年初任大理院推事，兼任司法讲习所讲师。1920年任司法部参事。1923年起，任大理院推事庭长至1928年止。谈及自己的这段经历，他曾在自述中称："我平生志愿，只是'法律报国'，出仕只在司法方面，至民十七年止，任大理院庭长已满五年，可谓会掌国家生杀（刑）予夺（民）之大权，司法官已登峰造极。"〔1〕在大理院任庭长期间，为维护司法独立，他曾力拒院长姚震干涉司法审判。〔2〕

戴修瓒在1916年至1924年间，历任北洋政府司法部佥事、总检察厅检察官、京师地方检察厅检察长等职。在其担任京师地方检察厅厅长期间，时任北京临时政府执政的段祺瑞，在北京制造了震惊全国的"三·一八惨案"。戴修瓒为伸张正义，怒而出具法庭传票，票传段祺瑞到庭受审。后段祺瑞下令逮捕戴修瓒，戴修瓒有幸脱逃。〔3〕

进入南京国民政府时期，部分曾在北洋政府担任推事或检察官职务者，继续为南京国民政府所留用，而由法学家转任司法官者，亦不乏其例。该两类人中，包括不少本书所涉及之民法学家。

如林鼎章毕业于京师法律学堂后，曾任京师法官养成所教务长、京师地方审判庭推事、京师高等审判厅推事、庭长、大理院推事等职。南京国民政府成立后，又于1928年12月18日署、1929年8月12日任国民政府最高法院庭长。他担任法官期间，对司法判词有一种特别的偏好，据其后人回忆：

---

〔1〕陈瑾昆："我的希望"，载《文萃》1946年第2期。

〔2〕参见彭正湘、余昭绪："陈瑾昆，单骑赴延安"，载《湖南党史月刊》1991年第10期。

〔3〕参见周艾从："忆戴修瓒"，载中国人民政治协商会议湖南省常德市委员会文史资料研究委员会编：《常德市文史资料》第4辑，1988年印行，第153页。

他一度不用一般散文写判词，而试着用八股文这种科举制度下的考生必须掌握的古怪文体来写，尽管这样做带有玩票的性质。八股文不仅规定了文章的基本结构，而且要求在字句长短、用词乃至音韵上的某种对称。可以想象，要以这种文体来写判词该有多难，就好像戴着手铐脚镣来跳舞。这种司法专业与过时的八股文写作的奇特结合，似乎说明了一种向现代化转变中的过渡的趣味或心理。不过，父亲很喜欢写判词。……父亲在北京当法官时常把案卷带回家，在夜里写判词。我也记得，十年后他在南京政府做最高法院法官时，也常常如此。我还记得父亲和他的弟弟经常面对面坐在桌旁讨论判词的用词，直到深夜。这当然显示了他工作非常勤奋。但我估计父亲对于法律，除了其实用价值之外，还将其作为研究领域，从而逐渐发展出对专业本身的热忱。〔1〕

民法学家柯凌汉也有兼事司法工作的经历，其中有一段时间是专任的。最初是在闽侯地方法院，继而在福建高等法院分院，最后到最高法院；历任检察官、首席检察官、推事、庭长、院长等职务。他在法界工作达20多年，对于检察事务、审判工作，以及司法行政工作，都有丰富的经验。1948年南京解放前夕，他辞去最高法院推事职，回本省任教。〔2〕

民国时期，民法学家的司法官经历，大致可别为以下几类：其一，在担任司法官期间兼事法学研究与法学教育；其二，早期主要担任司法官职务，后来弃职而专事法学教育与法学研究；其三，主要从事法学教育与法学研究，但又有或长或短的一段时期担任司法官。这种情形的出现，至少凸显了以下事实：民国时期，由于高素质法律人才供给不足，

〔1〕林同奇：“林氏家风——中国士大夫传统现代转化一瞥”，载邵建编：《思想者4：一个世纪的人与事》，青岛出版社2008年版，第94页。

〔2〕参见林庆垚：“民法学家柯凌汉”，载中国人民政治协商会议福建省长乐县委员会文史资料工作组编：《长乐文史资料》第2辑，1986年印行，第119页。

学者与司法官之间的职业流动具有某种开放性，法学教授被遴选为司法官之现象尚较为普遍。[1]但法学家为何热衷于出任司法职务，则可能有多种解释。笔者以为，这或与其“司法救国”理念有关。[2]当然，这种司法工作经历，对其个人的法学教育与研究，仍不无裨益。如柯凌汉的法学教学和研究，成绩斐然。他教学循循善诱，充实生动，很能吸引学生；他的著作，立论新颖，论证充分，尤能吸引读者阅览的兴趣。这一切与其兼任司法工作，或专任司法行政工作的实际经验是分不开的。[3]

民国时期民法学家们参与司法实践的另一种情形，则是从事律师工作。法学家或法学教授兼事或以专职身份执律师业务，早在民初即已出现。民初的律师从业人员，主要有以下三个来源：第一，大学法科或专

〔1〕 南京国民政府行政院1932年11月19日颁布的《法院组织法》第三十二条规定：“推事及检察官非有下列资格之一者不得任用：一、经司法官考试及格，并实习期满者；二、曾在公立或经立案之大学、独立学院、专门学校教授主要法律科门二年以上经审查合格者；三、曾任推事或检察官一年以上经审查合格者；四、执行律师职务三年以上经审查合格者；五、曾在教育部认可之国内外大学、独立学院、专门学校毕业而有法学上之专门著作，经审查合格并实习期满者。”曹义孙、胡晓进编著：《三十年中国法学教育大事记：1919～1949》，中国政法大学出版社2011年版，第145～146页。

〔2〕 这方面的一个典型代表是吴经熊。他于1927年1月1日被江苏省政府任命为上海公共租界临时法院民庭推事。他在接受任命当天给霍姆斯的信中写道：“我将有大量机会来做法律领域创造性的工作了。我可以试着将中国法律霍姆斯化了！”1928年，吴经熊出任上海公共租界临时法院首席推事，不久便任代理院长一职。上诉院成立后，复以代理院长身份兼任刑庭庭长。1929年又晋升为上海特别高等法院院长，直至该年秋天辞卸司法工作受邀前往美国讲学。事实也证明，吴经熊在上海的司法实践，因其高质量的法律审判工作确确实实地赢得了中外的崇高声誉。正如他自己所言：“1927年是我公共生活最快乐的一年。我的裁决得到中外报刊的良好评价。我感到，我正在用自己的法学观点塑造中国法律。在一个牵涉到国际法里面某一点的案例里，我抓住了机会制定一个重要的原则：‘国际法（the Law of Nations）是中国地方法（the municipal law of China）的一部分’。在另一个与成衣业有关的案子里，一家美国报纸报道案情进展时用的标题是‘所罗门王坐在审判席上’（Solomon Sits in Judgment）！一家中文报纸称我为‘吴青天’。”吴经熊：《超越东西方：吴经熊自传》，周伟驰译，社会科学文献出版社2013年版，第88～89页。

〔3〕 参见李乡浏：“柯凌汉”，载中共福州市委宣传部、福州市社会科学所主编：《福州历史人物》第7辑，1993年印行，第124页。

门学校的毕业生；第二，各大学法科以及法律专门学校的教师；第三，曾在司法部门任职，后因种种原因退职转业为律师者。[1]如朝阳大学校长汪有龄[2]、江庸等人，皆有从事律师职业的经历。黄右昌亦于1924年加入了北京律师公会，在《北京律师公会律师名簿》中，赫然可见其名。[3]南京国民政府成立之后，法学教授兼职或以专职身份执律师业之现象，愈发普遍。[4]在当时上海的律师群体中，至少有这样几类人有别于一般的从业律师：其一为官僚律师，其二为学者律师，其

---

〔1〕 参见徐家力：《书山有路：徐家力法学学位论文集》，上海交通大学出版社2013年版，第106页。

〔2〕 汪有龄在担任朝阳大学校长期间，经营校务之余，以担任法政法律学堂教员5年以上的经历取得律师资格，1913年加入北京律师公会，在京执律师业。1927年因事转赴上海，并在上海开设律师事务所，从事律师职业活动。参见邱志红："朝阳大学法律教育与北京律师的养成"，载朝阳法律评论编辑委员会编：《朝阳法律评论》第1辑，中国华侨出版社2009年版，第320页。

〔3〕 参见邱志红：《现代律师的生成与境遇：以民国时期北京律师群体为中心的研究》，社会科学文献出版社2012年版，第80、82页。

〔4〕 法学教授得以兼事律师职业，与民国时期的律师任职资格对他们较为宽松有关。他们凭借国内外所获得之法学文凭，或既有之司法官资格，或高等法学院校法学教师之任教资历，可不经考试或仅经审查程序取得律师任职资格。民国元年（1912年）9月16日颁布的《律师暂行章程》第四条规定："有下列资格之一者不经考试得充律师：一、在外国大学或专门学校修法律之学三年以上得有毕业文凭者；二、在外国大学或专门学校修法政之学三年以上得有毕业文凭者；三、在国立公立大学或专门学校修法律之学三年以上得有毕业文凭者；四、依法院编制法及其施行法曾为判事官、检事官或试补及学习判事官检事官者；五、在国立公立私立大学或专门学校充律师考试章程内主要科目之一之教授满三年者；六、在外国专门学校学习速成法政一年半以上得有毕业文凭并曾充推事、检察官、巡警官或曾在国立公立私立大学或专门学校充律师考试章程内主要科目之一之教授满一年者；七、依本章程充律师后，经其请求撤销律师名簿内之登录者。"南京国民政府1941年1月11日公布之《律师法》第一条规定："中华民国人民经律师考试及格者得充律师。对于具有左列资格之一者，前项考试以检复行之：一、曾任推事或检察官者；二、曾在公立或经立案大学独立学院专门学校任教授副教授讲师，讲授主要法律科目二年以上者；三、有法院组织法第三十三条第四款或第三十七条第五款之资格者。前项检复办法，由考试院会同司法院行政院定之。"徐家力、吴运浩编著：《中国律师制度史》，中国政法大学出版社2000年版，第267~268、277页。

三为文人（报人）律师，其四为“挂牌律师”。在上述之学者型律师中，就包括民法学家潘震亚、张志让等人。[1]

据前章表2.1可知，62名民国民法学家中，有律师职业经历者，不少于21人。下面试就若干民国时期民法学家执律师业之典型事迹，扼要分述如下：

余棨昌在朝阳大学任教时，于1933年左右兼任过一段时间的律师职务。[2]其曾在施剑翘刺杀孙传芳一案中为施剑翘义务辩护。“七·七”事变后，余棨昌拒任伪职，只稍事律师业务以维持生计。抗战胜利后，仍以教书及律师为业。[3]

戴修瓒在民国时期的律师界颇负盛名。他在从教之余，多年来一直从事兼职律师工作，并代为辩护了民国时期的多起要案。“七·七”抗战前夕，蒋介石悍然逮捕沈钧儒等救国会“七君子”，戴修瓒愤然为之任义务辩护律师，慷慨陈词，力辩无罪，直至他们获释出狱。[4]1945年5月5日，国民党重庆地方法院审理了一起当时轰动全国的要案——“高秉坊贪污案”。高秉坊在孔祥熙任国民政府工商部部长（后改为实业部）期间，任总务处处长。他为人戆直，处事干练，能知人善任，但因开办税训班一事得罪CC系头目陈果夫，中统特务遂捏造虚假证据，诬控其犯贪污罪。该案一审判决“高秉坊连续意图得利，截留公款，处死刑，褫夺公权终身”。后高秉坊改请时任中央大学法学系系主任的戴

---

〔1〕这些学者律师，部分人与官僚律师有所重合，有些人既在政府任过官，后来也在大学任教。参见陈同：《近代社会变迁中的上海律师》，上海辞书出版社2008年版，第250～253页。

〔2〕参见邱志红：“朝阳大学法律教育初探——兼论民国时期北京律师的养成”，载《史林》2008年第2期。

〔3〕参见余樾：“余棨昌先生简况”，载熊先觉、徐葵主编：《法学摇篮：朝阳大学》，北京燕山出版社1997年版，第85～86页。

〔4〕参见张礼斌、周国忠主编：《常德德山山有德》，湖南人民出版社2005年版，第129页；周艾从：“忆戴修瓒”，载中国人民政治协商会议湖南省常德市委员会文史资料研究委员会编：《常德市文史资料》第4辑，1988年印行，第153页。

修瓒担任二审辩护律师。戴修瓒详查法院案卷，并代撰辩护状驳斥伪证，力辩高秉坊无罪。[1]

陈瑾昆于 1928 年卸去法官之职后，专任北平大学、北京大学、朝阳大学教授，并兼执律师职务。他做律师很有原则，拒受贪污毒品辩护案件，在法律界享有盛誉。[2]其“挂牌经济律师，专受京津两地经济案件的辩护，拒理一切政治纠纷，以免卷入是非漩涡”。[3]北平沦陷后，由于大学停办，他只得挂出一块“经济律师”的牌子，受理北平、天津两地的经济案件，以获取酬劳，维持生计。[4]

李宜琛于 1945 年重新回到北平。由于当时政府规定北平日伪时期的律师一律不准执业，律师界人才匮乏，故李宜琛得有机会专职从事律师工作，同时兼任北平朝阳大学、天津法商学院教授至 1949 年。期间代理过一系列重大案件，如金碧辉（著名日本女间谍川岛芳子）案、张洁清的伯父案、京剧大师马连良案，以及李万春案等汉奸案件。因在律师界表现突出，李宜琛从律师界进入政界，当选为民国的国大代表和北平市参议员。[5]

吴传颐于 1940 年左右在云南昆明律师公会登录执业。[6]1947 年 5 月，他参与积极营救在“反饥饿、反内战、反迫害”运动中被捕的学生，接受“营救委员会”的委托，担任朱成学、华彬清、李飞三位被捕学生的辩护律师，写出义正词严的“辩护书”，要求国民党政府宣判三

〔1〕参见流水长：《中国律师史话》，改革出版社 1996 年版，第 276～280 页。

〔2〕参见中共党史人物研究会编：《中共党史人物传》第 82 卷，中央文献出版社 2002 年版，第 181 页。

〔3〕彭正湘：“法学家陈瑾昆”，载中国人民政治协商会议常德市鼎城区委员会文史资料研究委员会编：《常德县文史资料》第 6 辑，1990 年印行，第 295 页。

〔4〕彭正湘、余昭绪：“陈瑾昆，单骑赴延安”，载《湖南党史月刊》1991 年第 10 期。

〔5〕参见夏新华、肖海英：“再寻李宜琛”，载《华东政法大学学报》2011 年第 4 期。

〔6〕参见云南省水利水电厅编：《云南省志》卷五十七“司法志”，云南人民出版社 2001 年版，第 255 页。

人无罪。〔1〕

前一章已分析，民国时期法学家从事律师职业，其具体原因不一，但冀此一途以增加经济收入改善生计，是一个重要的原因。〔2〕故而其从事律师职业，尤其是以大学教授身份兼执律师业，固然可以带来丰厚的收入，〔3〕但亦难免招致一些非议。李祖荫在回忆文章中谈到20世纪30年代北京大学法律系时曾诟言，该系教师中，“律师派以诉讼为主业，讲学为副业，真是‘黄金万两’，腰缠累累，非律师派哪得不眼红，不羡慕，不嫉妒?”〔4〕这种现象，直至20世纪40年代仍未有改观。时任北京大学法学院院长的周炳琳在1946年8月29日致北京大学校长胡适的信中提到：“现在法学界中什（十）九都是有营业关系的”，“可见在生活压迫之下，有现成门路可走的多半不鄙弃此门路。”他在信中还提到张企泰。张企泰1937年夏就受聘于北京大学法学院，“未到校而抗战事起，心骛于战时临时工作，一再延期到校，到二十九年始到昆明，一开始即教书兼为律师，在昆不到两年又离去，来重庆就司法院事，兼中大教授，并兼为律师。弄得承认他兼为律师，只要他留昆明替联大教几点钟书，都留不住。”〔5〕但必须承认，这种充任律师的职业经历，为这些法学家们参与法律实践活动，创造了更多的机会。此外，他们凭借着自己的司法背景或学术背景从事律师职业，无疑对改变社会各界对律

〔1〕参见张生：“吴传颐先生学术年表”，载吴传颐编著：《比较破产法》，商务印书馆2013年版，第389页；李乾亨：“为社会主义法制建设作出奉献的吴传颐教授”，载中央大学南京校友会、中央大学校友文选编纂委员会编：《南雍骊珠：中央大学名师传略》，南京大学出版社2004年版，第151页。

〔2〕赵凤喈曾于1943年1月至1946年8月在昆明以西南联大教授身份兼职从事律师业务。谈及为何要做律师，赵凤喈坦言：“重要的原因当然是因为穷。”参见赵凤喈：“忏悔录之二：昆明律师实录（一）”，载《周论》1948年第1卷第15期。

〔3〕在西南联大时期，当时法商学院最令人羡慕的是芮沐教授，他因为兼任律师，收入颇丰。参见钟叔河、朱纯编：《过去的大学》，同心出版社2011年版，第346页。

〔4〕李祖荫：“北京大学点滴回忆”，载全国政协文史资料委员会编：《文史资料存稿选编》第24辑“教育”，中国文史出版社2002年版，第43页。

〔5〕周炳琳：《周炳琳文集》，北京大学出版社2012年版，第267～268页。

师界的负面观感，仍起到良性的促进作用。

小　结

就民国时期民法学家群体的法律职业活动来看，部分民法学家曾躬预立法，参与了《民国民律草案》的修订和《中华民国民法》的制定，促进了中国近代民事立法事业的发展；相当部分民法学家有在法学院系履职的从教经历，并以教授民法学为主，其为民法学知识在中国的传播，以及中国近代民法学人才的培养做出了重要贡献；绝大多数民法学家均能潜心于学术研究，且留下相当一批民法学著述，这批著述为构建中国近代民法学的知识谱系提供了重要的智力支持。此外，还有一个非常值得注意的现象，那就是许多民法学家都有过担任司法官员，或者从事执业律师的职业经历。这种司法实践活动，既丰富了他们自己作为一个法律人的职业生涯履历，又有利于消弭学术界和实务界之间的隔阂，并使得他们的民法学研究，能够有针对性地回应本土法律实践中存在的问题。最后，从民国时期民法学家群体的法律职业活动中，我们还可以推断出这样一个事实：民国时期，由于“法律职业内部角色”相对模糊，法学教授、法官与律师之间相互转任的现象非常普遍。共同的教育背景和共同的知识构成，使得这一群体的内部成员之间彼此之间存在着经常性的流动和相互关联。对于相当一部分法学家而言，法学家和法律家的“名分”是可以兼而有之的。一名法学教授可以既是法学家又是法律家，一名司法官或律师也可以既是法律家又是法学家。而当法学家成为法律家的时候，他可以将学术的主旨精神推入实践之中。当然，在今天我们依然可以看到这样的情形。然而，今天这种情形比起民国时期可能是有所不同的。因为，今天的法律职业内部分工更为清晰、更为明确。[1]

---

〔1〕 参见刘星：“民国时期的‘法学权威’——一个知识社会学的微观分析”，载《比较法研究》2006 年第 1 期。

第四章
民国时期民法学家群体的民法思想述要

前已述及，民国时期的民法学家群体，撰述了相当一批民法学论著。这批民法学论著，涵括了民法之界定及其发展趋势、民法之法源、民事法律行为、私权及其分类，以及物权理论及物权类型、债法原理及各种之债、亲属法、继承法等诸层面的理论问题。其涉及的主题虽然大同小异，但阐述的风格却各自有别。许多论著引入了欧陆民法学中的理论元素，并作了适当的学术“扬弃”和理论延展。当然，部分论著还围绕着中国近代之民事立法，以及域外法与本土固有民事法源之关系，提出了若干创见。由于各自学术背景和理论取向不同，部分民法学家也围绕着若干理论支点，展开过一些争鸣，而其个别层面的民法思想，则借争鸣在不经意间得以体现。

民国时期民法学家群体的理论著述及其蕴含的民法思想，是我们借以梳理中国近代民法学知识极好的参照性资料。通过对欧陆民法学的理论继受，个体状态的民法学家大多构建了一个基于其自身的知识谱系，这些自洽的或非自洽的知识形态，又以一种群体智慧的形式，汇聚成一个所谓“中国近代民法学”的知识谱系。目前在中国民法学界与法律史学界，对中国当代民法学的历史基础，尤其是对民国时期民法学家民法思想的溯源性探讨，至今仍少有学者置喙。笔者不揣浅陋，拟在本章对民国时期民法学家群体的民法思想进行一个脉络性的回顾与梳理，以期对民法学的知识积累和传承提供若干基础性助益。但由于所涉民法学论著卷帙浩繁，内容广泛，故只能围绕若干理论支点，取撷其论著中之学理大要，对其民法思想作扼要撮述。

一、民法基础理论相关民法思想

民国时期民法学家们在其撰述之关于民法原理或民法总则的相关论著中，对民法学的基础理论问题有过深入的阐发，就其内容而言，则主要涉及以下各点：

（一）民法的界定及其发展趋势

何谓民法？史尚宽认为："民法者，规定社会生活准则之法律也。"〔1〕李祖荫指出，民法即"规范吾人日常之生活与乎社会之生活的私法之一部"。〔2〕此之定义，略嫌宽泛。周新民则从权利和义务，以及财产权保护的视角，将民法界定为"规定吾人相互间的权利义务，而以保护个人财产权为主要目的的法律"。〔3〕较之于前三者，黄右昌的界定则更为全面。他指出，欲全面理解民法之内涵，应把握以下几点：第一，民法为规定人类私权关系的根本法；第二，民法为国内法；第三，民法含有社会法团体法之性质，系依据社会政策而立法（社会立法）；第四，民法大部分具有经济法之性质；第五，民法含有劳动法之一部分；第六，民法包括海法与空法；第七，民法含有原则法和例外法；第八，民法包括时际法和过渡法。〔4〕就民法在法律分类中的地位而言，黄氏认为：第一，"民法在普通法特别法类中为普通法"；第二，"民法在实体法（又名主法）程序法（又名助法）类中为实体法"；第三，

---

〔1〕 史尚宽：《民法总则释义》，上海法学编译社1936年版，第1页。

〔2〕 李祖荫："中华民国新民法概评"，载《法律评论》1930年第24期。

〔3〕 周新民：《民法总论》，上海华通书局1934年版，第3页。

〔4〕 参见黄右昌：《民法诠解总则编》上册，上海商务印书馆1946年版，第1～28页。所谓海法与空法，即领水主权与领空主权；原则法，则为适用一般的法律，例外法，则为以例外除去之法；时际法，即法律效力之关于时者，过渡法，则为因一时环境之需要而制定法令。参见同书第25～28页。

"民法含有固有法与继受法之成分"；第四，"民法含有强行法（又名命令法）任意法（又名容许法）之成分"；第五，"民法为成文法"。[1]

言及近代以来民法的发展趋势，胡长清将其概括为以下四点：其一，"所有权之限制"。限制所有权之具体方法，则包括"所有权客体之限制"和"所有权效力之限制"。其二，"契约自由之限制"。20世纪以来，"遂有限制契约自由之倾向"。此种限制，一为"由个人契约，进于集合契约"，二为"契约内容之限制"。其三，"无过失损害赔偿责任之确立"。无过失不负损害赔偿责任为罗马法上最大之原则。自19世纪以来，"因工商业之发达、大企业之勃兴、新交通机关之昌明，纵令企业者已为相当之注意，对于职业及第三人所生之危险，不但不能减免，且有逐渐增加之倾向"。为济其穷，学者们于是创设了无损害赔偿责任之说。其四，"遗产继承之限制"。"无论长子继承、均分继承，均非绝对完善之制度"。其弊端主要体现如下：一为"继承权源之不当"，二为"影响社会之健全"，三为"与民法公法化之精神不合"。限制遗产继承之具体办法，不外"遗产继承税之征收"和"遗产继承数额上之限制"两种。[2]

史尚宽的民法著作也浸透着浓厚的"社会本位"思想。他对现代民法发展之三大趋势，即所有权之限制、契约自由之限制，以及无过错责任之扩张亦有详尽阐述。其曰：近代"法律由个人主义渐趋于社会主义"，此种趋势即法律社会化。在此背景下，"所有权不可侵犯之观念，已不存在"，"无过失损害赔偿之责任渐以确立"，"意思自治及契约自由之原则，亦渐加以限制"。[3]关于契约自由之限制方法，史氏认为主

---

〔1〕黄右昌：《民法诠解总则编》上册，上海商务印书馆1946年版，第29～34页。

〔2〕胡长清：《中国民法总论》，中国政法大学出版社1997年版，第3～7页。本书属民国"大学丛书"之一种，为民国时期民法学经典教科书。其最初由上海商务印书馆1933年出版，至1935年已出至第四版，本书校订版之底版，为上海商务印书馆1935年之第四版，特此说明。

〔3〕史尚宽：《民法总论》，中国政法大学出版社2000年版，第68页。

要有以下五端：①“对于契约之内容，设一定法律上之限制”；②“已成立契约之内容，使依法律之理想而变更”；③“使定型化之契约，受国家之监督”；④“使定型化之契约约款，依经济力之均衡为自由之协定，以定其范围”；⑤“契约之强制订立”。〔1〕

胡元义对民法限制所有权之思想也有一定阐述。其曰：

> 现今之人，往往不问自己之需要与满足如何，务求独占多物，以表示一己之权威。或于世人正苦物资缺乏之时，而己独浪费。社会之和平，何能维持。且私有财产制度，毕竟以不抵触社会全体之幸福范围内，方有存续之意义。法律俾个人以私有其财产者，不仅为该一人之幸福。同时以社会全体之幸福为目标，而信托其财产而已。固其人若一旦违反信托之趣旨，即不符私有财产制之本义，而为违背信托，扰乱和平之人。……将来之立法，殊有为社会之需要，限制或剥夺个人之所有权，以供万人之公用。〔2〕

张正学和曹杰从以下两个方面阐述了他们限制契约自由的思想：其一，反对绝对的意思自治，主张对其加以限制。而限制意思自治，又应把握以下三个要点：①违反强制法规或禁止法规的行为无效。“强制法规与禁止法规，皆为强行法规，不许依当事人之意思表示以排除其适用”。②违背公共秩序和善良风俗的行为无效。“未直接违反法律强行之规定而缺乏社会的妥当性，违反社会共同生活之要件者，如法律予以保护，与法律以维持及促进社会为目的之义背驰，故亦不能有效”。③法律行为若为乘人之危或显失公平者，可许利害关系人“申请法院撤销其行为，或减轻其给付”。〔3〕其二，主张对契约内容加以限制。关于此

〔1〕史尚宽：《民法总论》，中国政法大学出版社2000年版，第68页。

〔2〕胡元义：《民法物权讲义》，国立武汉大学1933年印行，第1~2页。

〔3〕张正学、曹杰：《民法总则注释》，上海商务印书馆1937年版，第170、172、176页。

点，张曹两氏主张契约的内容不得违反法律的规定以及公序良俗，对利息利率应适当限制，典权约定的期限不能超过30年，不得施行或奖励公序良俗所禁止之行为，等等。[1]

（二）民商合一立法模式

清末由于受“先订商律”和贯彻“商战”思想的影响，加之该时期的民商事立法主要继受德、日两国，故采取了民商分立的立法模式。民国初年，民法的制定又被提上日程。因而，民商立法模式问题，再次引起中国法学界的热议。王去非力倡民商合一之立法模式，并撰文系统地表达了自己的观点。他认为：“商律为国内私法之一部，对于普通之民律法典，成为特别法，此为一般学者所公认”。“夫对于民律，别有商律之一大法典，其理由亟须说明。据吾辈见解，则谓商律法典之存在，仅本诸沿革之理由，非出于现今文明社会之所必要者”。德、法、英、日等国学者关于商法典之独立存在有以下四种学说：一是“民律乃一国固有之法，商律为世界大同之法，范围广狭，既有不同，则其组织，不能无异，万难相提并论，等量齐观，故民律法典之外，当然应有商律法典也”；二是“商律之规定，为日进的，民律之规定，为守成的”；三是“商人重信用，贵迅速，商律既以此为基础而制定，以期契合商事敏活之精神，故与他种法律，性质殊异，不能不独立存在”；四是“商律组织之法案，与民律组织之法案，比较观察，差异之点甚多”。他针对以上四种学说，从商法的适用、商法的历史发展和商法各编的编纂体例等方面进行认真考察，认为此“四种学说，皆不能阐明商律法典存在之理由，则商律法典不必存在”。[2]其倡议并未引起立法机构的充分重视，1925年的《民国民律草案》，仍承袭《大清民律草案》之立法模式，采取“民商分立”的模式。

---

〔1〕 参见张正学、曹杰：《民法总则注释》，上海商务印书馆1937年版，第170～175页。

〔2〕 王去非：“商律法典存废之将来观”，载《法律评论》1925年第109期。

南京国民政府制定民法典时期，民商立法模式问题，复又成为中国法学界讨论的一个焦点。史尚宽曾提到："民商两法是否合一，此为起草民法时所应首先解决问题之一。"〔1〕史氏力主采"民商合一"模式，并指出当时德国、意大利、法国、日本等国的学者，已盛倡民商两法合一之学说。1901年公布之《瑞士债务法》，已开民商法合一之端。大致归纳，史氏反对单独制定商法典之具体理由如下：其一，我国自汉初驰商贾之律以来，百姓之买卖钱债活动，并无民商之分，因此不存在单独制定商法典的必要。其二，针对反对者所提出的商法所定重在进步，民法所定多在固定，以及商法具有国际性，民法则否等观点，史氏认为法律的进步与否、修改与否与民商立法模式无关，民商合一，对于商事法规的国际化趋向，立法者也可酌量加以规定，并不因合一而失立法之运用。其三，旧时各国商法，以人为标准，凡商人所从事的活动均由商法加以规定，迨至后来，商法以行为作为标准，凡商行为，均由商法加以规定。但何谓商行为，有时在事实上难以认定，因此若要编纂商法典，其标准难以确定。其四，商法应规定之事项，原无一定之范围，因而划为独立之法典，属自取烦扰。其五，除若干特别情形，民法商法牵合之处甚多，无采取两法分立之必要。〔2〕

胡长清认为，就民商法统一之范围而言，"凡性质上能与民法合一规定者，如通常属于商人通例之经理人及代办商，通常属于商行为之交互计算、行纪、仓库、运送营业及承揽运送，均一一订入民法债编"，"其性质特异，不能与民法合一规定者，如公司、票据、海商及保险等，则分别另订公司、票据、海商及保险等特别法"。如此安排之理由，则不外以下四端：

(1) 因公司、票据、海商、保险等事项，商界习惯日新月异，

〔1〕史尚宽：《民法原论总则》，上海大东书局1946年版，第28页。

〔2〕参见史尚宽：《民法原论总则》，上海大东书局1946年版，第28~29页。

如订入民法法典，则修改困难，颇为不便；

(2) 海商法、保险法中大部分之事项，具有行政性质，如订入民法法典，则于学理上为不可通；

(3) 关于公司、票据、海商、保险等事项，我国已编有各种草案，只需就原案稍加修改，即可颁行，较之订入民法法典，轻而易举；

(4) 若必强将此等事项订入民法法典，则卷帙浩繁，检阅不便。[1]

(三) 民法法源

黄右昌将民法之法源分为制定法和非制定法两类。制定法包括法律、命令、自治法；非制定法则包括习惯、判例和法理。[2]胡元义则将制定法和非制定法易为成文法与不文法。不过他认为成文法中除前述法律、命令、自治法外，还包括条约。此外，他将判例排除于民法法源之外，认为“不文法而为民法之法源者，乃习惯法及法理”。[3]夏勤认为，就南京国民政府时期之民法来看，多数学者认为其法源有二：一为直接法源，一为间接法源。直接法源即成文法律，如民法法典、自治法规、国际条约；间接法源，则包含甚广，举凡宗教、道德、礼制、习惯、条埋、学说等，均属之。夏氏对此提出异议，认为前人之说多有不当，南京国民政府时期之民法法源，仅有法律、习惯和法理三者。其在论文中云：

如此主张，以之论一般民法，非不适当，苟以之论我国新民法，则不佞期期以为不可。窃以为我国民法之法源，当以条文中求之。其第一条曰：“民事法律无规定者，依习惯；无习惯者，依法

[1] 胡长清：《中国民法总论》，中国政法大学出版社 1997 年版，第 29 页。

[2] 参见黄右昌：《民法诠解总则编》上册，上海商务印书馆 1946 年版，第 35 ~ 39 页。

[3] 胡元义：《民法总则》，北平好望书店 1934 年版，第 28、30 页。

理。”是我新民法，不啻明白表示以“法律”、“习惯”及“法理”为其法源也。[1]

在民法之诸种法源中，又有如下几项须详加沥述：

1. 习惯

何谓习惯？学说上之见解殊不一致。民初大理院判例，谓习惯成立之要件有四：①有内部要素，即人人有确信以为法之心；②有外部要素，即于一定期间内，就同一事项反复为同一之行为；③系法令所未规定之事项；④无背于公共之秩序及利益。[2]夏勤认为：

> 事实上之习惯，具有法律上之效力者，即新民法之所谓习惯，其成立要件有二：第一须有惯习存在。惯习云者，依同一榜样继续遵守之习俗。第二须有法之观念。法之观念云者，受其习惯支配之人，信其习惯为法而守之之谓也。此与单纯习惯不同之点在此。若夫习惯之有法的拘束力，究由于国家之默认，抑由于国民之确信，乃习惯拘束力之由来问题，与成立要件无关。至新民法第二条所谓“民事所适用之习惯，以不背于公共秩序或善良风俗者为限”。乃对于习惯之限制，自不能以为习惯之成立要件目的也。[3]

黄右昌之观点与夏勤略同。他指出，习惯“有有法之效力者，有无法之效力者”。作为民法法源之习惯，“专指有法之效力者言”。习惯要产生法之效力，须具备以下两个要素：“①须有习惯事实，即就同一事项，反复而为同一行为。②须有法之观念，即受此习惯支配之人，信为

---

〔1〕 夏勤：“论新民法之法源”，载《国立中央大学法学院季刊》1931年第1卷第3期。

〔2〕 参见郭卫编辑：《大理院判例全书》，上海会文堂新记书局1932年版，第29页。

〔3〕 夏勤：“论新民法之法源”，载《国立中央大学法学院季刊》1931年第1卷第3期。

法而守之是也。”[1]

张正学对习惯与习惯法两个概念进行了认真辨析。张氏谓：所谓习惯，“为社会一般的惯行之事实”。习惯与习惯法的相异之点，“在习惯法之成立，须有多年惯行之事实，及人人有确信以为法之心理。而习惯只须有现在惯行之事实，无须有多年之存在，及人人确信以为法之心理”。[2]胡元义认为，习惯可转化为习惯法。“一般习惯，一旦得法的认识，即成为习惯法。此等习惯法，既非由国家之立法机关所制定而成为法律之理由，又非出于国家之默认。”[3]不过习惯法之成立，须满足以下要件：①习惯之存在；②法的认识，即“国民认某习惯为法的社会规范”；③习惯之内容须不反公共秩序善良风俗；④须为法律规定所认定或法律未经规定之事项；⑤习惯法之效力发生时期，须以其成为社会规范之时；⑥习惯法须由主张其适用之当事人证明。[4]胡长清则对民国民法典为何使用习惯而不采习惯法这一概念之原因进行了认真剖析。他指出，习惯（Custom）与习惯法（Customary law）有无区别，学说不一。德国学者认为两者间存在以下三个区别：即①一为事实，一为法律；②一为社会所通行，一为国家所承认；③一则须当事人自己援用，一则审判官有适用之义务。法国学者则谓习惯法即习惯。民国民法典不曰习惯法而称为习惯，表面观之其与法国学说相同，实际则不然。外国法律虽有习惯法之称谓，但却有一种习惯法律存在，民国民法典为避免混同起见，不曰习惯法而称习惯。[5]

2. 判例

关于判例之性质和效力问题，民国法学界无统一定论。有主张其为

---

〔1〕黄右昌：《民法诠解总则编》上册，上海商务印书馆1946年版，第91页。

〔2〕张正学：“法院判断民事案件应用之法则”，载《法律评论》1928年总第249期。

〔3〕胡元义：《民法总则》，北平好望书店1934年版，第30～31页。

〔4〕参见胡元义：《民法总则》，北平好望书店1934年版，第32～34页。

〔5〕参见胡长清：“新民法之基础的概念（续）”，载《朝大季刊》1931年第1卷第3期。

判例法者，如戴修瓒谈到大理院判例时曾言：“论其性质，同判例法矣。”〔1〕有主张其为判例法同时也是广义上的习惯法的，如余棨昌在《民法要论总则》一书中谈道：

> 夫法院依其本来之性质，原只能适用法律，不能制定法律。故其判决亦只能拘束该一定事件，不能拘束他事件。但实际上往往一判决例既定之后，其后遇同样之事件发生，如无特别反对之理由，必仍下同样之判决。同一判决，屡经援用之时，人民之间遂生信念而成为习惯，此即所谓判例法也。故判例法，乃广义习惯法之一。其所以与一般之习惯法异者，盖一般之习惯法，渊源于一般人民自己所为之惯行。而判例法者，乃渊源于法院之判决者也。〔2〕

陈瑾昆认为，“判例固有时足以促社会之注意，供立法之参考，而为成文法或习惯法之资料。然审判官究非立法者，如谓其所为之判断即有补充法律之效力，则未见其当。”〔3〕陈氏之论，实际是认为判例仅为制定法或习惯法的参考材料，否认了判例作为民法之补充法源的地位。

然胡长清对于余棨昌和陈瑾昆之学说，均持否定态度。他指出，余棨昌之说“不免将习惯法与判例法混而为一”，陈瑾昆之说则“拘于法典主义之理论，而忽于我国固有之状态”。他进一步指出：“法院判例，在我国现行民法之下，不妨以其为法理援用之。”〔4〕因此他认为就性质而言，判例应属于法理。曹杰比较倾向于胡长清的观点，但是在理论论证上又作了进一步的展开。其谓：

> 判例与解释之效力，应依其形式方面而决之。若为司法机关依其解释法令之权而著之解释例，则可使下级法院受其拘束，而有与

〔1〕 郭卫编辑：《大理院判决例全书》，上海会文堂新记书局1932年版，“戴序”。
〔2〕 余棨昌：《民法要论总则》，朝阳学院出版部1933年版，第29页。
〔3〕 陈瑾昆：《民法通义总则》，北平朝阳学院1930年版，第17～18页。
〔4〕 胡长清：《中国民法总论》，中国政法大学出版社1997年版，第36页。

成文法律同一之效力。反是，若其形式为判例，则不论其内容如何，仍只有补充法律之效力，何以言之？盖以判例诠释某条法文，仍不外审判者一种见解故也。此种诠释，是否有客观的妥当性，固不具论，然谓审判者一意之见解，而认为有成文法同等之效力，殊足以动摇成文法之基础，而影响交易之安全。〔1〕

据上论断，曹杰认为可将判例视同为条理（法理），其仅具有在适用顺序上次之于习惯的补充成文法的效力。夏勤亦持同样判断。他认为，南京国民政府时期，“各种重要法典，虽已颁行，而前大理院及今最高法院之判决，仍有补充成文法之效力”。〔2〕

3. 法理

所谓法理，按诸日本法学界之通说及裁判实务，亦称条理。《大清民律草案》及民初大理院判例，袭用了这一称谓。民国民法典则改称为法理（General Principle of Law）。但何谓法理，学说不一。陈瑾昆认为，所谓法理，“谓为事物当然之理”。〔3〕朱方认为，“所谓法理者，乃推定社会上必应之处置，而合于人情，且不背法律者皆是”。〔4〕夏勤认为，将法理视为“事物当然之理”，或“人情天理”，均属不当。所谓法理，“指参酌法律精神所得之原理”。“法理与所谓事物当然之理者，固不相同，即与通常所谓人情天理，亦属有别”。其实“法理与所谓自然法说，颇有关系”。〔5〕胡长清之见解，与夏勤略同。〔6〕余棨昌则指出，“法理

〔1〕曹杰：《民法判解研究》，上海法学书局1934年版，第12页。

〔2〕夏勤：“论新民法之法源”，载《国立中央大学法学院季刊》1931年第1卷第3期。

〔3〕陈瑾昆：《民法通义总则》，北平朝阳学院1930年版，第16页。

〔4〕朱方编解：《民法总则详解》，上海法政学社1936年版，第1页。

〔5〕夏勤：“论新民法之法源”，载《国立中央大学法学院季刊》1931年第1卷第3期。

〔6〕参见胡长清：“新民法之基础的概念（续）”，载《朝大季刊》1931年第1卷第3期。

者，应解释为从法律全体精神所生之原理之义”。循此思路，余棨昌不认法理为民法之法源。其曰：“故所谓法理者，仍不外法律自身，不能独立有其存在而为民法之法源者也。”〔1〕

（四）私权及私权的分类

胡长清指出，界定私权应先从权利这一概念的界定入手，所谓权利，即“法律为特定人，因充实其所认许之利益，对之所付与之力”。权利的意义可从两方面剖解之：其一，“权利之内容，为法律之特定利益”；其二，“权利之外形，为法律上之力理”。从上述理解出发，其将权利分为公权与私权，而所谓私权，即“私法上之权利”。按照不同的标准，私权可作以下分类：第一，以客体为标准，可分为人身权与财产权；第二，以作用为标准，可分为支配权、请求权及形成权；第三，以效力所及之范围为标准，可分为绝对权和相对权；第四，以相互关系为标准，可分为主权利和从权利。〔2〕此外，胡长清还强调，“私权之客体与私权之内容，迥不相同，即一为私权之对象，一为构成私权内容之利益。”〔3〕

黄右昌对于私权的分类极为细致。他将私权分为财产权和人身权。财产权包括债权、物权、准物权、无形财产权。其中准物权又包括矿业权、渔业权、耕作权；无形财产权则包括著作权、专用权（包括商标、商号）、专制权、专利权（新发明、新型、新式样）。人身权则包括身分权和人格权。身分权又包括亲属权和继承权；人格权则包括生命权、身体权、自由权、健康权、名誉权、姓名权、肖像权、资格权。〔4〕

周新民认为，私权为与公权相对应的一个概念。“公权为公法上的

---

〔1〕余棨昌：《民法要论总则》，朝阳学院出版部1933年版，第29页。

〔2〕参见胡长清：《中国民法总论》，中国政法大学出版社1997年版，第38～42页。

〔3〕胡长清：《中国民法总论》，中国政法大学出版社1997年版，第151页。

〔4〕参见黄右昌：《民法诠解总则编》上册，上海商务印书馆1946年版，第55～56页。

权利，私权为私法上的权利”。就私权的分类来看，可以依据不同的标准作具体的划分：第一，依权利的内容而分类，私权可分为财产权、得有权（即由自己一方的行为，得享受法律上之效果的权利）、人格权、亲属权、继承权、社员权六种；第二，依权利的作用而分类，可分为支配权、请求权、抗辩权、形成权四种；第三，依权利的效力范围而分类，可分为绝对权与相对权两种；第四，依权利的相互关系而分类，可分为原权与救济权、主权利与从权利；第五，依权利与其主体的关系而分类，可分为专属权与非专属权。〔1〕可见周新民之私权分类，较之前述学者，最为详尽。此外，周新民还进一步指出，私权的主体为自然人和法人；私权的客体则包括物、权利、精神作用（即由人们的智能作用而成的无形物，亦称“无形财产权”，如著作权、特许权等）、特定财产、人、自身、行为与劳力、尸体及由人体分离的一部共八种。〔2〕

（五）法律行为

所谓法律行为，黄右昌认为其系“以欲发生私权变动效力之意思表示为其构成分子之法律事实”。而宇宙发生之事实，“其足以生法律关系者”，皆属于法律事实。法律行为与违法行为，同为法律事实。其相异之点在于：前者为“适法行为中之表示行为”，后者为“非适法行为中表示或不表示行为”。法律行为与事实行为，也同为法律事实，其区别点在于，前者为表示行为，后者为非表示行为。而所谓表示行为，又可分为“知的表示行为”、“情的表示行为”、“意的表示行为”。〔3〕

胡长清在论及法律行为时指出，法律行为，系“以私人欲发生私法上效果之意思表示为要素，有此意思表示，故发生法律上效果之法律事实”。展开言之，其包括以下四层含义：①法律行为为法律事实；②法

〔1〕 参见周新民：《民法总论》，上海华通书局1934年版，第57~74页。

〔2〕 参见周新民：《民法总论》，上海华通书局1934年版，第86、197~198页。

〔3〕 黄右昌：《民法诠解总则编》下册，上海商务印书馆1946年版，第315、318~320页。

律行为为私人发生私法上效果之行为；③法律行为以意思表示为要素；④法律行为所生之效果为行为人之所欲。根据不同的标准，胡氏将法律行为分为以下十类：其一，单独行为、契约与共同行为；其二，债权行为、物权行为、亲属行为与继承行为；其三，生前行为与死后行为；其四，要式行为与非要式行为；其五，主行为与从行为；其六，独立行为与补助行为；其七，有偿行为与无偿行为；其八，要因行为与非要因行为；其九，要物行为与诺成行为；其十，完全行为与非完全行为。此外，胡氏还认为，法律行为的要件分为成立要件与生效要件，其一般的成立要件仅有意思表示一项，而生效要件则包括：①须当事人有行为能力；②须有适当之标的；③须意思表示之健全。[1]

二、债法思想

《大清民律草案》“债权编”由于参照了德、日两国的立法例，因而在债的概念、内容等方面，引进了许多大陆法系国家债法的理论原则和制度安排。例如“债权人得向债务人请求给付”，“不以有财产价格者为限”，这就把中国传统上视债为欠钱的概念，提升为“给付”的法律关系这一现代债法所通行的概念。[2]《民国民律草案》将“债权编”改为“债编”，并在章节安排上对原草案略加改进。《中华民国民法》一仍如故，亦称“债编”，其以前两次民律草案作为参照基础，兼仿德国民法立法例，并参考了当时的苏俄民法典和泰国新民法，尤其是更多地借鉴了瑞士债务法的体例进行编订，在立法技术上已属相当精湛。民国民法学家的债法思想主要体现于对民国民法典之“债编”的论述，其内容极为丰富，限于篇幅，兹处仅摭取其若干要点分述如次：

---

〔1〕参见胡长清：《中国民法总论》，中国政法大学出版社1997年版，第184～194页。

〔2〕参见赵炳霖、乐嘉庆：《债法比较研究》，澳门基金会1997年印行，第22页。

（一）债和债权的界定

吴振源指出，所谓债法，即“规定债权债务之法律关系之法”。[1]就债法的性质而言，主要包括以下几点：①债法为财产法的一种；②债法以交易法为主；③债法以任意法为主；④债法乃渐次发展形成；⑤债法具有普遍性。[2]

然则何谓“债”？吴振源认为，所谓债，系“两相对立之特定人格者间之法律关系”。[3]李谟的解释则更为具体，他指出，债“乃债权人与债务人双方权利义务关系之总称。故债之关系，为人与人间之权利义务关系”。[4]债之性质可概括为以下三点：①债为特定人对于特定人之关系；②债之本质为特定人之行为或不行为；③债之本质为特定人之特定行为或不行为。[5]

债的关系，包括债权关系和债务关系。柯凌汉认为，所谓债权，即“请求他人为一定行为之权利”。展开言之，其意义包括以下两层：①债权是对于他人行使之权利。此为债权与物权的相异之点。②债权之内容在于请求他人为一定之行为，此乃其与形成权的相异之处。[6]由是可见，柯氏将债权之本质，概括为请求权。此亦为民国民法学界之通说。李宜琛则提出了自己的新见解，将债权之本质归结为给付受领权。其谓：“债权固以债务为其对象，而债务亦以债权之存在为前提，二者原有不可分离之关系，而债之关系即系存在于二者间之法锁。”不过他同时指出：“债权关系之重点，不在债务人负担之给付行为，而在债权人

---

〔1〕 吴振源编著：《中国民法债编总论》，上海世界法政学社1934年版，第1页。

〔2〕 参见吴振源编著：《中国民法债编总论》，上海世界法政学社1934年版，第4~5页。另可参见陈瑾昆：《民法通义债编总论》，朝阳大学1930年版，第1~4页。

〔3〕 吴振源编著：《中国民法债编总论》，上海世界法政学社1934年版，第11页。

〔4〕 李谟：《民法债编新论》，上海昌明书屋1947年版，第1页。

〔5〕 参见李谟、黄景柏编著：《民法债编总论》，上海大东书局1931年版，第2~3页。

〔6〕 参见柯凌汉：《中国债权法总论》，福州新民公司1924年版，第2~3页。

所有之给付受领。故债权之通说虽以之为请求权，且可以请求权尽之者。而予则认为债权之本质，实在为给付受领权，而请求权不过因此原权而生之作用耳。”〔1〕

债权与其他相关权利的区别，也是民国时期债法理论讨论的一个重点。就债权与物权之区别点而言，梅仲协将其归纳为以下两点：其一，从法律性质上看，债权为相对权和请求权，仅得对于特定之债务人而行使，物权则为绝对权和支配权，其权利之行使，直接及于其物，倘该物受不法之干涉，不问何人，均得排除之；其二，就经济上之功效言，债权反映动态的财产流转关系，物权则反映静态的财产支配关系。〔2〕此外，李谟、陈瑾昆、胡长清等还认为，物权具有优先权、追及权，以及物权种类由法律设定等特点，而债权则无。〔3〕就债权与亲属权之区别而言，柯凌汉认为，债权与亲属权（如亲权、夫权）虽同为对人之权利，但两者亦存在以下显著区别：①亲属权以亲属关系（如亲子关系、夫妻关系）为基本，只存在于有亲属关系者之间，债权则不以此特别关系为前提；②亲属权以确保道德上之义务为目的，债权则以满足权利人生活上之需要为目的；③亲属权之存在，多为永久性的，债权多偶然发生而为一时的；④亲属权为人身权，不得转移，债权为财产权，原则上可以任意转移。〔4〕

债权是否具有不可侵性或绝对性，易言之，即债权能否被第三人侵害，以成为侵权行为的客体？这也是民国民法学界债权理论的一个要点。此问题即使在当时德国民法学界、日本民法之理论和实务，亦议论纷纭。其主要存在三说：一为积极说。认为一般第三人侵害债权，即为

---

〔1〕 李祖荫：“债务与责任”，载《法学专刊》1935年第3、4期合刊。

〔2〕 参见梅仲协：《民法要义》，中国政法大学出版社1998年版，第167～168页。

〔3〕 参见李谟、黄景柏编著：《民法债编总论》，上海大东书局1931年版，第5～6页；陈瑾昆：《民法通义债编总论》，朝阳大学1930年版，第11～12页；胡长清：《中国民法债编总论》，上海商务印书馆1935年版，第8～9页。

〔4〕 参见柯凌汉：《中国债权法总论》，福州新民公司1924年版，第5～6页。

侵权行为，应负赔偿责任。日本学界多采此说，其最高司法机关判例亦从之。二为消极说。谓一般第三人不负债权侵害之义务，盖以若认债权有绝对性，债权和物权将无从区别，而第三人之赔偿责任，亦甚过重。德国学者，多采此说。三为折衷说。谓在一般情形，第三人所为之债权侵害，殊难一律认为侵权行为，然因其侵害行为，直接致债权消灭时，则应负侵权行为之责。德国有少数学者采此说。民国民法学者之见解，多采积极说。其理由主要为：相对权与绝对权，乃由法律分别情形斟酌赋予，债权在一定程度上，亦不无绝对性。另据民国民法典第184条第1项可知，凡侵害权利即为侵权行为，故第三人侵害债权，自可认定为侵权行为。且第三人侵害债权，为事实上所恒有。为维护交易安全，亦有保护债权之必要。〔1〕

就债的发生而言，民国民法典采泰国新民法之立法例，以契约、无因管理、不当得利及侵权行为为债之发生的主要原因。此外，“其以代理权之授与列入债之发生中者，不过便宜的规定，初非以其为债之发生之原因”。〔2〕洪文澜在理论层面对债之发生原因进行了详尽探讨。他指出，债之发生原因，主要有：其一，行为。行为分为适法行为与违法行为两种。适法行为又分为法律行为与法律行为以外之适法行为两种。前者主要包括：①契约。契约为法律行为中最重要的债之发生原因。②单独行为。即以自己之单独行为，使人取得债权。③合同行为。后者为债之发生原因者，有无因管理、拾得遗失物等。此外，违法行为中之侵权行为，亦为债之重要发生原因。其二，事件。所谓事件，即人的行为以外之法律事实。如因不当得利而发生利益返还请求权，如亲属关系而发

〔1〕参见陈瑾昆：《民法通义债编总论》，朝阳大学1930年版，第9～11页；戴修瓒：《民法债编总论》，上海商务印书馆1933年版，第8～9页；李谟：《民法债编新论》，上海昌明书屋1947年版，第2页。

〔2〕胡长清：《中国民法债编总论》，上海商务印书馆1935年版，第15页。梅仲协也认为，代理权的授与并不是债发生的原因，仅仅是代理中的一种。参见梅仲协：《民法要义》，中国政法大学出版社1998年版，第171页。

生抚养请求权等。[1]要而言之，在债之发生的诸种原因中，以契约和侵权行为最为重要。

（二）契约

何谓民法上的契约，胡长清认为，所谓契约有广狭两义。狭义上的契约，“专指以发生债权法上之效果为目的之合意而言”；广义上的契约，“则凡以发生私法上之效果为目的之合意皆属之”。[2]广义上之契约，范围甚广，吴振源认为其包括债权契约、物权契约、亲属法上之契约、继承法上之契约等。[3]狭义上的契约即债权契约，其意义包括以下三层：①契约为法律行为之一种；②契约以二人以上对立之意思表示互相一致为其不可缺之要素；③须二人以上之意思表示互相对立。[4]

就债权契约之分类而言，吴振源依据学理，将其分成以下几类：第一，单务契约与双务契约；第二，有偿契约与无偿契约；第三，诺成契约与要物契约；第四，要式契约与不要式契约；第五，有因契约与无因契约；第六，实定契约与射幸契约；第七，主契约与从契约；第八，有名契约与无名契约。除以上几类主要分类外，债权契约还可分为附条件契约与无条件契约、生前契约与死后契约、为自己之契约与为第三人之契约、当事人自身负义务之契约与依第三人负义务为目的之契约、本约

---

〔1〕 参见洪文澜：《民法债编通则释义》，上海会文堂新记书局1948年版，第4～5页。在论及单独行为作为债之发生原因的一种时，洪氏指出，单独行为作为债之发生的原因，虽不反于理论，但罗马法以来之立法例，原则上多不认为单独行为为债之发生原因。因此本此沿革上及实际上之理由，原则上不认单独行为为债之发生原因，只是在法律有特别规定时，如无记名证券之发行等情形下，才将其视为债之发生原因。参见同书第5页。

〔2〕 胡长清：《中国民法债编总论》，上海商务印书馆1935年版，第15页。另可参见陈瑾昆：《民法通义债编总论》，朝阳大学1930年版，第21页。

〔3〕 参见吴振源编著：《中国民法债编总论》，上海世界法政学社1934年版，第23页。

〔4〕 参见洪文澜：《民法债编通则释义》，上海会文堂新记书局1948年版，第8～9页；戴修瓒：《民法债编总论》，上海商务印书馆1933年版，第23～25页。

与预约等。[1]吴振源之归纳和概括，细致而全面，其他学者之分类，或在概念表达上与其略有差异，或在内容上不及其丰富，兹不一一赘列。

契约之基础，为要约与承诺。所谓要约，李谟等认为，“乃契约当事人之一方，以订立契约为目的，为唤起相对人之承诺起见所为之意思表示”。要约除须具备民法总则所规定之一般意思表示的要件外，还需符合以下特定要件：①须对欲与缔结契约之相对人为之。②须为确定的意思表示。③须有立即成立契约之准备。[2]而所谓承诺，洪文澜认为，即“要约受领人对于要约人所为与要约一致以成立契约之意思表示”。其包括以下几层含义：①承诺为意思表示；②承诺为要约受领人之意思表示；③承诺为对于要约人之意思表示；④承诺为与要约一致以成立契约之意思表示。[3]

民国民法学家关于契约之相关理论问题，阐述甚详。而其对于悬赏广告的性质问题，则争议极大。所谓悬赏广告，即“以公开之广告方法，声明对完成一定行为之人，负给付报酬之义务之单独行为”。[4]悬赏广告之种类颇多，戴修瓒将其归纳为以下几种：①寻求遗失物件或走失家畜之悬赏广告；②寻求走失人口或缉探人犯之悬赏广告；③奖励学术上技术上发明发现之悬赏广告；④征求学术上技术上著作或制造品之悬赏广告等。[5]

关于悬赏广告之性质，民国民法学界存有两种学说：其一，契约说。该说认为悬赏广告为契约之要约。持该说者有戴修瓒、陈瑾昆、朱

---

〔1〕参见吴振源编著：《中国民法债编总论》，上海世界法政学社1934年版，第25～31页。

〔2〕参见李谟、黄景柏编著：《民法债编总论》，上海大东书局1931年版，第15～16页。

〔3〕参见洪文澜：《民法债编通则释义》，上海会文堂新记书局1948年版，第23～24页。

〔4〕梅仲协：《民法要义》，中国政法大学出版社1998年版，第127页。

〔5〕参见戴修瓒：《民法债编总论》，上海商务印书馆1933年版，第74～75页。

方等。如戴修瓒认为："我民法将悬赏广告，规定于契约成立款中，认系契约成立之方法。其采契约说，自不容疑。故悬赏广告，有要约之效力也。"〔1〕陈瑾昆谓："日本民法学者，则亦以要约说为通说，我国民法，既系仿日本及瑞士民法，将广告规定之于契约之内，自系认广告为一种要约之方法。"〔2〕朱方指出："凡悬赏广告上所有一切记载，可视同为要约。"〔3〕其二，单独行为说。此说谓广告人系以自己一方之意思，而负担债务，非契约而为单独行为之一种，故对于不知其广告而完成其指定行为者，亦应负担给付报酬之义务。持单独行为说者，有李谟、吴振源、胡长清、梅仲协等。如李谟指出：从理论上看，契约说和单独行为说，当以后说为优。民国民法典将悬赏广告列入契约之内，虽然解释上自应采契约说，但在理论上有难于贯彻之弊。〔4〕吴振源之观点与李谟相似。其曰：

> 契约说者，以悬赏广告有要约之性质，应其广告而完成一定之行为，是为承诺，契约于以成立。然广告人与完成一定行为之人，均无缔结契约之意思，故两者间之权义关系，并非因意思表示之合致而生。即其一方（广告人）乃基于自己之意思表示，而对完成一定行为之人，负担给付报酬之义务，他方（完成一定行为者）亦基于广告人之意思表示，而生请求报酬之权利，惟其权利之发生，以一定行为之完成为条件耳。且完成一定行为之人，不必预知广告存在，虽未知有广告而完成之，广告人亦须给付报酬，于此情形，主契约说者，实无以解释之，故以单独行为说明悬赏广告之性质，较为合理。〔5〕

---

〔1〕戴修瓒：《民法债编总论》，上海商务印书馆1933年版，第75～76页。

〔2〕陈瑾昆：《民法通义债编总论》，朝阳大学1930年版，第51页。

〔3〕朱方编解：《民法债编详解》，上海广益书局1936年版，第8页。

〔4〕参见李谟：《民法债编新论》，上海昌明书屋1947年版，第10页。

〔5〕吴振源编著：《中国民法债编总论》，上海世界法政学社1934年版，第47～48页。

胡长清亦力主单独行为说，其所据之理由如下：①从广告人方面观察，广告人只有对于完成指定行为之人予以报酬之意思，而无依悬赏广告以为要约与他人订立契约之意思；②从行为人方面观察，行为人亦只有基于广告人一方的意思表示请求给与报酬之意思，而无基于广告人之要约与其订立契约之意思；③如否认悬赏广告为单独行为，那么在何种情形下始能认为承诺？不知有广告而完成其行为者，以何为根据请求给与报酬？契约说无法解释清楚此二点。〔1〕梅仲协亦赞同单独行为说，并对学者间产生悬赏广告性质之争的原因进行了深入的剖析。他指出：契约说者，认为悬赏广告系对不特定人的要约。以民国民法典第164条及第165条关于广告之规定，列诸契约款为根据。殊不知第164条所规定之广告的意义及性质，取德国立法例而与瑞士债务法和日本民法不同，瑞士债务法第8条及日本民法第529条，均无相当于民国民法典第164条第1项下段“对于不知有广告而完成该行为之人亦同”之明文，其采契约说，固甚明显，而民国民法典上开条文下段，系自德国民法第657条下段迻译而成。然德国学者认为悬赏广告为一方行为，则又系一般之通说。民国民法典于悬赏广告之意义及性质既从德国例，而条文编列之次序又仿日本，显系舛错，自易引起学者之误解。〔2〕

（三）侵权行为

1.“侵权行为”的意涵及用语之批评

“侵权行为”一词，首次出现于《大清民律草案》。当初清末立法者及帮助中国编订民法的日本学者，缘何作如是之措辞，今天似乎已不得而知。但就该词本身之含义来看，则与日本民法之“不法行为”大抵相近。关于“不法行为”之含义，日本早期来华讲授民法之日本学者曾作如是阐释：“不法行为者，就广义言，为法律上所不得为之行为，就狭义言，为侵害他人权利之行为，就最狭义言，为因故意或过失侵害他

---

〔1〕参见胡长清：《中国民法债编总论》，上海商务印书馆1935年版，第54页。

〔2〕参见梅仲协：《民法要义》，中国政法大学出版社1998年版，第127页。

人权利且加损害之行为。日本民法第709条所规定，乃最狭义之不法行为。”[1]可见日本民法上之“不法行为”，主要指侵害他人权利且加损害之行为。民初在华之美籍律师罗伯特·T. 布吕安（Robert T. Bryan）在其所著《中国民事法概要》一书中，则依据民初大理院之判例，将侵权行为定义为：“故意或过失，不法侵害他人权利的行为。”[2]民国民法学界通说均认为，所谓侵权行为，系指故意或过失，不法侵害他人之行为。[3]

《中华民国民法》第184条全文为：“因故意或过失不法侵害他人之权利者，负损害赔偿责任。故意以背于善良风俗之方法加损害于他人者亦同。违反保护他人之法律者，推定其有过失。”此系侵权行为之一般条款。该法条之设计，主要依据德国民法，但其关于“权利”之规定，却与法、日民法，瑞士债务法一样，采概括主义，然德国民法仅采例示主义。这势必导致“权利”一词在理解上出现分歧。而此问题又是我们理解侵权行为这一概念的一个关键点。民国时期民法学界对侵权行为所涉“权利”一词之含义，则各有仁智之见，兹列举代表性观点如下：

胡长清认为，“权利”与“利益”互为区别，权利一词应该从狭义上求取解释。“权利”一词之真实含义，应由民法第184条第1项前段推知，至于第184条第1项后段所谓违背善良风俗云云，乃不法意义之扩张，并非“权利”范围之推广，而第184条第2项所谓违反保护他人之法律，亦属举证责任之问题，而与权利之意义无关。[4]

陈瑾昆认为：关于权利之意义，学者中有二说：一谓应从狭义解

---

〔1〕熊元楷、熊元襄编：《民法债权（总论各论）》（京师法律学堂笔记），安徽法学社1914年版，第162页。

〔2〕Robert T. Bryan, *An Outline of Chinese Civil Law*, The Commercial Press, Limited Shanghai China, 1925, pp. 61–62.

〔3〕参见洪文澜：《民法债编通则释义》，上海会文堂新记书局1948年版，第124页；戴修瓒：《民法债编总论》上册，上海商务印书馆1933年版，第135页；等等。

〔4〕参见胡长清：《中国民法债编总论》，上海商务印书馆1935年版，第125页。

释，为一般权利，即须实有权利之内容；二谓可从广义解释，为法律所保护之利益。民国民法第184条第2项，乃仿德国民法第123条第2项定明违反保护他人之法律者亦应负责，故解为受侵权所保护之利益，即侵害利益，亦应为侵权行为。〔1〕依据陈氏之说，如作广义理解，则权利应该包括法律所保护之利益，即法益。

戴修瓒之解释，则更为广泛，其说略谓：侵权行为，常多以侵害权利为其成立要件，然其所谓侵害权利，应取广义，凡保护人之法律上所认之利益被侵害者，亦应包含。又谓："我民法规定故意以背于善良风俗之方法，加损害于他人者，负损害赔偿责任。要言之，即以背于善良风俗之行为，加损害于他人者，虽不侵害权利，亦成立侵权行为是也。"〔2〕

至于"权利"之范围，胡长清认为此之权利，包括财产权、人格权二种。而财产权又包括支配权、请求权、形成权；人身权包括人格权和身份权。至于人格权，又包括生命权、身体权、健康权、名誉权、信用权、自由权、贞操权、姓名权、肖像权。〔3〕

戴修瓒将权利分为财产权、人格权和亲属权三种。关于人格权之范围，戴氏认为其仅限定于姓名权、身体权、健康权、名誉权、自由权各种（即民国民法第19、193、195条之已规定者）。至于亲属权是否得为侵权行为之客体，当时法无规定，但戴氏认为，民国民法第184条仅曰权利，别无限制，故亲属权，亦得为侵权行为之客体，例如强奸有夫之妇女，不仅对于该妇女，为侵权行为，而侵害夫权，亦为侵权行为。〔4〕

---

〔1〕参见陈瑾昆：《民法通义债编总论》，朝阳大学1930年版，第90~91页。

〔2〕戴修瓒：《民法债编总论》上册，上海商务印书馆1933年版，第153~154页。

〔3〕参见胡长清：《中国民法债编总论》，上海商务印书馆1935年版，第127~133页。

〔4〕参见戴修瓒：《民法债编总论》上册，上海商务印书馆1933年版，第152页。

关于“侵权行为”之用语，民国时期有民法学者对其予以批评，认为从语义学上严格地说来，“侵权行为”之语不够妥切。如梅仲协认为，按侵权行为之构成，并不以侵害权利为必要。权利受侵害，未必皆得请求损害赔偿。例如人格权作为权利之一种，其受侵害时以法律有明文规定者为限，始得为损害赔偿之请求。故“侵权行为”一语，亦宜改为“侵害行为”，庶不背乎立法之本旨。〔1〕

2. 侵权行为归责原则探讨

20 世纪以来，由于社会进步和工业化的发展，无过错归责原则在欧美侵权行为立法和司法实践中日益凸显。而在《中华民国民法》颁布前后，民法学界研究无过错归责原则的论著也大量涌现，这些论著一方面对当时居于主流的过错归责原则加以检讨，另一方面则在理论上论证无过错归责原则在侵权行为立法中确立的必然性。

过错责任，亦称过失责任，指责任之承担以有故意和过失为必要。近世各国民法法典以罗马法为根据者，如法、意、德、日等国之民法，皆以过错原则为侵权行为之根本观念。《大清民律草案》因在立法时取材于德日民法，欧陆所重视之过错主义，自然随之侵入。《大清民律草案》第 945 条确立的是过错归责原则，而《民国民律草案》第 246 条、《中华民国民法》第 184 条，亦陈陈相因，均以过错责任作为侵权损害赔偿之主要根据。

除过错原则外，侵权行为之归责尚有无过错归责之原则，“在此主义之下，苟有损害，纵无过失，亦应赔偿”。〔2〕《中华民国民法》第 184 条虽然仍坚持以过错责任原则为主，却在某些特定条文及若干特别立法中，部分实施无过错责任原则。如其第 187 条规定：

> 无行为能力人或限制行为能力人，不法侵害他人之权利者，以

---

〔1〕 参见梅仲协：《民法要义》，中国政法大学出版社 1998 年版，第 185 ~ 186 页。

〔2〕 胡长清：《中国民法债编总论》，上海商务印书馆 1935 年版，第 119 页。

行为时有识别能力为限，与其法定代理人，连带负损害赔偿责任。行为时无识别能力者，由其法定代理人负损害赔偿责任。

前项情形，法定代理人如其监督并未疏懈，或纵加以相当之监督而仍不免发生损害者，不负赔偿责任。

如不能依前二项规定受损害赔偿时，法院因被害人之声请，得斟酌行为人与被害人之经济状况，令行为人为全部或一部之损害赔偿。

第188条规定：

受雇人因执行职务不法侵害他人之权利者，由雇用人与行为人连带负损害赔偿责任。但选任受雇人及监督其职务之执行已尽相当之注意，或纵加相当之注意而仍不免发生损害者，雇用人不负赔偿责任。

如被害人依前项但书之规定不能受损害赔偿时，法院因其声请得斟酌雇用人与被害人之经济状况，令雇用人为全部或一部之损害赔偿。雇用人赔偿损害时，对于为侵权行为之受雇人有求偿权。

其中第187条第3项、第188条第2项，均为无过错归责原则之体现。该两项之规定，即便是德、日民法典亦无。其中的第187条3项，主要是“从瑞士及苏俄之立法例”。而第188条2项，则是考虑到雇用人之资力通常优于受雇人，故“特由社会政策立场作此种规定”，但“以适用于经营危险事业，而生特殊利益之雇用人为较多”。〔1〕此外，1931年8月实施的《工厂法》也以变通的方式，确定工人在执行职务受到侵害时雇用企业应承担无过错赔偿责任。

民国时期，在对居于主导地位的过错原则予以检讨的基础上，屡有

〔1〕胡长清：《中国民法债编总论》，上海商务印书馆1935年版，第167、173页。

民法学者倡议应在民事立法中扩张无过错原则。吴振源认为，过错原则有“影响交易安全，违反正义，促成权利滥用等流弊”。〔1〕夏勤将过错责任和无过错责任加以比较，并据此断言：从前过失损害赔偿责任论，是主观的，是不适合于现代社会状况的；现代无过失损害赔偿责任论，是客观的，是以因果关系为责任的根据，是合乎实际情形的，合乎公道的，并且这种主义的援用，在将来的立法精神上，必然要伸张其范围。〔2〕《民国民律草案》修订之前，当时已有诸多学者，针对《大清民律草案》中“无过错原则”规定阙如之状况，倡议在今后的侵权行为立法中，应适当扩张“无过错原则”，尤其是应该在新立法中增加“危险责任”的规定。如学者燕树棠建言：“我国民法草案既已采纳过错主义，而于危险主义尚属阙如，在近今社会现状之需要，于侵权行为篇，另加条文，规定因危险物品之侵害所发生之责任问题，较为妥当，不宜以过错主义为侵权责任之唯一根本原则也。”〔3〕

3. 侵权行为类型化剖析

在民国债法论著关于侵权行为之理论探讨中，对侵权行为的分类，以及对各类侵权行为，尤其是特殊侵权行为的剖析，亦成为其债法思想体系中不可或缺之一部分。当然，这种类型化之探讨，一方面以《中华民国民法》第184～191条为法条依据；另一方面，就理论来源而言，则大多继受日德各国侵权行为法学说中的理论因子。

具体说来，民国民法学者对侵权行为之分类，通说是将侵权行为分为一般侵权行为、共同侵权行为和特殊侵权行为三种，惟在一般侵权行为与特殊侵权行为之划分依据及阐解上，又存在着若干分歧：

---

〔1〕吴振源编著：《中国民法债编总论》，上海世界法政学社1934年版，第10页。

〔2〕参见夏勤：“无过失损害赔偿责任论”，载《国立中央大学法学院季刊》1930年第1卷第1期。

〔3〕参见燕树棠：“过错主义可否为侵权责任之唯一根本原则?”，载《国立北京大学社会科学季刊》1923年第1卷第2期。

第一类：以侵害行为是否为自己之行为将侵权行为分为一般（通常或普通）侵权行为和特殊（特种）侵权行为。[1]这是一种在当时民法学界相对主流之分类方法。如胡长清认为，“侵权行为，有一般侵权行为与特殊侵权行为之别，以自己之行为，为侵害权利之要素的侵权行为，为一般侵权行为，以自己行为以外之事实为侵害权利之要素的侵权行为，为特殊侵权行为。”[2]戴修瓒之分类方法，与胡氏相同，只是称谓上略有区别，将其分为通常侵权行为与特种侵权行为。[3]

第二类：以过失责任和无过失责任为区分标准将侵权行为分为一般侵权行为与特殊侵权行为。如蔡天锡麟将过失责任主义场合之侵权行为称为一般侵权行为，结果责任主义场合之侵权行为称为特殊侵权行为。[4]而吴经熊则认为承担过失侵权责任的为侵权行为，将“虽无过失，但为公平起见，亦得令负赔偿损害责任”的行为名之曰“准侵权行为”。[5]

此外，民国时期之民法论著，其对于一般侵权行为构成要件之论述，大抵趋同。胡长清和戴修瓒均将其分为客观要件和主观要件。客观要件有五：①自己之行为；②权利之侵害；③损害之发生；④因果关系；⑤行为之不法。主观要件有二：①意思能力；②故意及过失。[6]

---

〔1〕柯凌汉将一般侵权行为析为两类，即将侵害他人特定权利的行为称为普通侵权行为（《中华民国民法》第 184 条第 1 项前段），将侵害法益的行为（第 184 条第 2 项）和以背善良风俗之方法加损害于他人一般财产的行为称为例外侵权行为，而将特殊侵权行为称之为消极侵权行为。据此，其将侵权行为划分为四类：普通侵权行为、例外侵权行为、消极侵权行为、共同侵权行为。参见柯凌汉：《中华债法论纲》下册，上海商务印书馆 1934 年版，第 436～445 页。

〔2〕胡长清：《中国民法债编总论》，上海商务印书馆 1935 年版，第 121 页。另见洪文澜：《民法债编通则释义》，上海会文堂新记书局 1948 年版，第 125 页。

〔3〕参见戴修瓒：《民法债编总论》上册，上海商务印书馆 1933 年版，第 141 页。

〔4〕参见蔡天锡麟：《民法债编总则新论》，上海广益书局 1932 年版，第 78 页。

〔5〕参见吴经熊：《法律哲学研究》，清华大学出版社 2005 年版，第 184 页。

〔6〕参见胡长清：《中国民法债编总论》，上海商务印书馆 1935 年版，第 121～122 页。另可参见戴修瓒：《民法债编总论》上册，上海商务印书馆 1933 年版，第 141～142 页。

洪文澜之见解，与上略有区别，其将主客观要件并为六种，即①自己之行为；②侵害他人之权利；③损害之发生；④侵害权利与损害之间有因果关系；⑤阻却违法之事由不存在；⑥故意或过失。〔1〕

关于共同侵权行为，按当时学界通说，可分为三种：狭义之共同侵权行为、共同危险行为、造意及帮助。对于该点之剖析，胡长清之见解颇具代表性。胡氏认为，狭义之共同侵权行为，为真实的共同侵权行为，即数人共同不法侵害他人之权利的行为；共同危险行为，针对的是数人共同不法侵害他人之权利，而“不能知其中孰为加害人”的情形，此等共同危险行为，亦为“准共同侵权行为”；而共同侵权行为中的造意人及帮助人，则可“视为共同行为人”。〔2〕共同侵权行为人就其所造成之损害，应该承担连带赔偿责任。

至于特殊侵权行为，通说主要将其分为以下几类，下面试剖析如次：

第一，公务员之侵权责任。《中华民国民法》第186条规定了公务员之侵权责任。公务员于职务上，为国家或其他公共团体，为买卖、承揽、运送、借贷等私法上行为，致第三人之权利受有损害时，由国家或其他公共团体与公务员，连带负赔偿之责。《中华民国民法》关于公务员侵权赔偿责任之条文，与前二次民律草案基本无异，与日本民法之规定也大致相同。而此款规定，在日本学界却备受批评，主要缘其没有涉及国家赔偿之相关内容。〔3〕胡长清在谈到此点时也主张，国家亦应有不法行为能力，“国家之行为能力乃至不法行为能力，自一般的法理论言之，实有不能不肯定者在也”。因此，“如其损害系以官吏之行为为原

---

〔1〕参见洪文澜：《民法债编通则释义》，上海会文堂新记书局1948年版，第125～130页。

〔2〕参见胡长清：《中国民法债编总论》，上海商务印书馆1935年版，第153～167页。

〔3〕参见［日］佐佐木惚一：“国家本于官吏不法行为之责任论”，熊才译，载《法律评论》1928年总第256期；［日］田中二郎：“国家之不法行为赔偿责任论”，张远谟译，载《法律评论》1933年总第516期。

因，依其行为性质如何，或者应由国家直接赔偿，无待明文规定，是为当然”。[1]

第二，法定代理人责任。《中华民国民法》规定，凡年龄未满7岁或禁治产人，皆为无行为能力人，8岁以上未满20岁者，为限制行为能力人。依民法总则之规定，其一切行为，皆须得法定代理人之允许，而所谓法定代理人者，即有行使亲权或监护权之父母或监护人。[2]然法定代理人之责任，又可别为以下二种情形：①无行为能力人或限制行为能力人有识别能力时，由法定代理人与无行为能力人或限制行为能力人连带负赔偿责任；②无行为能力人或限制行为能力人无识别能力时，由法定代理人负损害赔偿之责。[3]如若法定代理人欲免责，则须证明就其监督并未疏懈，或纵令加以相当之监督，仍不免发生损害。至所谓相当之注意，“通说谓其与善良管理人之注意同一意义”。[4]

第三，雇用人责任。《中华民国民法》第188条规定，对于受雇人之侵权行为，雇用人与行为之受雇人负连带赔偿责任，然依其但书之规定，雇用人若证明其本人已尽法定义务时，即免除此项连带责任。关于此条之探讨，民国时期相关论著中有以下几点值得注意：①受雇人之界定。通说认为，所谓受雇人，为雇用人使其执行一定工作并受雇用人若干指示之人。但雇佣关系之成立，并不以雇用契约为限，而雇佣关系中之报酬，也不以金钱为限，举凡世间事物，皆可作报酬品。即劳动本身，亦可作报酬品。此外，一言道谢，一文之志感等精神表示，本无经济价值，也可作为精神报酬。[5]②受雇人执行职务之范围。关于受雇人执行职务之范围，其时学界主要有以下三说：一是以雇用人之意思为

---

〔1〕胡长清：“官吏之本质与其责任”，载《法律评论》1929年总第273期。

〔2〕参见朱方编解：《民法债编详解》，上海广益书局1936年版，第22～23页。

〔3〕参见胡长清：《中国民法债编总论》，上海商务印书馆1935年版，第165页。

〔4〕胡长清：《中国民法债编总论》，上海商务印书馆1935年版，第166页。

〔5〕参见胡养蒙：“民法上雇佣关系中民事责任之负担”，载《法学丛刊》1934年第2卷第7、8期合刊。

标准说；二是以执行职务之外表为标准说；三是以受雇人之意思为标准说。胡长清认为第一说失之过狭，不足以保护被害人之利益；第二说亦未见其当，盖有时形式上虽属于执行职务之范围，如受雇人为自己之利益为之，亦使雇用人负责，未免过苛。故其认为应以第三说为当。〔1〕陈瑾昆则采第二说，其意谓："但凡与使用事项有关系之行为，均可包含。故属于事项之行为，固不待言，即其附属之行为，辅助之行为，其他相关连之行为均可"，"至是否系为使用人之利益，并合于使用人之意思，均所不问"。〔2〕

第四，定作人责任。依据《中华民国民法》第189条，承揽人执行承揽事务，倘有不法损害他人者，定作人不负损害赔偿责任，定作人于承揽人执行职务时为指示而有过失者，仍应负赔偿责任。〔3〕该款之规定，在大陆法系各国，除日本外，均无明文规定，而日本系仿自英美法，民国民法又仿自日本。大陆法系各国对此不设明文规定，盖认为该项所定之责任，应由承揽人负责，是为当然。在定作人指示有过失的情形下，不啻定作人以承揽人为机械而利用之，准诸间接侵权行为之旨，自应由定作人负责，亦无特设明文规定之必要。〔4〕

第五，动物占有人责任。《中华民国民法》第190条规定了动物致害之侵权责任。其意谓：动物加损害于他人时，使用或占有该动物之人，原则上应负损害赔偿责任。〔5〕动物加损害于他人，民国民法学界通说认为，其负责之要件如下：①须其所占有之动物加损害于他人，此

〔1〕参见胡长清：《中国民法债编总论》，上海商务印书馆1935年版，第170~171页。

〔2〕陈瑾昆：《民法通义债编总论》，朝阳大学1930年版，第120页。

〔3〕参见梅仲协：《民法要义》，中国政法大学出版社1998年版，第195页。

〔4〕参见胡长清：《中国民法债编总论》，上海商务印书馆1935年版，第174页。

〔5〕关于该条所定动物之意义，王承廉认为，原则上应采狭义，依普通之观念判断。故豺狼虎豹等猛兽不包括之，其主要指马牛羊鸡犬豸等家畜以及昆虫鱼类等一切动物。参见王承廉："因动物加害之侵权行为论"，载《法律评论》1947年总第704期。

为积极负责要件；②须占有人于管束动物有过失，此为消极负责要件。〔1〕

第六，工作物所有人责任。《中华民国民法》第 191 条规定了建筑物和地上工作物加害之责任。就该条之立法意图言，盖以土地上之工作物等，常因设置或保管有欠缺，以致倒毁破损而发生不测之危险，故加重所有人之责任，以便预防危险之发生。至于何谓地上工作物者，王承廉认为，地上工作物指于土地之上以某种目的依人工之建造，而与土地有联接关系之设备。建筑物乃工作物中之最显著者，如民法所例示之房屋、桥梁、堤防、运河、沟渠、轨道、电杆、电线、纪念碑、铜像、水管、道路等均属之。〔2〕至于工作物所有人责任成立之要件，王氏认为应该包括以下两方面：①积极要件。所有人就其工作物之设置或保管有欠缺，致损害他人之权利者。②消极要件。工作物之所有人对于防止损害之发生，已尽相当之注意者，即可不负责任，故亦称为免责要件。〔3〕

三、物权法思想

我国近代意义上的物权法，始于《大清民律草案》之“物权编”，其出于日人松冈义正之手笔。不过考其内容，大都模仿德国民法，于中国民情习惯，多有扞格。《民国民律草案》在其基础上稍有损益，然则内容上无甚大的变更。《中华民国民法》“物权编”于 1929 年 11 月3 日公布，并自 1930 年 5 月 5 日起施行。该“物权编”之制定，置重社会利益，兼采各国法理之长，同时并保持我国固有之良好习惯。对于所有

---

〔1〕 参见陈瑾昆：《民法通义债编总论》，朝阳大学 1930 年版，第 124 ~ 125 页；戴修瓒：《民法债编总论》上册，上海商务印书馆 1933 年版，第 199 ~ 200 页。

〔2〕 参见王承廉：“因地上工作物加害之侵权行为论（一）”，载《法律评论》1947 年总第 713 期。

〔3〕 参见胡长清：《中国民法债编总论》，上海商务印书馆 1935 年版，第 181 ~ 182 页。

权，则以社会之公益为前提，而予以种种之限制。对于各国法例所无之典权，出于济弱之道德观念，亦参诸固有习惯加以详尽规定。民国民法学家关于物权法之论著，对于物权和物权法的概念、物权变动的基本理论，以及各种典型物权样态，论述甚详。现综其主要思想如下：

（一）物、物权及物权法的界定

物权法中，首先涉及的是“物”和“物权”的概念。胡长清对“物”的概念进行了界定。他指出：“物者，谓在吾人可能支配之范围内，除去人类身体，而能独立为一体之有体物。”展开而言，其意义涵盖以下四点：①物必有体；②物必在人可能支配的范围内；③物必独立为一体；④物须除去人类之身体。[1]就物之分类而言，黄右昌认为，“除不动产动产、主物从物，原物孳息之分类”外，依据学理，还可将物分为以下几类：其一，有体物和无体物；其二，单一物、集成物（亦名集合物件）及聚合物（又名物件集合）；其三，融通物和不融通物；其四，代替物与不代替物；其五，消费物与不消费物；其六，特定物与不特定物；其七，可分物与不可分物。[2]

柯凌汉、李宜琛、王去非、刘志敭等则对物权的意义进行了较为全面的阐析。柯凌汉谓：所谓物权，即直接支配物的权利。物权须具备以下两个要件：其一，“要为对物之权利”；其二，“要为直接支配物之权利”。[3]此外，柯氏还进一步强调，物权具有以下两个特质：第一，“物权为绝对权，得对于一般人主张之”；第二，“物权为直接支配物的权利，当独占的享受其物上之利益，势不得不排斥其他之物权”。[4]李宜琛指出：“物权系以物之支配为内容之权利。”物权以直接支配“物”

---

〔1〕参见胡长清：《中国民法总论》，中国政法大学出版社 1997 年版，第 152～154 页。

〔2〕参见黄右昌：《民法诠解总则编》上册，上海商务印书馆 1946 年版，第 277～287 页。

〔3〕柯凌汉：《中华物权法论纲》，上海商务印书馆 1935 年版，第 5～6 页。

〔4〕柯凌汉：《中华物权法论纲》，上海商务印书馆 1935 年版，第 8～9 页。

为其内容。物权之客体，须符合以下要件：①须为特定物；②须为独立之物；③须为单个之物；④须为有体物。[1]王去非也特别强调物权的客体为特定的有体物，将物权定义为“直接管理特定有体物，并且可以对抗社会一般人之权利”。并将物权的效力归纳为以下三点：其一，“物权生物上请求权”；其二，“物权有追及权”；其三，“物权有优先权”。[2]刘志敭的见解，较前述论者更为深入。他指出，物权即“直接支配一物或支配一权利，并具有排他作用之绝对权”。其意义如下：第一，物权的主体以无差别为原则，法人、自然人均可成为物权的主体；第二，物权系以支配物或权利为其积极效用之权利；第三，物权为直接支配有体物或无体权利的权利。[3]其将物权的客体，由有体物扩及权利。胡元义认为，物权之特质，主要体现为支配权。同时指出，物权非依法律规定不得创设，此即物权法定原则。该原则具有以下两层含义：其一，民法及其他法律所未规定之物权，不得由当事人之任意契约而创设；其二，纵令名称与民法及其他法律所规定者相同，若其内容不符法律之规定，仍不许当事人任意创设。[4]

至于物权的分类，黄右昌将其分为以下几类：其一，所有权和他物权；其二，主物权和从物权；其三，用益物权和担保物权；其四，不动产上之物权、动产上之物权、财产权上之物权；其五，民法上之物权、附属法上之物权。[5]在第五种分类中，黄氏又对准物权作了扼要阐释：

---

〔1〕参见李宜琛：《现行物权法论》，北平好望书店1933年版，第9、11～13页。刘鸿渐认为，物权之客体，原则上为有体物。但关于此项有体物，尚须注意以下几点：①其物须为特定物；②其物须为独立之单一体；③其物须有为物权客体之能力。可见刘鸿渐之观点，与李宜琛略同，但强调了作为物权之客体的物，须具有物权客体之能力。参见刘鸿渐：《中华民国物权法论》，上海会文堂新记书局1937年版，第11～12页。

〔2〕王去非：《现代物权法论》，上海世界书局1933年版，第4～5页。

〔3〕参见刘志敭：《民法物权》，上海大东书局1936年版，第7～10页。

〔4〕参见胡元义：《民法物权讲义》，国立武汉大学1933年印行，第4～5页。

〔5〕参见黄右昌：《民法诠解物权编》上册，上海商务印书馆1947年版，第48～50页。

“民法上之物权，即由民法所创设之物权，附属法上之物权，即由民法以外之法律所创设之物权，或称准物权”，如渔业法所称之渔业权，矿业法所称之矿业权，土地法所称之耕作权。[1]李宜琛将物权分为假权和本权两大类。而所谓本权，又可分为所有权和制限物权。制限物权又可分为用益物权和担保物权。其中用益物权具体包括地上权、永佃权、地役权和典权；担保物权包括抵押权、质权、留置权。[2]刘志敭的物权分类与李宜琛大体相近，不过他并无假权与本权之分，且将制限物权称为定限物权，并将质权析成动产质权和权利质权两种。[3]

关于物权法的定义，民国民法学界在学说上的解释，尚不一致。有谓物权法为财产权法之一部，系规定各种物权之效力及其得丧之法律关系的法律；[4]有谓物权法系规定物权的法律关系之法规的全体；[5]有谓物权法系规定个人与其生活上所需货物的直接关系之法规的总称；[6]有谓物权法系规定满足人们需要的各种生活资料的支配关系的法律。[7]周新民认为，物权法的定义，须从经济方面加以考察。以上各说，虽然比较上以最后一说为当，然其“未明认其为私人财产社会的产物，犹为美中不足”。因此他将物权法界定为“规定吾人私有的生活资料之支配关系的法律”。[8]另，胡长清亦认为“物权法系以规律吾人与其所需货物之直接关系为目的”，且物权法具有以下两大特点：第一，物权法的

---

〔1〕 参见黄右昌：《民法诠解物权编》上册，上海商务印书馆1947年版，第50页。

〔2〕 参见李宜琛：《现行物权法论》，北平好望书店1933年版，第24页。李宜琛认为，所谓假权之物权，即所谓占有者，本非正当之权利，不过以其对于物有事实上之管领力，法律有以其具有权利之外形，因而予以一定之保护者也，如占有。参见同书第22页。

〔3〕 参见刘志敭：《民法物权》，上海大东书局1936年版，第29~30页。

〔4〕 参见胡元义：《民法物权讲义》，国立武汉大学1933年印行，第1页。

〔5〕 参见王去非：《民法物权论》，上海会文堂新记书局1930年版，第1页。

〔6〕 参见刘鸿渐：《中华民国物权法论》，上海会文堂新记书局1937年版，第4页。

〔7〕 参见李宜琛：《现行物权法论》，北平好望书店1933年版，第2页。

〔8〕 周新民：《物权法要论》，上海商务印书馆1936年版，第1~2页。

规定多属强行法规，不适用债权法上契约自由之原则；第二，债权法的内容多为各国所共通，而物权法所规定者，“则为物之直接支配关系，以适合其国之习惯与其国之经济状态为必要，故其规定与亲属法、继承法相似，多维持其国固有之制度”。〔1〕黄右昌则认为，“物权法者，规定人类在物上的生活与需要，而为财产法与经济法之一部也”。〔2〕据此其提出了“经济物法”这一概念，并指出“经济物法，主要为土地法”。〔3〕

（二）物权与债权的关系

民国民法学家多从物权的性质入手，阐释物权与债权之间的微妙关系。学者们关于物权性质的主张，大致可别为以下两说：其一，将物权视为人与物之间的关系，主张物权乃支配物的权利，一般人负有不可侵犯该物的义务；其二，将物权关系视为与债权关系相同，乃为人与人之间的关系，只不过物权为对抗一般人的财产权，债权为对抗特定人的财产权。曹杰倾向于第二说。他认为：“夫以法律关系，自以人与人间始能发生，故谓人支配物，仅为说明便利计，若在法理上殊无根据。”〔4〕同时他还指出，若将认定物权为对一般人的法律关系，而债权为对特定人的法律关系，以此作为债权与物权的本质区别，亦属不当。在他看来，无论债权和物权均具有不可侵犯性和排他性，只是“物权之排他作用，实为原则，债权仅于少数例外场合见之，又债权系以人之行为为其标的，物权以人之作为为其内容者，究属例外（如不作为之地役权）”。〔5〕由此可见，曹杰主张物权和债权仅处于相对分离状态，否定债权与物权的绝对分离论，并坚持认为“物权与债权，仅有行使权利程度上的差别”，“而无本质上差别”。〔6〕

〔1〕胡长清：《民法物权》，上海商务印书馆1934年版，第2页。

〔2〕黄右昌：《民法诠解物权编》上册，上海商务印书馆1947年版，第4页。

〔3〕黄右昌：《民法诠解物权编》上册，上海商务印书馆1947年版，第11页。

〔4〕曹杰：《中国民法物权论》，上海商务印书馆1937年版，第6页。

〔5〕曹杰：《中国民法物权论》，上海商务印书馆1937年版，第7页。

〔6〕曹杰：“从现行法考察婚姻与婚约之本质”，载《法学杂志》1934年第7卷第4期。

张企泰认为，物权与债权存在显著的区别，并将它们之间的区别点归纳为以下几个方面：

> 一、物权系绝对的权利，有对抗一般人之效力，债权系相对的权利，仅得对抗特定之债务人。……二、物权与债权，在一国经济生活上之功用，各有不同。债权之制度，在促进货物之流通，及利益之交替，乃代表社会上流动之利益，故其内容大抵为正面之给付。物权之制度，在保护已得财物之享受，仍代表社会保守之利益，故其内容既系负面之不作为。或以物权比拟人之骨格（骼），债权比拟其血液。……三、物权之效力，既较债权为强，故物权之类型有限。除法律规定者外，当事人不得随意创设。至于债权所自生之契约，则无一定之类型。……四、物权所发生之问题，不仅影响私人之利益，抑且有关公益，……至于债权所可发生之问题，影响于私人之利益者大，涉及公益者小。〔1〕

李宜琛认为，物权法与债权法同时形成财产法之主要部分，“但物权与债权之性质既属相异而形成对立，此两种法规之性质，亦各不相同”。他从以下两个方面剖析两者之区别：第一，债权法原以保护交易安全为目的，“但时至今日，因经济组织及交通机关之发达，经济生活已渐次国际化，债权法遂亦因之而有国际化之倾向”。而物权法中，“既多有属地之关系，各国立法例，类皆参考古风旧习，而制为法规”。第二，债权法为特定人相互之关系，影响于第三人者较少，固得援用契约自由之原则，“是为债权法多为任意法规之原因”。然物权有排他之效力，其种类及内容，均由法律加以限定，“故物权法多为强行法规”。〔2〕

---

〔1〕 张企泰：《中国民法物权论》，上海大东书局1945年版，第10～11页。

〔2〕 李宜琛：《现行物权法论》，北平好望书店1933年版，第6～7页。

（三）物权行为

物权变动包括物权之取得、变更及丧失。物权变动的原因，则包括法律行为与法律行为以外之事项。前者如买卖、遗赠等，后者如取得时效、继承、先占、拾得遗失物、发现埋藏物、添附、公用征收等。[1]法律行为又称物权行为，包括单方物权行为和物权契约。[2]物权契约"包括两个或两个以上之意思表示"，单方物权行为"仅包括一个意思表示"，例如抛弃。此外，单方物权行为"尚须具备一定公示程序，然后物权之法律行为，始有效成立"。[3]

物权行为其实系学术上之用语，民法上并无此称谓。物权行为为物权变动的重要原因之一。刘志敭指出，物权行为即以发生物权变动为目的所为之法律行为。易言之，"实即指当事人关于授受一物之合致意思及该授受行为而言"。[4]物权行为之成立须满足以下三个要件：其一，当事人。当事人是否为复数，抑为单数？在所不问，"但必具有行为能力"。其二，标的物。物权行为"以其目的在于立即变动物权，故原则上非具特定及现有暨独立性格不可"。其三，其他法定事项。"凡法律就各种法律行为所定之条款，皆应具备"。[5]

---

〔1〕 参见刘志敭：《民法物权》，上海大东书局1936年版，第65～68页。

〔2〕 刘鸿渐认为，所谓物权契约，即直接以物权之得丧变更为目的的契约。关于物权契约之效力，立法上向来存在两大主义，即形式主义与意思主义。依意思主义，则物权之得丧变更，仅属债权契约之效果，债权爽约之外，不认有直接以物权之得丧变更为目的之契约，而交付与登记，不过为对抗第三人之条件而已。法国民法及法国法系之立法，皆采用此主义。反之，依形式主义，则债权契约，仅发生以物权之得丧变更为目的之债权债务，物权得丧变更之直接发生效力，以交付或登记为必要之条件。而采用此主义之立法例中，有于交付或登记之外，更须有与债权契约分离独立之物权契约，亦有于交付或登记之外，无须特别之物权契约，对于交付或登记，即时付以物权得丧变更之效果者。采形式主义者，有德国民法、瑞士民法及中华民国民法。参见刘鸿渐：《中华民国物权法论》，上海会文堂新记书局1937年版，第39～40页。

〔3〕 张企泰：《中国民法物权论》，上海大东书局1945年版，第21页。

〔4〕 刘志敭：《民法物权》，上海大东书局1936年版，第87页。

〔5〕 刘志敭：《民法物权》，上海大东书局1936年版，第88～90页。

柯凌汉指出，“物权行为乃对于债权行为而言，即以直接发生物权之变动为目的之法律行为”。所谓直接发生物权之变动，“即其行为发生效力时，立生物权之变动，当事人不必再为其他之行为”。就此点来看，它与物上之债权行为“仅能与当事人间发生债权关系，而不能使物权即生变动不同”。[1]就其性质而言，物权行为属于处分行为。故其成立，必有一定之原因关系。概括而言，物权行为的原因关系有以下几种：①有因使他人之法律行为成立者，即物权行为为他人之法律行为成立之要件；②有因他人之法律行为发生效力者，即物权行为为他人法律行为之有效要件；③有因履行对于相对人所负之债务者，即为履行对于相对人之债务而为物权行为。[2]物权行为之有效成立，除需具备一般法律行为之要件，如当事人须有行为能力、有意思表示、意思表示无瑕疵等外，还须满足一般物权行为的四项共通要件：①物权行为的标的物，必须为特定物；②物权行为的当事人必须有处分权；③物权行为之意思表示，须依法定之形式，以为公示；④不动产物权行为必须作成字据。此外，物权行为还需要满足各种物权行为的特别要件。如设定永佃权，应约定佃租；设定动产质权，应交付质物；等等。[3]

（四）几类典型物权

1. 相邻权

相邻权之设，旨在限制土地所有权。曹杰对相邻权的概念进行了界定。其谓：当不动产所有权出现土地互相邻接时，“此所有者之权利行使，影响于他所有者之权利行使，其结果于相邻间发生权利之抵触”。为平衡两者之利益，必对所有权人之权利行使加以一定的限制。此种限制，“从受限制一方观之，则为义务，从其他一方（即扩张一方）观之，

〔1〕 柯凌汉：《中华物权法论纲》，上海商务印书馆1935年版，第18页。

〔2〕 参见柯凌汉：《中华物权法论纲》，上海商务印书馆1935年版，第19~20页；柯凌汉编著：《民法物权》，上海商务印书馆1935年版，第25页。

〔3〕 参见柯凌汉：《中华物权法论纲》，上海商务印书馆1935年版，第20~21页；柯凌汉编著：《民法物权》，上海商务印书馆1935年版，第25~33页。

则为权利。惟历来观念，多偏于权利本位主义，故称为相邻权”。[1]梅仲协指出，关于相邻权，须遵守一个原则，即“土地所有人，不得就自己所有之土地，加损害于相邻人之土地所有权”。[2]

相邻间所有权之限制，其实质是明确土地所有人相互间之权利义务关系。周新民将相邻权归纳为以下十类：第一，危害预防权。具体包括：①关于经营工业或其他事业的预防；②关于开掘土地或为建筑的预防；③关于建筑物或其他工作物有倾倒危险的预防。第二，关于水的相邻权。具体包括：①流水权，即排水权、疏水权、过水权；②用水权，即关于水源地的用水权和关于水流地的用水权。第三，邻地通过权。具体指：①其通过须为电线、水管、煤气管或其他筒管；②其通过须择损害最少的处所或方法为之；③其通过须对邻地所有人支付偿金。第四，邻地通行权。第五，邻地侵入权。第六，邻地使用权。第七，秽恶排除权。第八，越界建屋权。第九，竹木刈除权。第十，果实取得权。[3]王去非之分类，除个别表达上略有差异外，与上略同。不过其将上述之关于水的相邻权析分为邻地流水权和邻地用水权，并将线管安设权单列为一项，且将秽恶排除权排除于相邻权之外。[4]至于其他学者的分类，也大同小异，兹不一一赘列。

2. 永佃权

永佃权制度，本为我国所固有，而欧洲大陆各国及日本民法上之佃权，则源自于罗马法。我国的永佃权之制，始自何时，已难详考。刘志敭认为，其起因不出以下几端：①领荒招垦；②承种熟地；③投充或国禁；④佃种上赏地亩等。[5]就其法律上的定义而言，“永佃权是支付佃

[1] 曹杰：《中国民法物权论》，上海商务印书馆1937年版，第56页。

[2] 梅仲协：《民法要义》，中国政法大学出版社2004年版，第526页。

[3] 参见周新民：《物权法要论》，上海商务印书馆1936年版，第82~106页。

[4] 王去非：《现代物权法论》，上海世界书局1933年版，第30~45页。

[5] 参见刘志敭：《民法物权》，上海大东书局1936年版，第375页。

租，永久在他人土地上为耕作或牧畜的物权”。[1]刘志敭指出，准确理解永佃权的意义，须把握以下要点：①永佃权为存在于土地上之物权；②永佃权系为耕作或牧畜而使用他人土地之权利；③永佃权为永久使用他人土地之定限物权；④永佃权为有偿设定之权利。[2]

王去非认为，永佃权人的权利和义务主要包括：①权利之让与；②佃租之减免；③出租之禁止；④佃租之支付；⑤地状之回复。[3]刘志敭则对永佃权人的权利和义务进行了更细致的归纳。认为永佃权人的权利主要包括：占有土地、收取孳息、设置工作物、让与佃权或供作担保、援用相邻关系之规定、请求减免佃租、撤回工作物及请求偿还费用、继承或抛弃佃权等；而其义务则主要为：依期付租、不得出租土地、遵守特约、协商增租、回复土地原状等。[4]

至于取得永佃权之原因，刘志敭认为分原始取得、创设的传来取得、转移的传来取得三种情形。创设的传来取得又包括契约和遗嘱两种，转移的传来取得则分为让与、继承两种。[5]王去非指出，永佃权作为物权的一种，并无专属性，“依照财产权共通的原则，永佃权人得将其权利让与第三人”。[6]此外，柯凌汉认为，永佃权虽为永久使用他人土地之权利，但亦可因下列事由发生而消灭：①土地全部灭失。②混

---

〔1〕 柯凌汉编著：《民法物权》，上海商务印书馆 1935 年版，第 119～120 页。另可参见周新民：《物权法要论》，上海商务印书馆 1936 年版，第 171 页。

〔2〕 参见刘志敭：《民法物权》，上海大东书局 1936 年版，第 376～381 页。

〔3〕 参见王去非：《民法物权论》，上海会文堂新记书局 1930 年版，第 178～180 页。柯凌汉将永佃权人的权利概括为以下三项：①利用权；②物权的请求权；③相邻权。参见柯凌汉编著：《民法物权》，上海商务印书馆 1935 年版，第 121～123 页。

〔4〕 参见刘志敭：《民法物权》，上海大东书局 1936 年版，第 385～397 页。

〔5〕 参见刘志敭：《民法物权》，上海大东书局 1936 年版，第 382～384 页。

〔6〕 王去非：《现代物权法论》，上海世界书局 1933 年版，第 90 页。关于永佃权的让与，郑爰诹解释如下：①永佃权人以其永佃权让与他人时，无须得到土地所有权人的同意；②永佃权人未经土地所有人同意以其永佃权让与他人时，土地所有权人不得主张该让与行为无效；③当事人设定永佃权时，不得在契约内附有禁止让与的特别约定；④契约内附有禁止让与的特别约定，该特别约定无效；⑤地方有不许让与之习惯时，其习惯无效。参见郑爰诹编辑：《民法物权编释义》，上海世界书局 1931 年版，第 124 页。

同。即永佃权与其土地所有权同归一人。③抛弃。永佃权人依法抛弃永佃权。④撤佃。土地所有人依法撤佃。⑤第三人的原始取得。即第三人因为取得时效，取得该土地上的地上权。〔1〕

3. 典权

就我国固有之习惯而言，“典是指移转占有而言”。然何谓物权法上之典权，王去非认为，所谓典权，“就是支付典价，占有他人的不动产，而作为使用和收益的权利”。〔2〕据上述定义，王去非将典权之意义概括为以下三点：①典权是以使用或收益不动产为目的的物权；②典权是以支付典价，使用或收益他人不动产的物权；③典权是以占有标的物为成立要件的物权。〔3〕对于典权的取得方式，余棨昌认为主要有以下两种：一是因法律行为而取得，二是因取得时效而取得。法律行为之取得又可再分为设定的继受取得和移转的继受取得，典权更多的是以契约的方式通过设定而取得。〔4〕就典权的效力而言，余棨昌认为：首先，典权人为使用收益得直接占有他人之不动产，故典权的效力起于直接的占有；其次，典权人就其土地或房屋，得排斥第三人之干涉，受有损害时可请求救济；最后，除契约另有约定或当地习惯有限制外，典权人可将其权利让与、遗赠、继承，或作为债权的担保。〔5〕刘鸿渐则认为，典权的效力，主要体现于典权人和出典人的权利和义务之中。典权人的权利义务主要包括：①典权人可将典物转典或出租于他人；②典权人可行使由不动产相邻关系所生的诸种权利，且兼须负相应的义务；③典权人须负担因自己之过失致典物灭失之责任；④典权人于典物因不可抗力灭失后，有重建或修缮的义务；⑤典权人有请求偿还有益费和重建及修缮费

〔1〕参见柯凌汉编著：《民法物权》，上海商务印书馆1935年版，第125～126页。

〔2〕王去非：《现代物权法论》，上海世界书局1933年版，第137页。

〔3〕参见王去非：《现代物权法论》，上海世界书局1933年版，第137～138页。

〔4〕参见余棨昌：《民法要论物权》，北平朝阳学院1931年版，第98～99页。

〔5〕参见余棨昌：《民法要论物权》，北平朝阳学院1931年版，第100页。

的权利。出典人的权利和义务则包括：①出典人可将典物之所有权让与他人；②出典人可以原典价回赎典物；③出典人回赎典物应遵守法定期间或先行通知典权人。[1]

典权为我国固有之特种独立物权，非他国之立法例和民法理论所能牵强附会。民国民法学者关于典权之论述，大多触及一个核心问题，即典权的性质问题。典权的性质之争始自清末，至《中华民国民法》颁布之后，仍争议不断。关于典权之性质，大致可别为以下三说：

第一，从物权，即担保物权说。该说谓典权为从物权，而非主物权，其权利自身，非由单纯的物上关系，而由典的关系而发生，是以债的关系为前提，作为债之关系的担保而存在的。至于用益与否，并非典权的显著特点，其权能唯在于为债权提供担保，因而同于不动产质权或抵押权。所以其性质应为担保物权。该学说源于日本法学家冈田朝太郎和松冈义正对中国固有之典权的判断，并且该学说最后直接体现于《大清民律草案》中，黄右昌曾对此事有过详尽论述：

> 清末有日人者冈田朝太郎博士主讲京师法律学院（堂），松冈义正博士起草民律，冈田氏言中国典当，大体同于日本不动产质。松冈氏于其所起草之民律草案物权编中，亦仅规定质权而未规定典权。于是典即不动产质，属于担保物权之学说，几支配吾国法界人士之思潮，甚至以典质观念混同，见诸法令者。……盖直抹杀固有之习惯，迳认典权为不动产质权。于是习惯上所称之典，一时几失其本来面目。[2]

第二，主物权，即用益物权说。此说认为，因物而产生典的关系，并不以债的关系为前提。此外，典权涵盖使用、占有、收益等各种权

---

[1] 参见刘鸿渐：《中华民国物权法论》，上海会文堂新记书局1937年版，第250~259页。

[2] 黄右昌：《民法诠解物权编》下册，上海商务印书馆1947年版，第83页。

益，除所有权以外，在诸主物权中，属于最完备者。因而典权应为主物权中的用益物权。黄右昌在对“典卖”、“典当”之用语的历史沿革进行悉心考释的基础上，对典权的性质进行了详尽辨析。他在起草《民国民律草案》时，“列地上权为第三章，永佃权为第四章，地役权为第五章，抵押权为第六章，质权为第七章，典权为第八章”。此即《中华民国民法》关于典权制度安排之嚆矢。黄右昌认为：“典权为主物权，非从物权，其权利之自身，恒因物之关系而存在。换言之，因物而产生典之关系，决非先有或别有何种法律关系（债之关系），始能发生典权也。”〔1〕王去非之观点与黄右昌相同，亦认为将典权定性为用益物权，符合我国固有之习惯。但他同时也指出，《中华民国民法》将其章次列于抵押质权之后，“洵非得宜，盖常有使人误解为担保物权之嫌疑也”。〔2〕

第三，特种物权说。此说既不赞同用益物权说，又反对担保物权说，而认为典权为兼具担保物权和用益物权性质之特种物权。倡此说者为张企泰。其谓：

> 使用收益，既非典权之主要内容，亦非典权人取得典权之主要目的。盖典权人往往系拥有资产生活优裕之人，原无用益他人不动产之必要。纵然典受他人之不动产，其最终目的，仍希取得其所有权，使用收益，仅具附带之作用，典权人藉以补偿其支付典价之利息而已。此在以使用收益为内容之其他物权则不然。地上权人等原有使用收益他人不动产之需要，故其支付租金，或其他对价，惟一目的，亦在就他人之田地为使用收益，以应所需。又典权之关系，业主辄为经济上弱者，而典主为强者；反之，地上权等之关系，则地上权人等往往为经济上弱者，而业主为强者。故不问从经济上之

〔1〕黄右昌：《民法诠解物权编》下册，上海商务印书馆 1947 年版，第 83 页。
〔2〕王去非：《民法物权论》，上海会文堂新记书局 1930 年版，第 208 页。

效用，社会上之意义而言，典权与地上权等，实乏共通之特点，究难视为属于同种类型也。……典权之担保效用，固较其使用收益之效用为显著，但亦不得遽认为即属担保物权之一种。案担保物权系从物权，以主债权之存在为前提，如无债之关系存在，当不生担保之问题。此在抵押权、质权，及留置权之担保债务履行，其情形至为显然。反之，典权之发生，未必即有债之关系存在。典价之支付，与其谓基于借贷关系，不若谓取得典权之报偿行为，较为迫真也。此观之习用之名词，称典权而不称借款，称回赎而不称清偿债务，可想而知，此其一。担保物变为债金后，不足抵偿债务时，债务人仍负清偿余数之义务；反之，典物之价值降落而不及典权之数额时，典权人抛弃其回赎权，即可使典权关系消灭，此其二。担保物权不得单独让与，故系从物权；反之，典权人得将其权利让与他人，故系主物权，此其三。综上三端，可见典权与其他担保物权间，不无重大之区别在。其他物权之分为用益物权与担保物权，乃外国学者根据其自国法律所为之分类，若以我国特有之权利，强纳于其中之一类，宜见格格其不相入也。然则典权之本质，究何若。愚以为典权既具使用收益之内容，亦有相当担保之效用，实为一独特无匹自成一类之物权。〔1〕

四、亲属法思想

从清末迄至民国，中国近代历经五次亲属立法：第一次为《大清民律草案》“亲属编”，第二次为1915年由法律编查会起草的《民律亲属编草案》，第三次为1925年由北洋政府修订法律馆草拟的《民国民律草案》“亲属编”，第四次是由南京国民政府法制局起草之《亲属法草案》，第五次则为1931年的《中华民国民法》“亲属编”。民国民法学

〔1〕张企泰：《中国民法物权论》，上海大东书局1945年版，第82～83页。

家关于亲属法之论著，对于近代亲属立法之沿革、立法过程中的主要争议点，尤其《中华民国民法》“亲属编”的理论体系和条文意涵，述论甚详。而其关于亲属法之主要思想，则集中于以下几个方面：

（一）亲属法的界定

亲属法之界定，是亲属法理论中的首要问题。陶汇曾认为，亲属法是亲属共同生活的规范，是“规定亲属的身分关系及本于此诸关系的权利义务之法”。[1]至于亲属法的范围，陶氏认为其包括亲属关系与家属关系、纯正亲属法与亲属财产法、监护三项。[2]此外，陶氏还强调，法律上的亲属不同于生物学上的亲属，法律上的亲属是有限制的，只有“与我们有共同生活关系的亲属，才规定在法律里。法律只规定法律关系，没有共同生活关系即没有法律关系，便不在法律规定之列”。[3]按诸当时学界的一般通说，就法律性质而言，法律可分为公法与私法、强行法与任意法、普通法与特别法。循此思路，陶氏认为亲属法是私法、强行法、普通法。其具体理由如下：其一，公法为规定国家生活之法律，私法为规范社会生活之法律。亲属生活为社会生活之一端，故亲属法为私法；其二，强行法具有强制性，不许当事人以意思变更其内容，亲属法之规定，大部分与公共秩序和善良风俗有关，故有强行法之性质；[4]其三，亲属生活是人类社会当然的普遍的现象，亲属法是亲属生活的规范，适用于中华民国全部领土之上，其当然为普通法。[5]

黄右昌则秉承其法律新分类之解析理路，赋诸亲属法之团体法和经

---

〔1〕 陶汇曾：《民法亲属》，上海商务印书馆1936年版，第1页。

〔2〕 参见陶汇曾：《亲属法大纲》，上海商务印书馆1928年版，第3~4页。陶汇曾还指出，其实监护之规定，严格意义上言之，本不属于亲属法之范围，不过由于学者们多将其视为亲权之延伸，故立法上将其纳入亲属法，久之则被视为当然之举。参见同书第4页。

〔3〕 陶汇曾：“生物学上之亲属与法律学上之亲属”，载《法令周刊》1931年第36期。

〔4〕 参见陶汇曾：《亲属法大纲》，上海商务印书馆1928年版，第4~5页。

〔5〕 参见陶汇曾：《亲属法大纲》，上海商务印书馆1928年版，第5~6页。

济法的属性。其谓：亲属法为“规定私人的身分关系及共同生活的团体法和经济法”。[1]就亲属法的性质而言，黄氏认为其属于与“公法”相对应的“私法”，与“特别法”相对应的“普通法”，与“从法”相对应的“主法”，与“容许法”相对应的“强行法”。[2]由上可知，黄氏之论，除在法律概念表达上与陶汇曾略有差异外，还补充了亲属法为“主法”这一法律性质。李谟对亲属法性质之概括，较之于前两者，似更为宽泛，他从法律可分为公法与私法、普通法与特别法、实体法和程序法、强行法与任意法、财产法和身分法这一思路出发，将亲属法的性质定位为私法、普通法、实体法、强行法、身分法。[3]显而易见，他进一步突出了亲属法作为实体法和身分法的这一法律性质。

郁嶷亦肯定亲属法的私法属性，不过又同时指出，若将亲属法与其他私法相比较，则可发现亲属法有着自身的特异性质。这主要体现在：第一，亲属法上之权利，专属于有特定身分者，故不能抛弃或转移；第二，亲属法上之权利，对于一方为权利，而对于他方又属于义务；第三，亲属关系并非单纯的法律关系，其实际上渊源于道德；第四，亲属法上之权利义务，虽然由法律行为发生变更或消灭，但均须具备法律上的要件；第五，亲属法上之权利义务，可以继续行使，与普通财产法上之权利义务，因一次行使履行而归消灭者大异；第六，亲属法上之财产权，与亲属法上之身分，有不可分离的关系；第七，因发生变更或消灭亲属法上之权利义务而为之法律行为，以不许代理为原则；第八，亲属法上之规定，较民法他部分采取习惯之处更多；第九，亲属法上之法律行为，贵重形式；第十，亲属法上之事项，常受国家机关的干涉。[4]郁嶷的上述见解，其实是对亲属法的私法性质，进行充分的理论阐解。

---

〔1〕 黄右昌：《民法亲属释义》，上海法学编译社1933年版，第1页。

〔2〕 参见黄右昌编：《民法第四编亲属法》，北大法律丛书，出版信息不详，第1~5页。

〔3〕 参见李谟编：《民法亲属新论》，上海大东书局1932年版，第3~5页。

〔4〕 参见郁嶷：《亲属法要论》，北平朝阳大学1934年版，第5~8页。

曹杰虽然肯定亲属法为强行法和普通法，但否定其为私法。他认为将法律分为公法和私法，本身即存在很大疑义。此外，就亲属法而论，其“所规定者虽为亲属关系、家属关系，然此等关系，关于公之秩序者实非浅鲜”。故亲属法非私法这一概念所能涵摄。职是之故，他摒弃公法私法之分，“而以根本法与附属法之名词代之”，并且指出：“所谓根本法者，即指人类所生存之基本条规而言”，而“人类生存于社会，如亲子关系、夫妇关系，均属自然存在”。“故亲属法为根本法，毫无疑义”。[1]

（二）家与家制

民法上的“家”与我们一般观念中的“家”有着重大区别。黄右昌认为：“法律上所谓家者，非有形之家屋，亦非人类共同生活之团体，乃专指家长权所行之范围。”一般而言，“家长、家属，为构成一家之要素”。[2]此之所谓家长，即“一家之长，统摄家政者”。[3]家长之权利和义务包括以下数项：第一，统摄家政之权；第二，允许亲属入籍之权；第三，择立嗣子及撤销立嗣之权；第四，担任监护人、保佐人之权；第五，受抚养之权利；第六，承受遗产之权；第七，家长对于家属，负抚养之义务。[4]而所谓家属者，即“与家长同一户籍之亲属，立于家长权下之地位而被统辖者”。[5]家属之权利和义务包括：第一，特有财产（即以自己之名义所得之财产）之权利；第二，受抚养之权利；第三，服从家长权之义务；第四，负抚养之义务。[6]

---

〔1〕曹杰：《中国民法亲属论》，上海法学编译社 1946 年版，第 6 ~ 8 页。

〔2〕黄右昌编：《民法第四编亲属法》，北大法律丛书，出版信息不详，第 87 页。

〔3〕黄右昌编：《民法第四编亲属法》，北大法律丛书，出版信息不详，第 93 页。

〔4〕参见黄右昌编：《民法第四编亲属法》，北大法律丛书，出版信息不详，第 96 ~ 98 页。

〔5〕黄右昌编：《民法第四编亲属法》，北大法律丛书，出版信息不详，第 101 页。

〔6〕参见黄右昌编：《民法第四编亲属法》，北大法律丛书，出版信息不详，第 102 ~ 105 页。

家族制度，即家制，其意义为何？李宜琛认为，家族制度即“以家为社会组织单位之制度”。〔1〕亲属法上的立法主义，主要为个人主义与家族主义。清末起草《大清民律草案》“亲属编”之始，即发生应采家族主义，抑采个人主义之争。后该草案“毅然采取家族主义，而于亲属法上规定所谓家。第二次及第三次民法草案从之，及第四次亲属法草案，鉴于一般立法趋势，始将家制一章废除，而采纯然之个人主义”。〔2〕到《中华民国民法》“亲属编”制定时，国民党中央政治会议第220次会议议决民法亲属法立法原则，该会通过之《民法亲属编先决各点审查意见书》第八点规定：“家制应设专章规定之。”其理由为：“我国家庭制度，为数千年来社会组织之基础，一旦欲根本推翻之，恐窒碍难行，或影响社会太甚，在事实上似以保留此种组织为宜，在法律上自应承认家制之存在。”〔3〕故《中华民国民法》“亲属编”设有专章规定所谓家。此章关于家之规定，有学者误解为其仍采家族主义。〔4〕胡长清认为，“其已非复所谓之家族主义之立法，盖在我国民法，不过以家为一定亲属间共同生活之方式，而非以其为亲属关系之基础”。“不能谓其有家之规定，即系采取家族主义也”。〔5〕《中华民国民法》虽设专章规定所谓家，但李宜琛认为，其在立法上仍过于简略，事实上限制了该项立法之最终目的的实现。其曰：

我国民法原以保存家族制度为目的，但鉴于家之社会的机能，故仿瑞士民法，采实质主义，规定永久共同生活为目的而同居之亲

〔1〕李宜琛：《现行亲属法论》，重庆商务印书馆1946年版，第170页。

〔2〕胡长清：《中国民法亲属论》，上海商务印书馆1936年版，第344~345页。

〔3〕谢振民编著：《中华民国立法史》下册，中国政法大学出版社2000年版，第787页。

〔4〕郁嶷谓：个人主义，适应将来趋势，顺应世界潮流，审势立法，本属至当。不料国民政府最近公布之亲属法，乃采家族本位主义，殊非吾人所能赞同。参见郁嶷：《亲属法要论》，北平朝阳大学1934年版，第10~11页。

〔5〕胡长清：《中国民法亲属论》，上海商务印书馆1936年版，第7页。

属团体为家。然对于家长家属间之权利义务，及家之经济共同关系，规定殊苦未详，欲期其充分发挥家之机能，自属难能者也。[1]

以上所述，为中国近代亲属立法中关于家族制度安排之大略。至于家制存废问题，民国民法学界聚讼纷纭。而其争论之焦点，又集中于个人主义与家族主义之利与弊。

关于家制之利弊，学者间颇多争论。反对家族主义者如郁嶷谓，家族主义之弊端有三：一为经济上之弊。大意谓家族共财，生之者寡，食之者众，影响于国民经济，甚为重大。二为政治上之弊。大意谓爱家之心厚于爱国，一家兴衰，痛痒切肤，国有急难，则视同秦越，此为时贤抨击家制所持之共同意见。三为社会上之弊。大意谓家为社会之中坚，若使骨肉寇仇，变起萧墙，则社会无宁日。[2]因此郁嶷力倡亲属立法应采个人本位主义，而主张“法律无规定家制之必要”。[3]与郁嶷持相同意见者为胡长清，其亦认为，“昔日之家制，已消灭于无形，居今日而立法，乃不惜另设专章规定此‘其骨已朽’之家庭制度，衡诸时代潮流，似不应而者也”。[4]

与前两人持对立观点者为黄右昌。黄氏认为，我国家族制度，“以数千年根底之深固，社会人心之趋向，必欲矫而正之，其势有所不能。况乎家庭之间，雍和肃穆，亦足使风俗人心，去薄崇厚，又安有必须矫正之理由”。[5]黄右昌反对将家族制度骤为变更，力倡在现行民法中维持家制。其曾撰文批评南京国民政府法制局起草之《亲属法草案》废弃

---

〔1〕李宜琛：《现行亲属法论》，重庆商务印书馆1946年版，第172页。

〔2〕郁嶷：“论新亲属法草案采取个人制之当否”，载《法律评论》1929年总第306期。

〔3〕郁嶷：“家制余论”，载《法律评论》1930年总第365期；

〔4〕胡长清：“家制论（一）”，载《法律评论》1930年总第367期。

〔5〕参见黄右昌编：《民法第四编亲属法》，北大法律丛书，出版信息不详，第8页。

家族主义而采个人主义之立法，不符合孙中山的民族主义，并在论述中就家族主义对于民族整固和社会治理之功能进行了详尽阐述：

> 亲属法上采取个人主义，不取家属主义，合不合民族主义？……中国有很坚固的家族和宗族团体，可以利用的小基础，可以恢复民族主义，比较外国人是容易得多。外国是以个人为单位，中国个人之外，注重家庭，有了什么事，更要问家长。因为中国国民和国家结构的关系，先有家族，再推到宗族，再后才是国族，这种组织，一级一级地放大，有条不紊，大小结构的关系，当中是很实在的。如果用宗族为单位，改良当中的组织，再联合成国族，比较外国用个人为单位，当然容易联络得多；若是用个人作单位，在一国之中，至少有几千万个单位，像中国便有四万万单位，要想把这样多数的单位，都做工夫，那末一片散沙，便不知道从哪里联络起。……总理的民族主义，仍维持我国固有的家属制度而加以改良。〔1〕

陶汇曾则持折衷的态度。其谓：家族主义之利，除“得互助之益”和“有天伦之乐”外，尚有“减少社会上贫富悬殊现象”、“为民族繁殖之泉源”等各端。〔2〕家制存废之趋势如何，“颇堪注目”，“将谓其随个人主义之发达而崩溃，抑或谓其终属固有文化而长存，此皆极端之说，而未中肯棨之论也”。“家庭制度之所由成，亦势也”。家族制度的存废，取决于将来中国工业进步的程度。“如果中国常停滞于农业社会状态，则家族制度将偕其永存而不坠，如中国一跃而为现代工业国家，则大家庭立有崩溃之势，非人力所能挽回也”。〔3〕

---

〔1〕 黄右昌：“对于国府法制局亲属继承两草案的批评和希望”，载黄右昌：《新民法一束》，中华印书局 1929 年版，第 2 ~ 6 页。

〔2〕 赵凤喈编著：《民法亲属编》，国立编译馆 1947 年版，第 37 页。

〔3〕 赵凤喈编著：《民法亲属编》，国立编译馆 1947 年版，第 39 页。

（三）婚姻及其相关问题

何谓婚姻，黄右昌认为，婚姻包含婚约及结婚。“婚姻为共同生活之团体，而婚约则属此种团体之豫约”。〔1〕陶汇曾指出，“继续的两性结合，在法律上不必皆为婚姻。两性结合经法律保障者，其成立必具备法律所要求的条件”。据此，他将婚姻界定为“以终生的共同生活为目的”，“具备法定要件的一男一女结合”。〔2〕可见其对婚姻外延的理解，较之黄右昌更狭。李谟则将婚姻之意义概括为以下四个方面：第一，法律之公认；第二，男女之结合；第三，双方之共诺；第四，生存之结合。〔3〕

至于婚姻是否为契约，学者间的主张颇不一致，有主张婚姻为民事契约者，有主张其为非契约者。前者之理由，认为契约之意义甚广，凡当事人间双方之合意，均可视为契约。婚姻既然以男女共诺为必要，则其应属于契约之一种。后者之理由，则谓契约之范围，专属于财产上的关系，而身分关系的内容，则不属于契约之中。针对以上两说，李谟采后说，认为婚姻并非契约。其曰：“契约者，所以设定权利义务者也。夫妻间之权利义务，为法律所预定，苟为适法之婚姻，即当然发生法定之权利义务，自不能与契约之创设权利义务者相提并论。故婚姻之为物，殊未便采契约之解释也。”〔4〕陶汇曾则采前说，认为婚姻为契约。其谓：“如以狭义解释契约仅为发生债权或物权关系之合意，固可不认婚姻为契约；若以广义解释契约时，则一切能发生私法上效力之合意

---

〔1〕黄右昌：《民法亲属释义》，上海法学编译社1933年版，第19页。

〔2〕陶汇曾：《民法亲属》，上海商务印书馆1936年版，第34页。陶氏还进一步指出：婚姻成立所具备的法定要件分为实质要件和形式要件。其中实质要件包括：①结婚需达到适于婚姻之最低年龄；②结婚须为一夫一妻之结合；③结婚须以非一定之亲属为对象；④结婚须本于当事人之合意。而形式要件包括：①应有公开之仪式；②应有二人以上之证人。参见陶汇曾：《民法亲属论》，上海法学编译社1937年版，第45～53页。

〔3〕参见李谟编：《民法亲属新论》，上海大东书局1932年版，第28～29页。

〔4〕李谟编：《民法亲属新论》，上海大东书局1932年版，第30页。

者，皆可谓为契约。”婚姻行为既然属于在私法上发生夫妇身分关系之合意，“是婚姻亦可谓为契约”。[1]曹杰也支持婚姻为契约的观点。他指出，一切能发生民法上效果之意思合致，皆属契约。所谓契约，不以财产关系为限。婚姻两字，具有两种不同的涵义：其一，婚姻指一男一女以终身共同生活为目的之结合关系，是为夫妻关系；其二，婚姻指一男一女发生夫妻关系之意思表示之合致，是为婚姻契约。不采婚姻契约说者，只以婚姻为夫妻身分关系，于是婚姻两字仅具有单一之意义。[2]

此外，婚姻成立之前，尚有婚姻，即婚姻预约之订定。曹杰认为，所谓婚姻预约，指“男女缔结将来为婚姻契约之契约”。婚约的意义包括以下三层：第一，婚姻预约之当事人，即将来为婚姻之男女；第二，婚姻预约，非婚姻契约；第三，婚姻预约，系以将来结婚为目的之契约。至于其要件，则包括以下三点：①男女本人之合意；②符合法定年龄；③未成年男女订定婚约，应征得其法定代理人的同意。[3]我国固有法已有关于婚约之规定，其效力极为强大，凡女子已与人订婚，若再与他人订定婚约，无论成婚与否，及后定者知情与否，该女应归前夫。黄右昌认为，固有法之规定，“征之实际，窒碍实大”。婚约既然为通常契约，“其效力薄弱，已不待言，且婚约系属人事契约之一种，纵当事人一方违约，只能为损害赔偿之请求，亦难依据一般通则，声请法院强制执行”。[4]李谟指出，一方无故解除婚约，他方因此而受有损害，可

---

〔1〕 陶汇曾：《民法亲属论》，上海法学编译社1937年版，第28页。另，余棨昌之见解，与陶汇曾相类，参见余棨昌：《民法要论亲属》，北平朝阳学院1933年版，第21页。

〔2〕 参见曹杰：《中国民法亲属论》，上海法学编译社1946年版，第87页。

〔3〕 参见曹杰：《中国民法亲属论》，上海法学编译社1946年版，第97～103页。

〔4〕 黄右昌：《民法亲属释义》，上海法学编译社1933年版，第24页。当事人之意思一致，为订婚成立的要件。婚约非由男女当事人自行订定者，依据民法上之原理，应认定为无效。参见陶汇曾：《亲属法大纲》，上海商务印书馆1928年版，第196页；陶汇曾：《民法亲属论》，上海法学编译社1937年版，第34页。

请求赔偿。这种赔偿，不限于财产上之损失，“如名誉损失或精神痛苦等，亦得请求赔偿相当之金额，以相慰藉，且所以为无故儿戏婚姻者惩儆。但此必限于受害人绝无过失”。另，因此种损害赔偿请求权“本于身分”，“故不得让与，不得继承”。[1]

因婚姻产生的夫妻关系又可分为身分上的关系和财产上的关系。就身分上的关系而言，又涉及配偶是否为亲属法中的“亲属”这一问题。《中华民国民法》只规定亲属分血亲与姻亲二种，但夫妻是否为亲属，法无明文规定。民法学界对此也意见不一。胡长清认为，配偶不属于亲属法中的“亲属”。其谓：“配偶为亲属关系之源泉，而不属于亲属之范畴。此不但就现行法制解释为然，即就学理言之，亦应如此，盖亲属有所谓亲系亲等，而配偶则无亲系亲等之可言。”[2]陶汇曾则将配偶与血亲、姻亲同列于亲属范围之内，实际上是认定配偶为亲属，但陶氏对此未详加解释。[3]赵凤喈指出：根据法律条文，从纯理论层面进行分析，在中国应认夫妻为亲属。其理由有三：其一，历代礼制与法制均认夫妻为亲属。其二，中国人视婚姻为神圣，以夫妻为齐体，人格合而为一。此种观念，迄今仍形成大部分中国人之心理。其三，国民党中央政治会议关于亲属法审查意见书第一点，已明定亲属应分为配偶、血亲、姻亲三类，立法院在民法上未将夫妻定为亲属，或视夫妻为当然之亲属，无庸规定，或系疏忽遗漏，应予补正。[4]

妾与夫虽不是夫妻关系，然妾的身分问题，亦颇值探讨。民初大理院判例及解释例，皆承认妾制之存在。《中华民国民法》“亲属编”起草之始，即以应否规定妾制，向中央政治会议请示，嗣经中央政治会议决定：“妾之问题，无庸规定。”共理由如下：“妾之制度，亟应废止，虽事实上有存在者，而法律上不容承认其存在。其地位如何，无庸以法

[1] 李谟编：《民法亲属新论》，上海大东书局1932年版，第13页。

[2] 胡长清：《中国民法亲属论》，上海商务印书馆1936年版，第26页。

[3] 参见陶汇曾：《民法亲属论》，上海法学编译社1937年版，第11页。

[4] 参见赵凤喈编著：《民法亲属编》，国立编译馆1947年版，第21～22页。

典及单行法特为规定。”胡长清认为，妾的身分应为“准家属”。其谓：“妾之为妾，固不能认为合法之婚姻关系，或发生家长与妾之身分关系，但在现行法上亦有其相当之地位，即妾为准家属之一员，并得请求赡养或请求酌给遗产。”〔1〕李宜琛则明确肯定妾为亲属法中的“家属”。其云：“夫与妾虽不是夫妻关系，但不失为家长与家属关系。”〔2〕

此外，在夫妻身分关系中还存在妻冠夫姓或赘夫冠妻姓问题。关于此问题，黄右昌详细阐述了自己的见解。其谓：

> 查未婚男女，各有其本姓，一旦结婚，……如仍各用本姓，则不足以表示婚姻之关系。如夫从妻姓妻从夫姓，则有所偏，如于两者之外，以协定之姓为姓，则姓氏杂乱，莫可究诘。为顾全习惯及维持平允起见，以妻以其本姓冠以夫姓，赘夫以其本姓冠以妻姓为较合。所谓冠以夫姓，于妻之本姓，并不相妨。且赘夫冠以妻姓，亦可略示男女平等之意。惟此系就原则而言，如夫妻另有协定，即妻不必冠以夫姓，或赘夫不必冠以妻姓，则属例外。〔3〕

陶汇曾认为，“我国旧例上，向为妻于本姓上冠以夫姓或直从夫姓；亦有赘夫于其本姓上冠以妻姓或直从妻姓。现行民法所以设有赘夫于本姓上冠以妻姓以及妻于本姓上冠以夫姓之规定者，亦不过于沿袭旧俗之中；寓有表示男女平等之意”。〔4〕曹杰认为，关于夫妻的姓氏，虽以冠以夫姓为原则，以约定为例外，具有宗法意味，然此“亦非完全归于旧日宗法之思想，盖若夫妻均以协定之姓为姓，则所生子女，代易其姓，不能辨别一家之系统，若各用本姓，则所生子女或不免有复姓之虞，惟妻保存本姓，冠以夫姓，既不发生姓氏共同之流弊”。〔5〕但从民国当时

---

〔1〕 胡长清：《中国民法亲属论》，上海商务印书馆1936年版，第55页。

〔2〕 李宜琛：《婚姻法与婚姻问题》，重庆正中书局1946年版，第66页。

〔3〕 黄右昌：《民法亲属释义》，上海法学编译社1933年版，第53页。

〔4〕 陶汇曾：《民法亲属论》，上海法学编译社1937年版，第75页。

〔5〕 曹杰：《中国民法亲属论》，上海法学编译社1946年版，第209页。

社会的实际情形来看，“结婚后仍以各用本姓者为最多”。[1]

除身分关系外，夫妻间还存在财产关系一层。陶汇曾主张男女在婚姻关系中应具有权利义务上的平等关系，除要求身分关系上的平等外，还应在财产关系上实现平等。他指出，在我国固有法律制度中，“妻的财产沦没于夫的家产或私房（特有财产）之内”，[2]“妻无特有财产之能力”。[3]然按诸中华民国亲属法的规定，“夫妻财产制分法定财产制与约定财产制。联合财产制为法定财产制。共同财产制、统一财产制及分别财产制，为约定财产制”。夫妻可于数种约定财产制中，“择用其一，以为夫妻财产制”。若无约定，“则适用法定财产之联合财产制”。[4]陶氏认为，这种规定打破了固有法中对妻之财产权的限制，实现了夫妻财产上的平等关系，并将这种变化称之为“身分向契约的变迁”。[5]

（四）亲权

我国固有法中，关于父母之权利义务，只有列举的规定，并无概括的名称。而且“我国习惯，注重家长之权利，而漠视其义务”。[6]民国以后，“法院判例法中，所用亲权之名词，乃译自欧美。旧律无此专名”。[7]然则何谓亲权？黄右昌认为：“亲权者，法律对于为人父母者，付与对于子身体财产之权利义务也。”[8]亲权之效力，黄氏认

---

〔1〕李宜琛：《婚姻法与婚姻问题》，重庆正中书局1946年版，第137页。

〔2〕陶汇曾：《民法亲属》，上海商务印书馆1936年版，第59页。

〔3〕陶汇曾：《亲属法大纲》，上海商务印书馆1928年版，第325页。

〔4〕黄右昌：《民法亲属释义》，上海法学编译社1933年版，第56页。

〔5〕陶汇曾：《民法亲属》，上海商务印书馆1936年版，第60页。但陶氏在述及夫妻共同财产由夫管理之法律规定时，仍尖锐地指出，“似此隐然否认妻之行为能力，不免涉于尊重夫权之嫌”。陶汇曾：《民法亲属论》，上海法学编译社1937年版，第101页。

〔6〕林鼎章：《亲属法》，上海商务印书馆1946年版，第17页。

〔7〕李谟编：《民法亲属新论》，上海大东书局1932年版，第141页。

〔8〕黄右昌编：《民法第四编亲属法》，北大法律丛书，出版信息不详，第212页。

为可别为对于其子身体上之权利与财产上之权利两种。而身体上之权利具体又包括：护养教育之权、指定居所之权、允许职业之权、惩戒之权；财产上之权利则包括：管理财产之权、代表财产上法律行为之权。[1]

胡长清之概括则更为精当，其谓：所谓亲权，系“父母对于未成年子女，以身体上及财产上之监督保护为目的之权利义务之集合”。展开言之，其包括以下几层含义：其一，亲权原则上为权利且同时为义务；其二，亲权系权利义务之集合；其三，亲权系父母基于其身分所有之权利义务；其四，亲权系父母对于未成年子女之权利义务；其五，亲权以父母对于子女身体上及财产上之监督保护为目的；其六，亲权系父母对于子女私法上之权利义务。[2]由是可见，胡氏认为亲权不惟是一种权利，亦是一种义务。据此，他将亲权分成关于子女身体上之权利义务和关于子女财产上之权利义务两层。前者又可分成以下三项：保护教养权、惩戒权及法定代理权；后者亦可分为三项：即管理权、同意权及使用收益权。保护教养权中，又有若干支生之权利，如居所指定权、子女交付请求权、职业许可权，以及撤销限制权等。[3]李宜琛亦肯定亲权为权利和义务的统一。其谓：“亲权实为行义务之权利，行权利之义务。”但同时他又指出：“亲权关系之存在，盖限于同在一家之父母子女者”，“例如本生父母对于出嫁之女或由他人收养之子女，皆不能复有亲权”。[4]就亲权的内容来看，李氏亦将其分成两个方面加以归纳：第一，关于子女身体上之权利义务。主要包括：①保护教养之权利义务；

---

〔1〕 参见黄右昌编：《民法第四编亲属法》，北大法律丛书，出版信息不详，第218～223页。李谟认为，亲权人之权利和义务包括以下几项：保护教养、惩戒、代理、子女特有财产之管理使用及收益等。参见李谟编：《民法亲属新论》，上海大东书局1932年版，第141～143页。

〔2〕 参见胡长清：《中国民法亲属论》，上海商务印书馆1936年版，第275～276页。

〔3〕 参见胡长清：《中国民法亲属论》，上海商务印书馆1936年版，第277页。

〔4〕 李宜琛：《现行亲属法论》，重庆商务印书馆1946年版，第137～138页。

②惩戒权；③同一住所之义务；④从姓之义务。第二，关于子女财产之权利义务。主要包括：①财产管理权；②法律上之代理权。〔1〕曹杰之观点，则与上述学者略有差异。他指出："亲权之特质，不仅在亲子间有权利义务关系，而在有命令服从关系，此种关系为权力而非单纯权利也。"〔2〕即一方面将亲权之特质归结为一种权利义务关系，另一方面又肯定其为一种权力。

五、继承法思想

民国时期，继承法领域新旧制度之嬗替非常明显。南京国民政府制定之民法典，把继承法列在亲属编之后，并废止宗祧继承，承认女子继承权，且对特留分制度加以详细规定。而民国民法学界，对这些制度安排上的新变化，亦给予了密切的理论关注。在民法学家关于继承法的相关论著中，对于上述问题，也从理论层面进行了深入的阐释，甚至展开过一些争辩。而其继承法之相关思想，亦由此得以体现。大致归纳，民国民法学家之继承法思想，主要体现在以下几个方面：

（一）继承、继承权的界定

罗鼎认为，所谓继承，"谓在有一定亲属关系者之间，因一方之死亡而他方承袭其法律上之地位"。〔3〕罗氏之定义，强调继承的本旨为法律地位的承袭。黄右昌对继承的界定，较之于前者，则更为全面。他认为，继承有广义与狭义之分。广义上的继承指"权利的转移，或继受之意，即某人取得某人之权利"；而狭义上的继承，则须"含有死亡之观念"，即"死亡人之遗产，包括（按：指概括地，下同）转移于法定继承人"。继承法中之继承，实指狭义上的继承。展开言之，继承之意义包括以下三个要点：其一，继承为转移所继人之遗产；其二，继承既包

〔1〕李宜琛：《现行亲属法论》，重庆商务印书馆1946年版，第139～142页。

〔2〕曹杰：《中国民法亲属论》，上海法学编译社1946年版，第253页。

〔3〕罗鼎：《民法继承论》，上海会文堂新记书局1946年版，第11页。

括继承权利，也包括继承义务；其三，继承须有法定原因。[1]此外，黄氏还结合继承在世界各国之历史源流及其法律演变，将其分为以下几类：第一，无遗嘱继承与遗嘱继承；第二，长子继承与少子继承；第三，均分继承与一子继承；第四，家督继承与遗产继承；第五，宗祧继承与遗产继承。[2]胡长清对继承的概括和界定，则至为周延。他认为所谓继承，系“依法定原因，使继承人包括的承受非专属于被继承人本身财产上之权利义务之法的处分”。此定义包括以下几层涵义：第一，“继承为法的处分”；第二，“继承为发生承受非专属于被继承人本身财产上权利义务之法的处分”；第三，“继承为依法定原因而开始之法的处分”；第四，“继承为权利义务之包括的转移方法”。[3]

至于继承之根据，民国民法学界存在以下四说：第一，先占说。此说以无主物先占之法理说明继承之根据。第二，遗志说。此说以继承人之遗志为继承之根据。第三，共有说。此说认为继承乃基于共有权之行使。第四，公益说。此说认为继承制度之确立乃基于公益上之必要。罗鼎认为，以上各说“虽各有见地，要皆系片面之真理”。继承制度存在之根据，“盖基于人类种族保存之念。而其今后继续存在之理由，不外于满足人类共同生活之心理的经济的必要”。[4]

关于继承权及其性质问题，郗朝俊认为，继承权为“一定顺序之继承人，于一定之时期，继承被继承人之所有财产之权利义务之集合”。

---

〔1〕 参见黄右昌编：《民法第五篇继承法》，北大法律丛书，出版信息不详，第35～39页。

〔2〕 参见黄右昌编：《民法第五编继承法》，北大法律丛书，出版信息不详，第1～32页。

〔3〕 胡长清：《中国继承法论》，法律评论社1932年版，第11～13页。

〔4〕 罗鼎：《民法继承论》，上海会文堂新记书局1946年版，第17～19页。关于上述继承之根据的四种学说，郗朝俊在其著作中也有详细缕述，不过郗氏认为，继承制度，原出于公益上之必要，而被继承人之意思及继承人之权能，亦不能忽视，是以前述四种学说，与继承权之基础，似皆有必要，故不能仅依任何一学说说明之。参见郗朝俊：《民法要义继承篇》，上海会文堂新记书局1935年版，第5～7页。

就其性质言之，应为“继承遗产之权利”，且这种权利“不以有宗祧继承权为前提”。[1]胡长清则对继承权是否为权利，或者究竟为何种权利的问题，作了充分的释明。胡长清认为，继承权其实是一种期待权，“继承开始前，继承人所有之地位，非有法定原因不生动摇，宜为法律上所应保护之权利，不过此种权利，在继承开始以前尚非确定为不可动摇，可谓其为一种期待权”。另，对于继承权究竟是财产权还是身分权问题，胡长清认为，继承权应为身分权。“继承权乃以继承人之特定身分为前提之权利”，“盖在通常所谓财产权，指与身分分离独立为法律行为标的之权利而言，继承权则非与身分分离独立存在之权利，故不能谓其为财产权”。[2]接续以上话题，李宜琛提出了自己的独到见解，并将继承法的性质界定为“亲属财产法”。其云：

通说恒谓继承法与亲属法同为身分法之一部。继承关系行于法定亲属身分者之间，自无疑义。然现行继承法主以遗产之继承为规律之对象，实有亲属财产法之性质，固与纯粹财产法，有所不同。加之，继承法既以遗产之继承为内容，无产阶级自不发生继承之问题，殆原为有少数有产者而设，其适用之范围，较诸亲属法，广狭迥异。故又有“贵族制度”之称焉。[3]

（二）宗祧继承之存废

所谓宗祧，即“嫡长子孙相传之男系血统”。[4]我国往古习惯，向为重男轻女，“而于继承问题，尤以宗祧为主限，因此继承的目的，全在上奉祖先的祭祀，下续男子的血统，故女子绝对无宗祧继承权”。由于我国传统社会以宗祧继承为前提，“因女子既不能继承宗祧，所以对

---

〔1〕郗朝俊：《民法要义继承篇》，上海会文堂新记书局1935年版，第1~4页。

〔2〕胡长清：《中国继承法论》，法律评论社1932年版，第63~64页。

〔3〕李宜琛：《现行继承法论》，重庆商务印书馆1944年版，第4页。

〔4〕余棨昌：《民法要论继承》，北平朝阳学院1933年版，第2页。

于财产继承，也受极苛刻的限制”。[1]《大清民律草案》虽无关于宗祧继承之规定，然已隐隐含有宗祧继承与遗产继承之区别。《民国民律草案》对于宗祧继承与遗产继承各设专章加以规定，而于宗祧继承规定尤为详尽。《中华民国民法》则将宗祧继承制度，予以根本废除，只设关于遗产继承之规定。因此在《中华民国民法》颁布前后，围绕着宗祧继承的存废问题，民法学家们在其论著中，议论纷纭。下面试述其主要观点如下：

李谟认为，宗祧继承理应废除，其所据之理由如下：其一，“自封建废而宗法亡，社会之组织，以家为本位，而不以宗为本位”。故宗祧继承制无存在的社会基础。其二，宗祧继承重男轻女，“显与现代潮流不能相容”。其三，宗祧继承导致“妾制之流行”。[2]胡长清认为，我国以男系为中心的宗法制度，数千年来牢不可破。宗祧继承之流弊有三：一为违背男女平等原则；二为有违自然逆人情；三为乱婚制启纷争。故应对宗祧继承加以根本的改造，其改造则不外以下两途：其一，限制立嗣范围，其二，扩充养子制度。[3]

罗鼎认为，宗祧继承虽然流弊甚多，但骤然废除，有违社会民众之社会心理，且宗祧继承可以适当弥补遗产均分制之缺陷，故应保留宗祧继承之精神而排除其病。其云：

> 宗祧继承之制肇始于封建时代。经二千余年之演变，内容自已有所更易。……宗祧继承今已全失其制度原来之面目。而以男子为限许为宗祧之继承，亦显背男女平等之原则。……宗祧继承之制沿袭至今弊多于利，殆为明显之事实。毅然决然予以废除，自不失为贤明之措置。惟不孝有三无后为大，已成为国人牢不可破之观念。否认无子立后之制度，是否与一般民众心理相合，不无疑问。而在

---

〔1〕 宗惟恭：《民法继承浅释》，上海法学编译社1932年版，第9页。

〔2〕 李谟编著：《继承新论》，上海大东书局1932年版，第5页。

〔3〕 参见胡长清：“论宗祧继承”，载《法律评论》1930年总第334期。

现时，农民占国民之最大多数。彼等类皆父子兄弟通力合作从事耕耘，以维持其薄有之产业。我继承法既不认对于遗产有特别贡献之人有要求报偿之权。则在被继承人别无遗嘱之时，其子女不问对于遗产曾否有所贡献，亦不问其女之在室与否，其应继分完全相同。不忍远离父母自愿招赘养老者，与离家远适累岁不一归宁以省视父母之若姊或妹对于遗产所得主张之权利无所轩轾，揆诸情理，似难认为公允。且在农家此项遗产概以不动产如田土房屋等为主。分割过微举足减损其利用上之效能。在诸子间不问田土面积之多少与房屋之大小采绝对的平均分配主义，国民经济上是否得策已有问题。今更增加其分割细微之程度并已未出嫁之女子亦参预遗产之均分，产愈析而愈微，利用上之效能将随之而愈减。故在不违背男女平等之原则下保留宗祧继承之精神而排除其弊病，藉以弥补遗产均分制之缺陷或亦为值得考虑之问题。〔1〕

朱方认为，应“将宗祧继承一节，听诸习惯之自然变革，而不明定于法律”。〔2〕梅仲协则明确反对废止宗祧继承，但同时指出，为克服宗祧继承之弊，应将继宗之权，由男性而扩展至女性。对于《中华民国民法》废止宗祧继承之立法措置，梅氏曾作如是訾评：

将宗祧继承制度，根本废除，而纯采个人主义之遗产继承制，此其短处三。按宗祧继承，乃我国数千年来之旧制，民族之繁衍，文化之发扬，端有赖乎斯制之深入民心。国父在民族主义第五讲中，盛称爱家庭爱宗族，乃中华人民之美德，诚能推此心而及于国家，则民族主义之完成，易如反掌耳。抗战七载，吾人藉以制暴敌之死命者，岂在器良械精，与城深池固，而贵乎有此四万万五千万之人民，与万众一心之坚强意志而已。而此巨数之人口，果何自而

〔1〕罗鼎：《继承法要论》，上海大东书局1947年版，第2~3页。
〔2〕朱方编解：《民法继承编详解》，上海法政学社1930年版，第2页。

来，乃宗祧继承制度之所赐也。……现行民法起草者，既昧于环境之观察，又未细味国父之遗教，徒逞一时之情感，将维持数千年民族番衍于不替之宗祧继承制度，根本废除，不佞愚鲁，诚不知其用心何居也。虽然，持平言之，旧有之宗祧继承，限于男性，亦有未合，愚以为不分男女，均得继宗，应与两性平等之原则，不相刺谬。[1]

（三）女子继承权

我国固有法对于女子之继承权，向采否定之态度。依据大清现行刑律户役门及民初大理院判决，“对于妻是绝对没有财产继承权，即亲女虽有财产继承权的机会，但一曰户绝，再曰无同宗应继之人，其限制的苛严，直和无继承权相等”。[2]汪澄之认为，女子应与男子享有同等的继承权。“亲生的女子不能继承他的父母的财产，不独违反现代男女平权之原则，又且在情理上也说不过去”。“父母死后的遗产，自然应该由他所生的女子平均分派，才算合情合理的”。[3]1926 年 1 月，国民党第二次全国代表大会女子运动决议案第 9 条规定女子有财产继承权，其成为之后女子享有财产继承权的主要根据。然 1928 年 2 月 28 日，国民政府最高法院解字第 34 号解释，认为“出嫁女子没有继承权”。[4]此解释一出，不惟各省妇女协会纷请国民党中央党部纠正，学界亦一片哗然。

南京国民政府最高法院第 34 号解释，谓“女子之继承权”，“应指未出嫁女子与男子同有继承权，方符合法律男女平等之本旨。否则女已出嫁，无异男已出继，自不适用上开之原则。”郁嶷认为其失当之处有四：

---

〔1〕 梅仲协：《民法要义》，中国政法大学出版社 1998 年版，第 20 ~ 21 页。

〔2〕 宗惟恭：《民法继承浅释》，上海法学编译社 1932 年版，第 11 页。

〔3〕 汪澄之编：《女子继承权诠释》，上海民治书店 1929 年版，第 13 页。

〔4〕 郁嶷认为，当时最高法院作出此解释，主要基于我国女子向无继承权，如卒然予之，过于急进。因此排斥出嫁女的继承权，爰为折衷之法，以期迎合新旧之观念。参见郁嶷：“女子继承权问题”，载《法律评论》1929 年总第 287 期。

（一）比拟不伦。……男子出继后，已取得所嗣父母财产之继承权。则丧失对其本生父母财产之继承权，自属当然，而女子出嫁后，并未取得何人之财产继承权。乃竟丧失对其父母财产之继承权，情势尤殊。强相比拟，其不伦者一。女子以出嫁为原则，以不嫁为例外。男子则以出继为例外，以不出继为原则。即女子人人皆须出嫁，而男子不必人人皆须出继也。事例判然，混而同之，其不伦者二。

（二）立论不公。解释文中，又谓“未出嫁女与男子同有继承权，方符法律男女平等之本旨。”反而言之，是已出嫁女子与男子同有继承权，乃违法律男女平等之本旨也。似此立论，殊属不公。盖女子之嫁人，与男子之娶妻相同。男子既不因娶妻而丧失其继承权，女子何可因其嫁人而丧失其继承权乎？或谓女子出嫁，类有嫁赀，苟再使继承遗产，未免重复，然男子娶妻所需费用，未尝减于嫁赀也。何以又许其继承遗产乎？故以女子之出嫁以否，为有无继承权之论据，实欠公允。欲恃以谋男女之平等，是却行可求前也。

（三）阻碍婚期。大利所在，人争趋之，况乎先代遗产。分所应得，世鲜裴季彦、褚彦回之流，自少推财让财之举。中人之家，衣食财足，薄田数顷，已足动其子孙之觊觎。今已女子出嫁而无继承权，则顾念赀产，必延长婚期。坐以待之，庶免应得权利忽焉丧失。是此项解释，足为女子婚期之阻碍者甚矣。……诚以婚期过迟，影响生殖，故立法限，以资防遏。今最高法院解释，适得其反。何其智不及古人也。

（四）奖励非行。人非木石，孰能无情，离欲炽发，贤媛淑女，习于诗礼，爱惜名节，谨守阃范，或能安之。而操行薄弱，理不胜欲者，征逐繁华之场，时兴俪偶之念，然早适所夫，既有遗产丧失之虞。深闺独守，又有孤寂不耐之苦。兼筹并顾，必溢为非行。桑问濮上，隐遂情款，力避正式婚姻之名。以为继承遗产之地。迁流所及，社会风纪，因以紊乱。子女道德，因以凌迟，而追源祸始，此项解释。不能不尸其奖励之咎也。[1]

1929 年 4 月 27 日，南京国民政府司法部召集最高法院院长及各庭庭长，重新议定，议决“女子不分已嫁出嫁，与男子有同等继承权”。女子继承权的问题，至此得以解决。但潘震亚仍对此予以批评，其指出：

> 享受这种利益的，只是有产阶级的女子，若属无产阶级的女子，反不免因此都有受累的危险。父母死了，若不依照法定期限，声明抛弃继承权，或限定继承，便各个都要帮他穷父母还债，这种只“锦上添花”，而不“雪中送炭”的新继承制度，穷鬼的子女听到了，真要捏一大把汗。[2]

（四）特留分制度

所谓特留分，朱方释曰：即“不能由被继承人以遗嘱自由处分，必须保留之以畀继承人之一部分遗产”。所有权本为绝对权，得自由处分，“然在生前为之则可，若于死后，则为保护继承人之权利计，必须为继承人特别保留一部分遗产，不得自由处分”。[3]南京国民政府颁布之民法典，对于特留分制度，进行了详细的规定。[4]

关于特留分制度之根据，郁嶷归纳为以下几点：第一，道义的根据。“特留分制度之存在，乃所以谋子孙生计之安全及其繁荣，而出于

〔1〕 郁嶷：“女子继承权问题”，载《法律评论》1929 年总第 287 期。

〔2〕 潘震亚：“女子继承权的起源和经过”，载《法轨周刊》1933 年第 2 卷第 1 期。

〔3〕 朱方编解：《民法继承编详解》，上海法政学社 1930 年版。

〔4〕 该法第 1223 条规定：“继承人之特留分，依左列各款之规定：一、直系血亲卑亲属之特留分，为其应继分二分之一；二、父母之特留分，为其应继分二分之一；三、配偶之特留分，为其应继分二分之一；四、兄弟姊妹之特留分，为其应继分三分之一；五、祖父母之特留分，为其应继分三分之一。”参见杨立新主编：《中国百年民法典汇编》，中国法制出版社 2011 年版，第 522 页。

道义上之不得不然也”。第二，家族的根据。“家庭之维系，为数千年习俗所公认”。“倘被继承人任意处分遗产，不为其子孙特留涓滴，则祖宗血食，将自此而斩”。第三，社会的根据。“故家巨族，嗣胤蕃衍”，以特留分制度为凭藉，“事畜无虞，其影响社会之宁谧也，岂鲜尠哉”。[1]黄右昌则指出，作为继承财产之一部分的特留财产，系“所继人必不可不为继承人贮存者”。[2]所继人应以其财产之半，作为特留财产，给予继承人。无继承人者，给予夫或妻，或直系亲属。“盖继承人，夫或妻，或直系尊属，与所继人情谊较挚，故应得继承财产之半，维持其生活之具。”[3]

对于《中华民国民法》所规定之特留分制度，罗鼎认为，“在强制分割主义支配甚久之社会中，欲以立法手段逐渐推行自由处分遗产之方法，尤为绝对必要之举”。不过他同时指出，“民法关于特留分之规定仅寥寥数条，对于被继承人所为之生前无偿处分未设任何限制，致未能完全达到采用此制之目的”。[4]

小　结

据学者统计，截至1949年，中国已出版各种民法学的教材、专著和资料汇编约1200种。[5]所发表之民法论文，亦不计其数。这些论著，有诸多出自民国民法学家之手。民国时期之民法学家群体，在他们

---

〔1〕郁嶷：《继承法要论》，北平朝阳大学1936年版，第89～90页。

〔2〕参见黄右昌编：《民法第五编继承法》，北大法律丛书，出版信息不详，第181页。

〔3〕参见黄右昌编：《民法第五编继承法》，北大法律丛书，出版信息不详，第183页。

〔4〕罗鼎：《继承法要论》，上海大东书局1947年版，第183页。

〔5〕参见何勤华：“西法东渐与中国近代民商法学的成长”，载《法商研究》2004年第1期。

的民法学论著中，通过规范解释、理论辨析、立法例比较等多种形式，或对民法学所涉之基础性概念进行界定，或对民法基本原则和基本制度进行阐解，或对相关法条进行详尽的疏注，甚至部分论者，亦能结合法律文本提出立法诤言。这种智识努力，一方面为中国近代民法学的最终构建做出了重要的贡献；另一方面，亦使得他们的民法思想借此载体得以充分的展现。不过由于中国近代民法学的理论因子大多源自于大陆法系诸国，然欧日各国民法学界对于民法学中的许多理论问题本身即存在争议，民国时期之民法学家们在论证具体问题时，又多采已心所向之域外理论作为分析工具，使得其间之分歧和争论势所难免。而中国近代民事立法过程中固有法与继受法的交替整合，虽为中国民法学界的理论创新提供了更多的可能性，但亦催生了更多学术上的争议点。总之，民国时期民法学家们对具体民法问题的探讨，虽多有共识，但亦存有若干分歧。当然，理论阐解的多元化本身即为民法学研究中的一种必然现象，中国近代民法学也不能例外。但无论如何，各种多元化的分析理路，丰富了中国近代民法学的知识内涵，也使得民国时期民法学家群体之民法思想，呈具了一种更为斑斓的色彩。

结　语
民国时期民法学家群体与中国民法近代化

法制的发展，永远是法学家理性探索的结果。[1]世界法律发展史的经验证明，法律制度建设与法学家的贡献是分不开的。罗马法制的辉煌成就，应归功于罗马法学家们孜孜不倦的求索与创新，而近现代西方法制文明所取得的所有成就，同样离不开法学家们的辛勤耕耘。以法、德两国为代表的法学家们以其精深的理论研究和极富探索性的实践活动，推进了大陆法系国家法制建设的发展。正如澳大利亚学者维拉特曼（Weeramantry，C. G.）所言："在大陆法系中，正像我们在书本其他地方所看到的，法学家始终起领导作用，最著名的教授的地位不亚于法官。他们理所当然地就法律知识方面的事项向法官提供指导，而且被法官欣然接受。"[2]《德国民法典》以其深邃的法理、科学的结构体例、严谨缜密的逻辑、清晰准确的法律概念和术语，成为19世纪末20世纪初世界最杰出的立法成果之一。而《德国民法典》在立法技术上所达到的高度，主要归功于19世纪德国学者对罗马法的研究，即学说汇纂法

〔1〕参见谢冬慧："法学家的力量——评西方法学家对法制发展的贡献"，载《法学评论》2007年第4期。

〔2〕［澳］维拉特曼：《法律引导》，张智仁等译，上海人民出版社1998年版，第377页。

学的发展。〔1〕当时以萨维尼等为首的一批德国法学家，对罗马法戮力探研，并形成了自己系统的私法学理论。萨维尼的代表性成果为《当代罗马法体系》，他的立法主张和理论研究成果，“为19世纪德国资产阶级的法律改革、民法典的制定以及民法学诞生奠定了基础”。〔2〕

中国的民法近代化，虽是各种内外合力交互作用的结果，但不容置疑的是，其也凝聚着民国时期民法学家群体的智慧和心血。民法学家们通过参与民事立法，为民法法典化提供了智力支持；通过投身法学教育，传授民法知识，促进了民法人才的培养；通过民法著述活动，积极阐述民法原理，推进了民法观念的近代化，并为中国近代民法学的构建奠定了基础。概括而言，他们对于中国民法近代化之贡献，主要体现于以下三个方面：

一、躬预民事立法，推进了民法制度的近代化

在中国近代的民事立法事业中，民法学家们功不可没。他们是中国近代民法的开创者。通过参与民律草案或民法典的起草和修订，他们引入了西方先进的民法制度和民法典编纂技术，实现了中国民法发展史上的跨时代变革。《大清民律草案》总则、债权、物权三编虽由日人松冈义正执笔，但朱献文、高种、陈箓三人参与了亲属和继承两编的起草。彼等在起草民律草案的过程中，在广泛吸纳欧陆国家先进的民事立法例基础上，对于中国传统伦理和习惯，亦能予以最大程度的关照。而民初修订《民国民律草案》时，余棨昌、黄右昌、应时、高种等，则承担了草案各编的具体修订工作。他们均有着极为丰富的法律实务经验和深厚的民法学理论素养。余棨昌长期任职于大理院，高种也在民初大理院民事庭担任过推事一职，且有着清末起草民律的立法经验。应时担任

〔1〕参见［德］迪特尔·施瓦布：《民法导论》，郑冲译，法律出版社2006年版，第19~20页。另可参见［德］霍尔斯特·海因里希·雅科布斯：《十九世纪德国民法科学与立法》，王娜译，法律出版社2003年版，第72~73页。

〔2〕何勤华：《西方法学史》，中国政法大学出版社1996年版，第243页。

过民初北京政府法律修订馆副总裁，黄右昌则为北京大学法律系知名教授。[1]他们在斟酌各省民商事习惯调查成果的基础上，详参各国立法，对《大清民律草案》加以详慎修订，最终完成了《民国民律草案》。该草案在立法技术和制度设计上，均较前者有极大的改进，且对南京国民政府制定民法典产生了积极影响。[2]清末民初的两部民律草案，体现了立法者面向未来创设新型民事法律规则的远见卓识。甚至有学者指出："今天的立法者和研究者还有很多不具有两部民律草案起草者一样的先进思想以及敢于创新的勇气。"[3]就《中华民国民法》之制定而言，民法学家史尚宽、林彬、王宠惠等均曾积极参预其中。尤其是作为立法技术派重要代表人物的史尚宽，其虽然是当时立法起草委员会中最年轻的一位，但地位举足轻重。他凭借着自己在民法领域深厚的学术功底，将自己的立法理念贯彻于法律条文之中，为民法典的制定提供了专业上的重要贡献。《中华民国民法》在立法技术上较为成熟，即使用大陆法系各国民法的形式理性标准来衡量，也称得上是当时最好的民法典之一。梅仲协曾如是盛赞此部法典："集现代各国民法之精英，而弃其糟粕，诚巨制也。"[4]美国著名法学家庞德（Roscoe Pound）也从比较法的角度对其加以高度评价："中国法典的制定是很好的，民法及民事诉讼法足以跻于最优良的现代法典之林。"[5]中国当代著名民法学者谢怀栻的评价则更为真切："这部民法即使在当时，与同时代的各国民法，也可并肩而立。至于它在改革中国数千年的法制方面，在中国开创私法制度与私法文化方面，较之法国民法犹有过之。这是中华民族可以引以

---

〔1〕参见张生：《中国近代民法法典化研究》，中国政法大学出版社2004年版，第155页。

〔2〕参见张生："民国《民律草案》评析"，载《江西社会科学》2005年第8期。

〔3〕杨立新："百年中的中国民法华丽转身与曲折发展——中国民法一百年历史的回顾与展望"，载《河南省政法管理干部学院学报》2011年第3期。

〔4〕梅仲协：《民法要义》，中国政法大学出版社1998年版，"初版序"。

〔5〕台湾"司法行政部"编辑：《中华民国民法制定史料汇编》下册，1976年刊行，第943~944页。

自豪的一部民法法典。”〔1〕

中国近代民法法典化的成就，离不开民国民法学家们在心智上的付出。他们把自己的法律思想和研究成果应用于法律的创制之中，从而收到良好的社会效果。如若没有朱献文、高种、陈箓、余棨昌、黄右昌、应时、史尚宽、王宠惠、林彬等民法学家们的参与，就不会有《大清民律草案》、《民国民律草案》和《中华民国民法》的问世。此外，除以上民法学家外，在上述法律的起草或修订过程中，还有部分民法学家，虽未亲躬法律的起草和修订工作，但仍通过自己的著述和言说，为民事立法建言献策，其对民事立法事业之功，亦不容忽视。

二、投身法学教育，教授民法知识，促进了民法人才的近代化

一国之法制建设的推进，离不开一批掌握法律专门知识的高素质法律人。因此法制的近代化，首先应是法律人才的近代化，而法律人才近代化的关键又在法律教育。清末变法修律伊始，清政府即已明确意识到培养法律人才的重要性。当时清政府通过一系列的法令和章程，在全国各地遍设法政学堂，储备法学师资，为近代法律人才的培养，奠定了良好的基础。民国肇建，修改旧律，颁行新法，以及司法制度之兴废改革，均急需法学人才。在此背景下，民国时期的法学家们又担当了培养新式法律人才的重任。本书所涉之民法学家，大多有在国内各法学院校任教的经历，且主要从事民法学各主干课的教学。因此从某种意义上来说，他们既是法学家，也是法律教育家。他们以自己精深的民法学功底，理论与实务相结合的得天独厚的优势，极大地提升了我国民法学教育的学术底蕴和理论水准，从而促进了该时期一批民法学人才的产生。

在民国时期的朝阳大学、北京大学以及各省立大学，这批民法学家们一方面通过亲自授课，教授民法课程，促进民法知识的传播和民法学

---

〔1〕谢怀栻：“大陆法国家民法典研究（二）”，载易继明主编：《私法》第2辑第1卷，北京大学出版社2002年版，第13页。

人才的培养；另一方面，他们还通过编辑出版民法学教科书等形式，为其时民法学教育的开展，准备了充分的条件。学生毕业之后，或充司法官，或执律师业，抑或从事民法理论研究。此外，还有许多民法学家，有在各级司法官训练机构担任民法课程讲习的职业经历，他们的这种法律教育活动，为各省培养了大量的优秀司法人才，不少学员后来成为民国司法的中坚力量。凡此种种，皆于民法人才的近代化，大有促进。最后，尤值一提的是，民国时期不同代际间民法学家的知识传承，亦是借助法学教育这一媒质而得以实现的。如毕业于朝阳大学的胡长清、李祖荫、曾志时等，即受教于余棨昌等第一代民法学家。

三、潜心民法著述，阐述民法法理，推动了民法观念的近代化

法学家的学术研究，对一个国家法制理论的创新和法治之昌明，起到了举足轻重的作用。民国时期的民法学家们，其理论研究，浸透着一种深切的现实关怀。如张企泰在20世纪40年代其出版的著作序言中曾言："建国的最高目标，无非在造成一法治国家。欲做到法治，必须努力于法学之研究"。"我们研究法学，正是在尽一部分建国的责任"。"今后对于法律之学，应当加倍提倡，努力研究，以促成法治之早日实现，俾我国跻于世界列强之林"。[1]黄右昌的罗马法研究成果，集中体现于其所著《罗马法与现代》一书中。黄氏在该书中，一方面详尽梳理了罗马法的历史、罗马法的五大学派，以及罗马法在人法、物法和诉讼上的详细规定；另一方面，亦巧妙结合民国时期之国情和政治话语，探求作为历史上民法文化之源的罗马法的精髓所在。其将孙中山所倡之三民主义，套用于罗马法之发展和变迁。他认为，罗马法上的民族主义，可以从"罗马民族的起源"和"罗马国内诸民族要求平等"的斗争等史实上得以窥览；罗马法上之民权主义，则分"民权初步"、"民权二步"、"民权三步"三个步骤，其主线是平民围绕公民权与贵族展开的

---

〔1〕 张企泰：《中国民法物权论》，上海大东书局1946年版，"序"。

斗争；罗马法上之民生主义，则体现为罗马在土地和债务方面的相关立法。[1]很明显，黄氏虽然研究的是罗马法，但其目的是指向现代的，这也恰当地昭示其研究罗马法的问题意识和中国立场。这种概括方式，“虽然有点牵强，但其论述倒也比较顺畅”。[2]

正如民国时期学者所言：“法律以维持社会秩序为目的，学说以裨补法律之阙为旨趣。”[3]中国近代继受西方民法的历史经验证明：民法的制定，一方面带来民法技术层面的革新，另一方面则促进了民法学说和民法理论的引进，而民法理论研究的自觉发展，又在一定程度上推进了民事立法和民事司法的发展。法学理论研究对于法律制度的发展有着重要的促进作用，其本身所具有的一种立法和司法上的导向功能，使得它不仅是对既存法律关系的总结，也是对新型法律关系的前瞻性预设；不仅是对人的现实行为的调整，而且也是对人们未来行为的塑造。

不过中国近代民法理论研究与立法之关系，与德国等大陆法系国家不同。德国民法理论之发展，先于立法。当时在继受罗马法基础上所形成的潘德克顿法学，对德国民法典之制定，实际上起着一种先导性的指引作用，因此其属于一种先理论后立法的模式。但中国近代的民事立法，从两部民法草案和一部民法典的具体制定情况来看，其制定之初，“并无任何自己的经验与资料可作基础。因此，不得不全盘向外国效仿”。[4]故而就民事法律来看，中国近代实际上属于先立法后理论的模式，而民法理论的发展，亦表现出相当的滞后性。这种状况，对中国近代民法理论的研究者，提出了更高的要求和挑战。

美国法学家庞德曾于1946年与1948年冬之间，应南京国民政府之

---

〔1〕参见黄右昌：《罗马法与现代》，中国方正出版社2006年版，第3～11页。

〔2〕何勤华：《中国法学史》第3卷，法律出版社2006年版，第220页。

〔3〕任建科：“论用水权肖像权艺名权之侵害能否构成侵权行为”，载《政法月刊》1933年第9卷第3、4期合刊。

〔4〕马汉宝：《法律与中国社会之变迁》，台北翰芦图书出版有限公司1999年版，第101页。

礼聘，担任国民政府司法行政部的顾问，他曾对中国的法律、司法制度以及法律教育，提出不少兴革的建议。对中国法学理论的发展，也提出了具体的要求并寄予了极高的厚望。他在所撰建议中曾提到：为使中国法典有效付诸实施，对法典必须有统一的解释与统一的适用，中国急需划一的法律教育或标准的法律教育，俾法官与律师能在同一基础上获得训练，进而能在同一基础上解释及适用法律；在划一的法律教育制度下要养成之法律学者与教师，应积极从事完整而有系统的中国法律注释工作。庞德还指出：中国的立法事业已经获得了一定的成功，但对表示意义隐晦的法律文句，切待学者精心剖析，提供意见，以为法官律师所用。不过他心目中的此类学术工作，并不止于对法典各节附加注语，而是期望中国法律能有一套与法、德、意各国类似著作等量齐观，完整而有系统的学理释义。〔1〕

在上述语境下，深受西方近代民法学知识熏陶的民国民法学家们，其理论研究的主要方向，即运用逻辑推理能力，将涵蕴于法律文本之中的法意予以挖掘和阐解。在中国近代民法法典化过程中，任何一部草案和法典的出台，都引起了民法学家们的深切关注。他们据此撰文或出书对其所涉之民法法理进行自己的解说。或则对于法律条文中的一些概念术语予以详细推解，或则对法律条文进行直接的解释。他们以自己的民法学知识，对那些对于一般民众来说尚属陌生法律制度进行知识解读和学理说明。他们在学术上所做的努力，既可为司法实践提供理论层面的指引，对于人们民法观念的培塑，也起到了极为重要的推进作用。

最后，中国近代民法学的生成与发展，从广义角度而言，亦属中国民法近代化的应有之内容。民国时期民法学家的民法著述，则成为构筑中国近代民法学的根基。中国近代民法学的生成与发展，离不开民法学家们的理论贡献。就中国近代的民法学而言，其在发展过程中虽表现出

---

〔1〕 参见马汉宝：《法律与中国社会之变迁》，台北翰芦图书出版有限公司 1999 年版，第 96～97、100～101 页。

一定的继受性和幼稚性，但民法家们对民法在理论上所作的阐解，或者对判例和立法所作的批评和完善建议，对于中国近代民法理论体系的形成，以及对其时之民事立法和司法的改进，提供了某种意义上的智力支持。由于受到时代的限制，虽然民国时期民法学家群体的理论观点和学术著作也存在难以避免的缺陷，但是从一种发展的眼光来看，他们学术作品的主要贡献是开创性的，其历史价值已经远远超过作品本身的内容。〔1〕

卓泽渊曾言："一个社会不可缺少法学专家。他们对法律的精深研究是一个国家和社会法律乃至社会进步的基础与动力，是一国法治的理论保障。没有法学专家的社会，必然是法律停滞的社会，是法律落后于时代的社会。"〔2〕民国时期的民法学家群体通过其法律职业活动对中国民法近代化所起的推动作用，不应被今人遗忘，而他们的民法思想和他们在民法理论研究方面所形成的建树，也是当下民法学研究者不容忽略的知识遗产。

---

〔1〕参见韩秀桃："民国时期法律家群体的历史影响"，载《榆林学院学报》2004年第2期。

〔2〕卓泽渊：《法的价值论》，法律出版社1999年版，第328页。

附　录
民国时期民法学家传略*

曹杰（1896～1995）

又名士彬，生于安徽省屯溪县（今黄山市）。1921 年毕业于北京大学。早年追随孙中山从事民主革命，为国民党第一次、第三次代表大会代表。曾任国民政府浙江金华地方法院、汉口地方法院、山东高等法院推事、民庭庭长等职。1933 年 9 月开始先后在上海复旦大学、政法大学、东吴大学法学院任教。1934 年 9 月被东吴大学法学院聘为专任民法教授，并直至 1949 年。新中国成立后，历任中央人民政府司法部第二司司长、公证律师司司长、法律宣传司司长、法令编纂司司长等职。1959 年任国务院参事。著有《民法判解研究》（上海法学书局 1934 年版）、《强制执行法讲义》（上海法学编译社 1934 年版）、《中国民法亲属编论》（上海会文堂新记书局 1935 年版）、《公司法理由注释合纂》（中华书局 1936 年版）、《中国民法物权论》（上海商务印书馆 1937 年版）、《民法总则注释》（与张正学合作，上海商务印书馆 1937 年版）、

* 本附录主要参考俞江著《近代中国的法律与学术》（北京大学出版社 2007 年版）一书所附“清末至民国法学家人名简表”，以及张生著《中国近代民法法典化研究》（中国政法大学出版社 2004 年版）一书“附录二：中国近代参与民法修订的法律家”，王伟著《中国近代留洋法学博士考（1905～1950）》（上海人民出版社 2011 年版）一书中的法学博士简介，并结合各类法学辞典、人物辞典和人物传记整辑而成，并对前述著作中的缺漏者、信息不详者，及个别载述疏误之处进行了补充和修正。

《中国民法亲属论》（上海法学编译社 1946 年版）。其中《中国民法物权论》是曹杰的一部经典著作，从某种意义上说，其不失为民法教科书的典范。

陈承泽（1885～1922）

字慎侯，福建闽侯人。1902 年中举人，1904 年自费留学日本，1906 年至 1909 年就读于日本明治大学学习法政、哲学，其间加入中国同盟会。毕业回国后，历任商务印书馆编译员，《民主报》、《时事新报》、《独立周报》、《法政杂志》及《学艺》等报刊编辑，并任参议院议员。著有《国文法草创》；清末编辑有《资政院章笺释》（上海商务印书馆 1910 年版）、《法院编制法讲义》（上海商务印书馆 1910 年版）；编有《法制大要》（上海商务印书馆 1913 年版）、《中华现行民律要义》（中华书局 1913 年版）、《中华现行刑律要义》（中华书局 1913 年版）；译有《日本刑法通义》（［日］牧野英一著，上海商务印书馆 1910 年版）、《民法要义·物权编》（［日］梅谦次郎著，上海商务印书馆 1913 年版）等。

陈瑾昆（1887～1959）

字克生，湖南常德县人。1908～1917 年留学日本东京帝国大学，获法学士学位。1917 年归国后任奉天高等审判厅推事、庭长。1918 年任修订法律馆纂修。1919 年任大理院推事，继任最高法院庭长。1922 年任司法部参事，后任最高法院推事。1933 年任国民政府司法行政部民事司司长。1919 年至 1938 年间，曾任朝阳学院教授、北平大学法学院名誉教授、北京大学法律系讲师。1946 年到延安，加入共产党。1947 年在中共中央法律委员会工作，曾参加制订《中国土地法大纲》。1948 年任华北临时代表大会代表，华北人民政府成立后，任政府委员兼华北人民法院院长。新中国成立后，先后任第一届、第二届、第三届政协全国委员会委员，历任中央法制委员会副主任委员、中国政治法律学会理事，最高人民法院审判委员会委员、顾问等职。曾参加制订《中国人民政治协商会议共同纲领》、《中华人民共和国婚姻法》（1950 年）、《中华人民共和国宪法》（1954 年）。著有《民法总则》（北平朝阳大学，

1927),《刑事诉讼实务》(北平朝阳大学，1930),《民法通义债编》(北平朝阳大学，1930),《民法通义总则》(北平朝阳大学，1930),《民法债编各论》(北平大学，1930),《民法通义债编总论》(北平朝阳大学，1931),《刑事诉讼法通义》(北平朝阳大学，1931)；编有《刑法总则讲义》(北平好望书店 1934 年版）等；主要译著有《民事审判实务学》(日文版),《公证法及实务学》(［日］岩由一郎讲述）等。

陈箓（1887～1939）

字任先，号止室。福建闽侯人。1891 年入福州马尾船政学堂，后被开除学籍。1894 年入铁路总局附设之矿化学堂。1898 年入自强学堂，1901 年毕业，留校任法文教习。1903 年 4 月，护送留学生赴德国，事毕留学法国巴黎大学。1907 年，获巴黎大学法律学士学位，是第一位在法国获得法律学士学位的中国留学生。之后曾在海牙万国保和会和荷兰使馆任职。1908 年回国，任职于外务部、法部；同年 8 月授法科进士，后调任修订法律馆纂修、法部主事。1910 年授翰林院纂修，不久改任外务部考工司郎中，补掌印。在清末负责《大清民律草案》“继承编”的起草工作。1912 年 4 月，任北京外交部政务司司长。1913 年 12 月派驻墨西哥公使，未到任。1914 年 1 月，以少卿衔上大夫任墨西哥全权公使。1915 年 6 月，被委任为都护使，充驻库仑办事大臣。1918 年 3 月，任督办参战事务处处长，同年 5 月，任外交部次长，暂代部长处理部务。1920 年 9 月，转任驻法国全权公使，由于该氏熟于法国情形，一时有“法国通”之号。1923 年 8 月，兼任中国出席国际联盟代表。1928 年 7 月回国，10 月在上海执律师业务。1932 年春，国际联盟调查团来华调查，该氏被派为招待员。1934 年任南京国民政府外交部顾问，1936 年任外交部条约委员会副会长。1938 年 9 月附逆，任南京伪中华民国维新政府外交部长。1939 年 2 月 19 日，在上海寓所被国民政府军统特工人员刺杀毙命。生前著有《止室笔记》、《法语陟遐》，译有《法兰西民法正文》(修订法律馆 1911 年印行)、《蒙古逸史》、《英文尺牍译要》等。

戴修瓒（1887～1957）

字君亮，湖南常德人。曾毕业于南京高等师范学校，1905 年考入日本中央大学法律系攻读经济与商法，获法学士学位。1914 年回国，协助宋教仁创办国民大学。1916 年至 1924 年，历任北洋政府司法部佥事、总检察厅检察官、京师地方检察厅检察长等职，并先后在京师法政大学、北京大学、清华大学、中国公学、中央大学等校担任教授。1927 年 1 月至 7 月，在武汉国民政府司法部任秘书，参与改革法令，后任武汉政府最高法院庭长兼裁判所庭长。1928 年被蒋介石以共产党要犯为名逮捕入狱，经蔡元培、冯玉祥保释，后化名潜往日本，入早稻田大学继续研究法学。1930 年回国后至 1935 年，历任上海法学院、北京大学、清华大学、朝阳大学等校法律系教授、系主任。“七·七”事变发生后，他携眷返湘，在湖南大学任教。后又相继在昆明西南联合大学、重庆复旦大学、南京中央大学任教。1943 年在重庆中央大学（南京中央大学抗战初迁此）被国民政府教育部定为部聘教授。1948 年底因不满蒋介石挑起的内战，愤然离职返归常德。1949 年 10 月到京，在北京大学任教授。中华人民共和国成立后，曾任中央人民政府法制委员会委员、国务院参事、中国国际贸易促进委员会对外贸易仲裁委员会副主席、九三学社中央委员。著有《民法债编各论·总论》，《保险法讲义》，《票据法》（北平朝阳大学，1927），《商行为》（北平朝阳大学，1927），《刑事诉讼法释义》（上下册）（上海法学编译社 1929 年版），《民法债权编总论》（三册）（上海法学编译社 1930～1948 年版）；编有《最新行政法规》（上下册）（司法部 1919 年版），《民法债各论》（上海法学编译社 1930 年版）等。

高种（1885～?）

字子来，福建闽侯人。日本中央大学毕业，获法学士学位。曾任北洋法政专门学堂教员兼天津高等审判厅讲演员、直隶督院考验处文案。应学部游学生考验，取列优等，获赐法科举人，此后先后出任法部主事、宪政编查馆科员、资政院秘书官。民国后先后出任法政局参事、大理院推事、福建省司法局局长、山东高等审判厅厅长、湖南高等审判厅厅长、法典编纂会调查员、福建司法筹备处处长、中央高等文官惩戒委员会委员。1923 年任修订法律馆总纂。曾主持修订《大清民律草案》“亲属编”。

何孝元（1896～1976）

字达峰，福建闽侯人。早年入清华学校学习工程学。1916 年赴美国改习法学，获哥伦比亚大学经济学学士学位，1920 年获芝加哥大学法律博士学位。1920 年回国后任交通部英文秘书。1923 年任中东铁路地亩处副处长、处长。1929 年任山东省特别法政大学教授。1931 年到上海从事律师业务，兼任上海法政大学、持志大学、大夏大学教授。1946 年任国防部法规司司长，后任华中军政长官公署副秘书长。[1] 1949 年去台湾，任台湾省立地方行政专科学校法科教授。1955 年，该校改制为法商学院，何孝元任法律系主任。1961 年，学校并为中兴大学，他仍主系务。3 年后，兼校法学研究所主任，期间亦曾兼课于台湾大学、政治大学、东吴大学、辅仁大学等校。他精通英、法、德、日等国语言，著有《民法总则》、《民法债篇总论》、《英美侵权行为法概述》等。

洪文澜（1891～1971）

字赋林，浙江富阳人。毕业于浙江法政学堂。历任江西九江地方审判厅推事、京师高等审判厅推事、大理院推事。1929 年任最高法院推事，参与最高法院“判例”整编工作。1935 年，任司法行政部民事司司长并被派赴日本考察司法。回国后，复任最高法院推事，并兼任中央大学、中央政治学校、法官训练所教授，主讲民事诉讼法、民法债编等课程。抗日战争期间，随政府西迁重庆，任最高法院民庭庭长兼司法院首席参事、中央公务员惩戒委员会委员、司法院法权研究委员会委员、讨论战后法规特种委员会委员兼召集人。1948 年，任司法院大法官，兼任

---

〔1〕 参见王伟：《中国近代留洋法学博士考（1905～1950）》，上海人民出版社 2011 年版，第 69 页。

北平朝阳大学、上海法学院、上海政法学院、东吴大学教授。著有《民法债编通则释义》（上海法学编译社 1932 年版）、《民法实用债编》（司法行政部法官训练所印行）；编有《民事诉讼法讲义》（国立中央大学印行）。

胡长清（1900～1988）

字次威，四川万县人。1923 年北平朝阳大学专门部法律科毕业，后留学日本明治大学专攻刑法，1926 年毕业，获法学士学位。1927 年至 1946 年间先后在朝阳大学、中央大学、中央政治学校大学部（曾兼法律系主任）、燕京大学、华西大学等校任民法、刑法教授，主要讲授民法。1928 年至 1932 年间，曾主编过《法律评论》，1928 年至 1936 年，先后任南京国民政府法制局二科科长、中央研究院社会科学研究所研究员、立法院民法起草委员会编纂、浙江省兰溪自治实验县县长、浙江第四区行政督察专员、江苏第九区行政督察专员等职。1937 年至 1948 年，先后任湖南和四川省政府委员兼民政厅厅长、国民党内政部次长。1937 年加入中国国民党，1945 年当选为候补中央执行委员。1956 年加入中国国民党革命委员会，1957 年当选为上海市民革市委员会常务委员及对台工作委员会副主任委员。1960 年至 1988 年，一直担任上海市人民政府参事室参事。著有《契约法论》（上海商务印书馆 1931 年版）、《民法债总论》（1931）、《中国继承法论》（法律评论社 1932 年版）、《中国民法总论》（上海商务印书馆 1933 年版）、《民法物权》（上海商务印书馆 1934 年版）、《民法总则》（上海商务印书馆 1935 年版）、《中国民法债编总论》（上海商务印书馆 1935 年版）、《中国民法继承论》（上海商务印书馆 1936 年版）、《中国刑法总论》（上海商务印书馆 1948 年版）；编有《民法总则》（上海商务印书馆 1930 年版）、《各国民法条文比较》（中央政治学校 1931 年版）、《日本刑法改正案评论》（上海法学编译社 1931 年版）、《中国婚姻法论》（法律评论社 1931 年版）、《中国民法亲属论》（上海商务印书馆 1936 年版）；译有《刑法总论》（［日］冈田朝太郎著，北平朝阳大学，1925），《婚姻法之近代化》（［日］栗生武夫著，法律评论社 1931 年版）等。其代表作《中国民法总论》、《中国民法债编总论》、《中国民法亲属论》、《中国民法继承论》均被确定为民国时期的“大学丛书”。

胡诒谷（1876～?）

字文甫，浙江慈溪人。1890年至1897年在上海圣约翰大学学习。毕业后于1899～1906年间，在交通部南洋公学担任讲师，教授英语，并成为英文系主任。1906年经南洋公学派遣赴美国留学。先入读加州大学伯克利分校。后转学，1906年至1908年间，就读于芝加哥大学。后再次转学，1908年至1909年，在伊利诺伊斯大学香槟分校就读，获得文学士和法学士学位。1909年归国后，历任邮传部参议厅法制科法律起草员、京师大学堂法科教员、上海南洋公学教务长、大理院推事兼庭长、上海租界临时法院上诉院民庭庭长、江苏高等法院民庭庭长、民国北京政府大理院推事、司法部司法讲习所教员等。曾编译《泰西民法志》（上海商务印书馆1912年版）。

胡元义

生卒年不详，湖南常德人。日本东京帝国大学法学士，曾任湖北高等法院检察官推事、国民政府司法部科长，清华大学、武汉大学、西北联合大学、四川大学、同济大学等校法学教授。1942年被聘为南京国民政府教育部部聘教授。主要著作有《民法总则》（北平好望书店1934年版）、《破产法》（四川大学法律系1942年版）、《物权法论》（成都乐山文化印书馆1945年版）等。

黄右昌（1885～1970）

字黻馨，笔名凄江子，湖南临澧县人。12岁成秀才，17岁中举人。1899年就读于湖南时务学堂，因成绩优异，1902年被选送至日本岩仓铁道学校，不久转入法政大学，获法学学士学位。1908年归国，参加留学生戊申部试夺魁。后任湖南法政学校民法教授、校长及省议会会长等职。1917年11月，黄右昌出任北京大学法科本科教授。1918年4月，当选为北京大学法科学长。在北京大学期间，曾两度出任北京大学法律系主任。1920～1930年，任北大法科研究所主任，主编《社会科学》季刊。同时兼任清华大学（政治系）、法政大学、朝阳大学、中国大学、民国大学和天津法商学院教授。1930年被南京政府立法院荐为立法委员。1941年兼任国防委员会法制委员会专委，后又当选为司法院大法官、训练所教授。1948年底回长沙任湖南大学法律系教授。1949年8月，参加程潜、陈明仁和平起义宣言签名。新中国成立后继续任湖南大学教授。1955年受聘任中央文史研究馆馆员。著有《刑事诉讼法》（北京好古堂1914年版），《民法物权》（1917），《民法（第三编物权）》（1918），《罗马法》（北京大学出版部1918年版），《物权》（北京法政大学，1919），《民律要义（总则编）》（北京京华印书局1927年版），《民法要义》（北京大学，1927），《法律的农民化》（中华印书馆1928年版），《法律的革命》（北大法律研究社1929年版），《法律的新分类》（1930），《罗马法与现代》（北平京华印书局1930年版），《海法与空法》（北京大学，1930），《民法亲属释义》（上海会文堂新记书局1936年版），《民法诠解总则编》（上下册）（重庆商务印书馆1944年版），《民法诠解总则编补编》（重庆商务印书馆1945年版），《民法诠解》（重庆商务印书馆1945年版），《继承法》；编有《新民法一束》（中华印书局1929年版）；译有《户籍法》二卷（1908）。尤以《罗马法与现代》的学术价值最高，使他成为近现代知名的法学家，享有“黄罗马”之名。

柯凌汉（1896～1985）

字梅初，福建长乐县人。早年在县吴航小学毕业后，考入福建法政专门学校法律系本科。1916年毕业后，由学校择优资助，东渡日本留学，入早稻田大学法律系，继续研究法学，尤注重于民法学。1919年肄业，从日本返国。先后出任福建法政专门学校、福建大学等校法律系教师。1926年至1927年出任长乐县教育局局长。1929年9月赴厦门大学法律系任教授，1938年1月任福建学院法律系教授兼系主任，并直至1945年10月为止。此时期他还先后兼任福建高等法院检察官，第三分院首席检察官、庭长，第四分院院长等职。1945年11月任厦门地方法院院长，三年后调任南京最高法院民事庭推事。不及一月，便辞职回闽，返福建学院当教授，1949年3月擢为福建学院院长。20世纪50年代初，福建学院法律系合并入厦门大学法律系，柯凌汉又南行执教，为法律系教授。1953 年秋，厦门大学法律系停办，他申请退休。前后在大学主讲法学计 25 年。主要著作有《中国债权法总论》（福州新明公司 1924 年版）、《中国债法论纲》（上下卷）（福建学院讲义处 1932 年版）、《中华物权法论纲》（上海商务印书馆 1935 年版）；编著有《民法物权》（上海商务印书馆 1935 年版）。

李怀亮（1886～?）

字特成，湖南湘乡人。毕业于日本中央大学法科，获法学士学位。历任河南法政学堂教员、大清银行清理处编纂兼证券科主任、国立北京法政专门学校教务主任、大理院推事、司法讲习所及司法储才馆教授。1928 年 12 月 18 日至 1929 年 4 月 22 日担任过国民政府最高法院庭长。1931 年在职国立北平大学法学院讲师、国立北京大学法学院讲师。著有《司法讲习所讲义录·债权总论》、《民事法规及判例债权编总则》。

李　谟

生卒年不详，1924 年 11 月 25 日署任浙江杭县地方检察厅检察官。1925 年 2 月 19 日署任江苏上海地方审判厅推事。著有《民法继承编》（第 1 册）（上海大东书局）；编著有《民法债编总论》（与黄景柏合编，上海大东书局 1931 年版）、《民法债编总论》（上海法政学院讲义）、《民法亲属新论》（上海大东书局 1934 年版）、《民法亲属论讲义》；编有《第 5 编继承新论》（上海大东书局 1931 年版）。

李宜琛（1910～1976）

祖籍福建省建瓯县（今属建阳市）人。早年就读于北京师大附中，16 岁时中学未毕业即越级考入大学。1930 年李宜琛大学毕业，第二年留学日本早稻田大学法学部。由于学习非常努力和勤奋，深得早稻田大学法学部教研室教授、法学博士中村万吉先生的赏识与厚爱。1934 年，留日三年获得法学士学位的李宜琛回国任教于北平大学，兼河北法商学院教授，主要讲授民法、商法以及外国法制史等课程。1937 年“七·

七”事变后，平津沦陷，李宜琛随北平大学西迁，继续受聘于国立西安临时大学、国立西北联合大学、国立西北大学的法商学院。1942 年离开大学后，来到重庆，受聘于国立编译馆，同时兼任复旦大学教授。1945 年又重回北京，专职从事律师工作，同时兼任北平朝阳大学（讲授民法物权）、天津法商学院教授至 1949 年。1949 年曾被送至北京市公安局所属清河农场进行管训。1954 年被提前结束管训，1956 年恢复政治权利，后回到北京。在 1956 年至 1966 年期间，李宜琛主要从事翻译工作，同时给全国政协写文史资料作为生活来源。1966 年“文革”开始，李宜琛因历史问题被遣送回原籍福建水吉镇。1976 年文革结束时，李宜琛病逝于福州。主要著作有《民法要论总则》（北平著者书店 1932 年版）、《现行物权法论》（北平好望书店 1933 年版）、《日耳曼法概说》（重庆商务印书馆 1943 年版）、《民法总则》（重庆国立编译馆 1943 年版）、《现行亲属法论》（重庆商务印书馆 1944 年版）、《现行继承法论》（重庆商务印书馆 1944 年版）、《婚姻法与婚姻问题》（重庆正中书局 1944 年版）等。[1]

李祖荫（1899～1963）

字麋寿，湖南祁阳人。1927 年北平朝阳大学法律系毕业后，即东渡日本，就读于明治大学，专攻民法。未及毕业，即应北平燕京大学之请，1930 年回国后历任燕京大学、北平大学教授，兼任朝阳大学教授、名誉教授及《法律评论》总编辑。1939 年回湘任职于湖南大学讲授法理学和民法等课程，1941 年担任法律系主任，1945 年、出任法学院院长。亦曾任国民党政府第九战区长官司令部少将参议、湖南大学训导长、湖南省教育厅厅长等职，参与湖南和平解放活动。中华人民共和国成立后，任中央法制委员会委员、全国人大常委会法律室主任、国务院参事、全国政协委员等。著有《法律辞典》（朝阳大学，1927），《比较民法总则》（燕京大学，1930），《比较民法总则编纲要》，《比较民法债编通则》（北平和记印书馆 1933 年版），《比较民法物权编·亲属编·继承编》，《评胡长清氏著中国民法总论》（1937），《中华民国民法总则

---

〔1〕 参见夏新华：“寻访李宜琛”，载《华东政法大学学报》2009 年第 3 期；夏新华、肖海英：“再寻李宜琛”，载《华东政法大学学报》2011 年第 4 期。

评论（一）（二）》（北京大学，1937），《民法概要》（湖南大学讲义，1941），《法律学方法论》（湖南大学法律学会，1944）等；编有《李资政公遗集》、《民法概论》；辑有《民法总则编》（1930）、《比较民法》（1933）、《民法解释史资料》（湖南大学印本）；译有《法义共同债务法草案》（与赵石湖合译）。

林彬（1893～1958）

字佛性，浙江乐清人。1919 年毕业于北京大学法律系，历任北京医科大学秘书，地方法院检察官、推事，高等法院庭长、最高法院推事。1927 年任国民政府法制局编审。1928 年 11 月，任行政院参事等职。立法院成立后，先后当选立法院第一、二、三、四届立法委员，并兼任宪草法制、民法、刑法委员会委员及法制委员会委员长，参与起草国大组织法及代表选举法。1942 年 4 月，任考试院法规委员会委员。1945 年 5 月，任中国国民党第六届中央监察委员。1946 年当选为制宪国民大会代表。1948 年当选为行宪国民大会代表。1948 年 7 月当选为司法院大法官。1949 年以后赴台，历任司法行政部部长、台湾大学教授、总统府国策顾问。著有《民法总则》、《民法物权》、《民法亲属继承》、《刑法总论》、《刑法各论》、《民法概论》（中央训练团党政高级训练班，1944）、《民刑法概要》等。[1]

林鼎章（1877～1958）

字西智，福建闽侯人。1902 年参加省级会试成为举人。后进入京师大学堂修习法律。毕业后先后担任京师法官养成所教务长、京师地方审判厅推事、京师高等审判厅推事和民事庭庭长、大理院推事。1927 年举家迁往上海，进入一家有名律师事务所并很快成为一名著名律师。在上海期间曾兼任上海大夏大学法科教授。1928 年左右弃律师职业再次成为国民政府最高法院法官。1937 年举家迁往重庆，并曾在迁至重

〔1〕参见刘正中："论晚清以来法律人的崛起——回首浙江法律人"，载《法治研究》2007 年第 2 期。

庆的复旦大学法律系讲授民法。1938 年从最高法院庭长职位上被调离，任司法院参事，并一直工作至 1943 年退休。抗战结束后与复旦大学一起迁回上海。1958 年在家中逝世。著有《亲属法》（重庆商务印书馆 1946 年版）。[1]

刘含章（1880～1952）

字仲缵，福建闽侯人。前清法律学堂出身，曾任大理院推事、北京政府司法部参事，1924 年 10 月任修订法律馆副总裁。1929 年 4 月 22 日任国民政府最高法院庭长。1938 年 8 月到职，1939 年 2 月 22 日正式任命为贵州省高等法院院长。1946 年 10 月 28 日至 1948 年 9 月 6 日任司法院院部参事。1948 年任最高法院庭长。曾受聘为燕京大学、中央大学、贵州大学法学教授。著有《民法继承编实用》（南京环琦书屋 1936 年版），《二年来贵州司法概略》（贵州第一监狱，1940），《亲属法》（重庆商务印书馆 1944 年版），《继承法》（重庆商务印书馆 1944 年版）。

刘鸿渐（1884～1962）

字鼎三，湖南长沙人。早年赴日本留学，入东京帝国大学法科，获法学士学位。毕业返国后，任北京朝阳法学院讲师。1934 年任北平民国学院法律系教授。1936 年任北平大学法商学院法律学系教授。后任广西大学及西北大学教授。1947 年秋赴台湾，1962 年去世。著有《中华民国物权法论》（朝阳学院，1933），《物权法论》，《民法总则论》，《债法总论》，《债法各论》，《亲属法谕》，《继承法论》等。

刘镇中（1887～1969）

字谷龠，福建闽侯人。1909 年京师大学堂预备科毕业，1913 年北

---

〔1〕 参见林同奇：“林氏家风——中国士大夫传统现代转化一瞥”，载邵建编：《思想者 4：一个世纪的人与事》，青岛出版社 2008 年版，第 92～98 页。

京大学法科法律门第一届毕业生，后赴法国留学，据称1920年获法国巴黎大学法学博士学位。1924年任北洋政府临时法制院参事。1935年任司法行政部参事，兼中央大学、安徽大学、朝阳学院、法官训练所教授。1948年任司法行政部民事司司长。1949年2月任厦门大学法律学系教授。后去台湾。[1]著有《民法债编》、《民法物权编讲义》（上海群益书社1933年版）、《民法债编通则讲义》（上海群益书社1933年版）、《民法实用债编各论》（上下册）（重庆大东书局1944年版）、《债权各论讲义》（国立中央大学）。

刘志敭（1886～？）

字抱愿，江苏武进（常州）人。日本东京帝国大学法科毕业。历任北京法政专门学校教务主任，京师高等审判厅推事。1923年11月25日被任命为大理院推事，后又任南京国民政府最高法院首席推事，北平大学法学院、成都大学法学院、清华大学教授，司法行政部法官训练所主任。1935年任北京大学法学院法律系教授。1937年后，任“临时政府司法委员会”特约员、新民学院教授、“司法部法官养成所”讲师等职。1944年后曾任朝阳学院（债权各论、物权）教授。著有《民法实用债编各论》（司法行政部法官训练所讲义）、《民法债编各论》（司法官养成所讲义）、《民法债编总论实用》（司法官养成所讲义）、《债编总论》；编著《民法物权》（上海大东书局1936年版）。

刘钟英

生卒年不详。字湘山，湖南湘阴人。举人出身。毕业于北京法政学堂。后任大理院推事。1928年6月4日任最高法院推事。1934年2月10日至1939年7月26日任最高法院庭长。1947年再任最高法院庭长。著有《民法继承释义》（上海法学编译社1946年版）、《民法实用总则》（司法行政部法官训练所讲义）。

---

[1] 参见王伟：《中国近代留洋法学博士考（1905～1950）》，上海人民出版社2011年版，第282页。

楼桐荪（1896～1992）

字佩兰，浙江永康人。1915 年毕业于浙江法政专门学校法律科，1919 年冬留法勤工俭学，1923 年获法国巴黎大学法科硕士学位。历任浙江省政府秘书、浙江省立法政专门学校校长、上海法政大学教务主任、上海法科大学政治系主任、江苏行政研究所教务主任等职。后任中国国民党南京市党部执行委员。1928 年任浙江临时政务委员会机要秘书、浙江政治人员养成所所长、中国国民党浙江省党部执行委员兼秘书长。同年 11 月后连任立法院第一届至第四届立法委员，并任立法院宪法起草委员会委员及经济委员会委员。1935 年 9 月 17 日任全国经济合作事业委员会委员，后任该会秘书长。1942 年 4 月到职考试院法规委员会委员。后又任外交部条约委员会专门委员。1945 年当选为中国国民党第六届中央执行委员。1946 年 10 月当选为“制宪国民大会”国民党代表。1947 年 5 月 22 日聘为全国经济委员会委员。1948 年 5 月当选“行宪”第一届立法院立法委员。1949 年去台湾后，仍为“立法院”立法委员，并任“中国合作学社”理事长。1992 年 7 月 26 日逝世。著有《民法原理》、《英国近世政治史》、《三民主义研究》、《国家》（上海商务印书馆 1931 年版）、《租界问题》（上海商务印书馆 1931 年版）、《法治与自由》（独立出版 1939 年版）、《法学通论》（重庆正中书局 1940 年版）；编译有《民法债编释义》（上海新学会社 1930 年版）、《民法总则编释义》（上海新学会社 1931 年版）、《民法物权编释义》（上海新学会社 1931 年版）、《民法亲属编释义》（上海新学会社 1931 年版）、《民法继承编释义》（上海新学会社 1931 年版）。

罗鼎（1887～1979）

字重民，湖南攸县人。1902 年童试中秀才，1903 年入长沙明德学堂，翌年转学长沙中路师范。1905 年以湖南官费留学日本，先后在日本东京一高预科、日本仙台第二高等学校、日本东京帝国大学攻读法学，通晓日、英、德三国语言文字。1912 年回国后，在湖南攸县做了 9 个月的禁烟局长。1913 年 2 月至 6 月，又在湖南省湘阴县做了 5 个月的厘金局局长。袁世凯篡夺革命政权后，他继续东渡深造。1918 年学成回国，历任北京大学、北京政法专门学校教授，北洋政府国务院战后经济调查委员会委员、北京京师高等审判厅民事庭推事、北京修订法律馆纂修等职。1926年任江苏司法厅民事、刑事科科长，国民政府中央司法部民事第一科科长。1928年初，任国民政府法制局编审，主持起草民法和亲属继承法。年底，国民政府立法院成立，罗鼎应聘为立法委员。1929年加入国民党。以后在一个较长的时间内，以立法委员的身份，兼任南京中央大学、南京中央政治学校、重庆朝阳学院教授；担任重庆法官训练班、军法人员训练班、去台湾接收人员训练班的法学课程教员。抗战结束后，1947年任安徽大学教授。1948年竞选立法委员失败后回到长沙，应聘为湖南大学法律教授。1949年应聘到武汉大学担任法律教授。〔1〕著有《民法继承论》（上海法学编译社1933年版）、《继承法要论》（上海大东书局1946年版）；编著有《亲属法纲要》（上海大东书局1946年版）；编撰有《民法继承实用》（上海大东书局1945年版）。

梅仲协（1900～1971）

字祖芳，浙江永嘉人。早年负笈法国，获法国巴黎大学法学硕士。1933年以后，在国立中央大学、中央政治学校担任民法讲习，曾任中央政治学校法律系主任。抗战期间任重庆东吴大学教授。1949年去台湾，历任国立台湾大学法学院民法教授、“司法行政部司法官训练所”民法讲师、台湾省立中兴大学法商学院商事法教授，政工干部学校、中央警官学校、军法学校和私立东吴大学法学院等院校兼任民法教授。与江平、谢怀栻共同被誉为“中国民法三杰”。著有《中国票据法释义》（重庆大东书局1942年版）、《民法要义》（重庆公诚法律会计事务所1943年版）、《公司法概论》（重庆正中书局1943年版）、《国际私法新论》（重庆大东书局1946年版）、《六法解释判例汇编》（与罗渊祥同辑，上海昌明书屋1947年版）、《商事法要义》（1966）等；译著有《宪法精义》（［法］狄骥著，重庆大东书局1945年版）。

---

〔1〕参见株洲市地方志编纂委员会编：《株洲市志·人物》，湖南出版社1997年版，第276～277页。

宁柏清（1887～?）

字敦吾，湖北省江陵县人。湖北法政专科学校毕业后留学日本，毕业于日本大学。归国后历任湖北法政大学总务长兼教授、武昌中山大学教授，上海江南学院、文化学院教授，上海法政大学、复旦大学、中国公学、持志学院教授，长沙朝阳学院教务长。1933 年后曾任国立四川大学教授。其主要著作有《破产法论》，《各国所得税制度论》，《债权总论及各论》，《债编总论》（上下册）（与周新民合著，1934），《债编各论》（上海法学书局 1934 年版）等。

欧阳谿

生卒年不详，湖南长宁人。毕业于日本法政大学。著有《民法总则释义》（上海法学编译社 1930 年版）、《法学通论》（上海法学编译社 1931 年版）、《民法总论》（上海法学编译社 1931 年版）；译著有《法理学大纲》（［日］穗积重远著，上海会文堂新记书局 1930 年版）。

欧宗祐（1899～1951）

字孙保，广东东莞人。1919 年曾在北京大学学习法律。毕业后因成绩优异被公费送往日本留学考察。回国后，到上海商务印书馆任编辑。曾参加北伐，1927 年任武汉国民政府农民部秘书。后弃官还乡，并于 20 世纪 30 年代初退出政坛，在家乡发展交通和教育事业，服务乡梓。解放初被以“勾结土匪”等罪逮捕并处决。1990 年其沉冤得以昭雪。其曾潜心学术，著译颇丰。主要著作有《中国盐政小史》；编写《民法总则》（上海商务印书馆 1928 年版）；译著《宪法学原理》（［日］美浓部达吉编著，上海商务印书馆 1925 年版），《德国新宪法论》（［德］布伦逎特著，上海商务印书馆 1926 年版）。[1]

---

〔1〕 参见“欧宗祐：三端立世”，载张磊：《东莞英才录》，中华工商联合出版社 1997 年版，第 116～124 页。

潘震亚（1889～1978）

字树庸，笔名髯公。江西南城人。1916 年毕业于江西法政专门学校法律科。早年在南昌任《江西民报》、《新共和报》编辑，兼任律师。1918 年在广州加入同盟会，参加孙中山先生领导的旧民主主义革命活动，曾任众议院秘书、国会非常会议秘书、大理院推事兼司法行政处主任、国民党一大秘书处议事科长、黄埔军校政治教官、司法部第一处处长兼第二处处长、军事委员会革命军事裁判所庭长。1928 年至上海解放前，长期做律师，兼事法学研究和文化教育工作。曾多次以律师身份为一些被逮捕的中共地下党员辩护，并参与营救工作。先后任上海法学院、文化学院、中国公学、江南学院、法政大学、复旦大学等校教授。新中国成立后，历任政务院人民监察委员会副主任、监察部副部长、江西省副省长、中国政治法律学会理事，上海复旦大学校务委员会常务委员、法学院院长，政协第一届全国委员会委员、第五届全国委员会常务委员、第一届至第五届全国人大代表、江西省政协副主席。其主要著作有《中国法制史》、《证据法论》、《国际私法》、《劳动法论》、《刑法总论》、《中国债法总论》、《法院组织法论》、《刑法各论》、《刑事诉讼法论》、《债权各论》、《中国亲属法论》、《中国继承法论》、《中国破产法论》等。

裘千昌（1896～1969）

别号禹言，浙江奉化人。早年留学日本，1929 年在日本九州帝国大学文法学部法科毕业。回国后，历任安徽大学法学院、成都大学法学院、中山大学法学院、四川大学法学院、朝阳学院等校教授，同时兼营律师业务。新中国成立后，曾任四川大学法律系教授兼川西行署高级人民法院副院长、西南政法学院教授、西南行政委员会参事室参事、四川省人民政府参事室参事。对民法和商事法有颇多研究。著有《中国民法债编总论》（成都启大印刷局 1948 年版）、《民法债编总论》（文华印书馆印行）、《公司法》等；编写《民法总论》、《保险法论》、《票据法论》和《债编各论》等讲义。

阮毅成（1905～1988）

字静生，浙江余姚人。1927年于中国公学大学部政治与经济系毕业。曾就读于法国巴黎大学，并获法学硕士学位。1931年回国后，历任国立中央大学教授、中央政治学校教授兼法律系主任，并任《时代公论》主编。1937年4月，出任浙江省第四区行政督察专员。次年8月，任浙江省政府委员兼民政厅厅长。在抗战期间，任国立富士大学教授，兼行政专修科主任。抗战胜利后，为国立浙江大学筹建法学院，并兼任院长。1946年，任“制宪国民大会”代表。1949年到台湾后，任“台湾地方自治研究会”委员、“行政院设计委员会”委员、“中央日报社”社长。1969年自公职退休后，任《东方杂志》主编。主要著作有《政治论丛》（南京时代公论社1932年版）、《法治论集》（南京时代公论社1933年版）、《法制论集》（上海时代公论社1933年版）、《陪审制度》（上海世界法政学社1933年版）、《宪法中的司法制度》（上海世界书局1933年版）、《中国亲属法概论》（上海世界法政学社1933年版）、《国际私法》（上海世界书局1933年版）、《比较宪法》（上海商务印书馆1934年版）、《中华民国训政时期约法》（上海商务印书馆1935年版）、《毅成论法选集》（南京正中书局1936年版）、《非常时期之法律知识》（上海中华书局1937年版）、《战时法律常识》（长沙艺文研究会1938年版）、《中国战时法规概述》（重庆青年书店1938年版）、《国际私法论》（长沙商务印书馆1938年版）、《法语》（长沙商务印书馆1940年版）、《法律大意》（重庆正中书局1942年版）、《法律与事实》、《民法亲属法概论》、《制宪日记》等。

芮沐（1908～2011）

字吉士，笔名申徒，浙江吴兴人。1930年获上海震旦大学文学士学位。1933年获法国巴黎大学法学硕士学位。1935年获德国法兰克福大学法学博士学位。回国后，1936年任中央大学法律系教授。1941年任西南联合大学法律系教授。1947年任北京大学法律系教授。院系调整后，1952年任北京政法学院教授。1954年之后任教于北京大学。曾兼任中国社会科学院法学研究所副所长、国务院学位委员会学科评议组成员、国务院经济法规研究中心常务干事、全国人民代表大会常务委员会法制委员会委员、中华人民共和国香港特别行政区基本法起草委员会委员。并曾担任中国国际法学会副会长、中国经济法研究会副会长、中国国际贸易促进委员会仲裁委员会副主任委员、对外经济贸易部条法司特邀顾问、欧中协会中国法常设委员会名誉主席等职。主要著作有《国际私法》(教材，1939)，《民事诉讼法》(教材，1944)，《民法法律行为理论之全部》(北平河北第一监狱，1948)，《法学比较方法论资料和案例》(英文，1948)，《中华人民共和国民法》(教材，1956)，《资产阶级民商法》(1961) 等。

史尚宽 (1899 ~ 1970)

字旦生，安徽桐城人。15 岁留学日本，先就读京都第三高等学校，后入东京帝国大学法律系，获法学士学位。1922 年秋赴德国入柏林大学研究法律，越两年转法国巴黎大学研究政治经济。1927 年返国，历任中山大学、中央大学及政治大学教授。1928 年参加广东建设厅副设之劳动法起草委员会，史氏执笔起草劳动契约、团体协议、劳动诉讼和劳动救济等章。1929 年任国民党立法委员，参与中华民国民法及其他重要法律的起草工作。抗战初期，任法制委员会委员长。1941 年转任考试院秘书长兼法规委员会主任委员。1947 年当选为第一届国民大会代表，1948 年任总统府国策顾问。1949 年去台湾，执教于东吴大学、法商学院。1952 年后任“考选部长”、“司法院”大法官等职。1969 年任“司法官训练所”所长。卒于台北。著有《劳动法原论》(1934)，《民法总则释义》(上海法学编译社 1936 年版)，《法制》(1937)，《立法程序及立法技术》(重庆中央训练团，1943)，《行政法要旨》(重庆中央训练团 1944 年版)，《信托法论》(1946)，《民法原论总则》(上海大东书局 1947 年版)，《法学概论》(中央训练团党政高级培训班，1947)，《债法总论》(1954)，《物权法论》(1957)，《债法各论》(1960)，《亲属法论》(1964)，《继承法论》(1966)，《民法总论》(1970)，《行政法论》，《土地法论》等。

陶汇曾（1899～1988）

又名希圣，湖北黄冈人。1915 年考入北京大学预科，1918 年升入本科法科法律门。1922 年毕业后到安徽任教。1924 年 7 月任上海商务印书馆编译所编辑，并在上海大学任教，担任《独立评论》主编。1927 年至 1928 年在武汉、南京任中央军校教官。后往上海加入顾孟余、陈公博等组织的中国国民党改组同志会。1929 年以后专事著述，并在上海大学、复旦大学、暨南大学、中国公学任教。1930 年任商务印书馆总管理处秘书，1931 年受聘为中央大学教授。后任清华大学、燕京大学、北京大学、北京师范大学教授。“七·七”事变后，参加汪精卫主持的国防参议会并任参议员，成为汪的政治高参。1941 年底转赴重庆，任军事委员会侍从室第五组组长。1943 年 1 月为蒋介石整理《中国之命运》，同年 10 月任《中央日报》总主笔。1945 年加任国防最高委员会参事。1947 年又兼国民党中央宣传部副部长。1949 年赴台，继续主编《中央日报》，曾任“中央改造委员会设计委员会主任委员”。1968 年退休。主要著作有《中国司法制度》（上海商务印书馆 1926 年版）、《民法亲属论》（上海法学编译社 1933 年版）；编写《商人通例释义》（上海商务印书馆 1925 年版）、《亲属法大纲》（上海商务印书馆 1928 年版）、《五权宪法》（上海商务印书馆 1929 年版）、《民法亲属》（上海商务印书馆 1936 年版）；译著《法律进化论》（第 2 册）（［日］穗积陈重著，上海商务印书馆 1930 年版）等。

唐纪翔（1879～?）

字嘉甫，河北省大兴县人。京师大学堂仕学馆毕业。历任商律馆编辑员，北京法政学堂、殖边学堂、俄文法政专门学校、民国大学、国立京师大学法科教授，东省铁路俄文学堂教务长、俄文专修馆斋务长、交通大学事务长、北京大学法学院法律学系讲师、外通大学事务长，中国大学、燕京大学、朝阳大学（国际私法）教授等职。主要著作有《中国国际私法论》（上海商务印书馆 1930 年版）、《民法总则讲义》（北平民国学院 1931 年版）、《民法总论》（上下册）（开明书局 1932 年版）《民法总论》（中国大学讲义，1943）、《国际私法》（大学丛书）等。

汪波（1907～?）

字澄之，福建惠安县人。国立北平及上海法政大学毕业，法官考试合格，任审判检察职务。后留学日本，归国后在上海任《法学杂志》主编及任泉州《国民日报》社长、南华女子中学校长，还做过厦门、晋江两地执业律师。1948 年被选为国大代表，并任国民党宪政督导委员会委员。主要著作有《五权宪法研究》（上海三民书店 1929 年版）、《先秦法理学》、《先秦社会思想史》、《中国宪法史》、《中国司法问题》（上海三民书店 1929 年版）、《女子继承权诠释》（上海民治书店 1929 年版）、《女子继承权详解》（上海民治书店 1930 年版）、《继承法 ABC》（上海世界书局 1930 年版）、《亲属法 ABC》（上海世界书局 1931 年版）等。

王伯琦（1909～1961）

江苏宜兴人。1931 年毕业于东吴大学法学院，获法学士学位，是年夏留学法国巴黎大学。1936 年获巴黎大学法学博士学位。同年归国，任浙江省政府视察，在军事委员会参事室工作。1939 年应聘为昆明国立云南大学教授，1940 年兼法律系主任，并同时执行律师业务。抗战胜利后返回南京，先任教育部参事，复南迁广州，任教于中山大学。1949 年前往台湾，任“司法行政部”参事。1953 年辞职，任国立台湾大学法律系教授，并兼任母校东吴大学教职。此后数年，得偿宿愿，过其恬静单纯生活，潜心教育、致力著作。著有《民法总则》、《民法债篇总论》、《民法概要》、《民刑法概要》、《近代法律思潮与中国固有文化》；译著《权利相对论》（［法］约斯兰著，上海中华书局 1943 年版）等，为近代中国第三代法学家的杰出代表。

王宠惠（1881～1958）

字亮畴，广东东莞人，生于香港。1899 年北洋大学法科毕业，任教于上海南洋公学。1901 年赴日研究法政，1902 年转赴欧美留学，1903

年获耶鲁大学法学硕士学位，1905 年获耶鲁大学民法学博士学位。[1]曾在英国取得律师资格，并当选为柏林比较法学会会员。1911 年加入同盟会。后任南京临时政府外交总长、北洋政府司法总长、大理院院长等职。1927 年后任南京国民政府司法部长、司法院长、外交部长、国防最高委员会秘书长、代理行政院长。曾任海牙常设国际法庭正法官多年。1945 年出席联合国成立大会，参与制定联合国宪章。1949 年去香港，后任台湾“司法院”院长。著有《中华民国宪法刍议》（上海南华书局 1913 年版），《宪法危言》（1914），《比较民法概要》（南京司法行政部法官训练所，1916），《中华民国刑法》（上海民治书局 1928 年版），《25 年来中国之司法》（1930），《五权宪法》（中央训练团，1940），《法理学》，《王宠惠拟宪法草案》，《中华民国宪法》，《宪法评议》，《四权行使及其运用》，《研究五权宪法略论》，《比较宪法》，《今后司法改良之方针》，《法院组织法立法原则之修正案》，《大赦权之运用》，《处罚从人说》，《德国民法浅说》，《婚姻财产制》，《团体协约之比较研究》，《比较民法导论》，《所有权之今昔观》，《审查刑法草案报告书》，《刑法草案与暂行新刑法之比较》等。王宠惠是著名法学家，为中国近代法理学、宪法学、民法学和刑法学等的诞生与成长做出了贡献。他还是第一个将《德国民法典》翻译成英文的人，译本一直到 20 世纪 70 年代都被公认为最好的英译本，被英美各大学作为民法学的通用教材。

王去非（1895～？）

字孟侯，湖南湘阴人。北京中国大学毕业。历任河南开封地方法院首席检察官，河南中山大学、公立法专官训练班、南京文化学院、上海法学院、江南学院教授，上海地方法院推事、复旦大学教授、持志学院法律系教授等。执律师业。其主要著作有《民法物权论》（上海法学编译社 1930 年版）、《破产法概论》（上海会文堂新记书局 1930 年版）、《票据法要论》（华通书局 1931 年版）、《商法原论》（上海著者刊 1931 年版）、《破产法论》（上海法学研究社 1931 年版）、《公司法要论》（华通书局 1931 年版）、《现代物权法论》（上海世界书局 1933 年版）、《民

---

[1] 参见王伟：《中国近代留洋法学博士考（1905～1950）》，上海人民出版社 2011 年版，第 63 页。

法物权要义》（上海法学书局 1934 年版）、《罗马法要义》（法学书局 1934 年版）、《中国破产法释义》（上海法学研究社 1935 年版）、《商人债务清理暂行条例释义》（上海法学书局 1935 年版）等。

吴传颐（1910～1978）

江苏苏州人。震旦大学毕业。1943～1949 年在国立中央大学法学院法律系任副教授、教授、系主任。1949 年后，被任命为中央人民政府政务院法制委员会委员。后法制委员会撤销，又被任命为国务院参事兼国务院法制局财经贸易法规组副组长、法规编纂委员会委员。曾参与 1950 年颁布的“共同纲领”和 1954 年颁布的宪法的制定。1957 年因在法制局座谈会上对当时我国法制建设提出了四点批评和建议，被划为“右派”，下放到湖北省麻城县劳动。主要著作有《比较破产法》（上海商务印书馆 1936 年版）、《近代欧陆民法之演进》（独立出版社 1945 年版）、《中国法治之路》（中国文化服务社 1946 年版）、《法国德国和苏联的民法》（美吉印刷社 1948 年版）；译著《拿破仑法典》《法国民法典》（与李浩培等合译，上海商务印书馆 1979 年版）等。

吴学义（1902～1966）

字仲常，江西南城县人。朝阳大学毕业生。后留学日本，毕业于京都帝国大学，获法科硕士学位。1931 年 9 月归国任安徽大学法律系主任，南京中央大学、武汉大学法学院教授。1945 年 2 月 3 日任国民政府立法院立法委员。1946 年应出任远东国际军事法庭之中国检察官向哲浚的邀请，赴日本东京担任中国检察官顾问。新中国成立后任南京大学法律系教授、南京药学院日文教授等。其主要著作有《民事法论丛》（南京法律评论社 1931 年版）、《法学纲要》（中华书局 1935 年版）、《民事诉讼法要论》（重庆正中书局 1942 年版）、《情事变更原则与货币价值之变动》（上海商务印书馆 1944 年版）、《战时民事立法》（重庆商务印书馆 1944 年版）；编著有《中国民法总论》（上海世界书局 1934 年版）、《民法要论总则》（上海世界书局 1934 年版）、《司法建设与司法人才》（国民图书出版社 1941 年版）等。

吴振源

生卒年不详，主要著作有《中国民法债编各论》（上海世界法政学社 1932 年版）、《中国债编各论》（上海世界法政学社 1933 年版）、《中国民法债编总论》（上海世界法政学社 1934 年版）等。

郗朝俊（1881～？）

字励勤，陕西华阴县人。日本法政大学专门部法律科法学士。回国后参加当时的京试，获中法科举人。历任陕西军政府财政部副部长、陕西省公立法政专门学校校长、西北大学校长兼教授、中山学院教授、陕西省教育厅长等职。1929 年 8 月 24 日署国民政府最高法院推事。1930 年 12 月 15 日任立法院第二届立法委员。1931 年 1 月 12 日任立法院第三届立法委员。1935 年 1 月 12 日任立法院第四届立法委员。1936 年 8 月到职、1937 年 4 月 5 日署、1946 年 7 月 22 日任湖北省高等法院院长。1948 年 1 月 20 日署陕西高等法院院长。1948 年 7 月 15 日提任司法院大法官会议大法官。主要著作有《刑律原理》，《刑法原理》（上海商务印书馆 1930 年版），《民法要义物权编》（上海法学编译社 1935 年版），《民法要义亲属编》（上海会文堂新记书局 1935 年版），《民法要义继承编》（上海法学编译社 1935 年版），《新旧刑法异同要旨》（首都女子法政讲习所，1935），《民法要义债编通则》（上海会文堂新记书局 1936 年版），《法学通论》（国民政府军事委员会政治部，1938），《中国民法总则详论》（上下册）（中国文化服务社 1944 年版）。

夏勤（1892～1950）

字敬民，江苏泰州人。1908 年考入京师法律学堂。1912 年毕业后东渡日本，入日本东京中央大学深造。毕业后，又考入东京帝国大学法科研究部专攻刑法。1917 年回国后任大理院推事。1924 年 12 月 2 日署总检察厅检察官、首席检察官。南京国民政府成立后，任政府法制局编审。1928 年任国民政府最高法院刑庭庭长、法官惩戒委员会委员。1936 年任最高法院推事，1938 年任司法行政部常务次长。1945 年任最高法院院长和司法人员考试典试委员长。1949 年任司法院大法官。先后兼任国立北京大学教授，朝阳大学教务长、副院长，国立北京法政大学教授、中央大学法律系教授、中央政治学校法律系教授、陆军大学将官班法律学教官。著有《法学通论》(朝阳大学，1927)，《刑法总论》，《刑法各论》，《刑法分则》(朝阳大学，1927)，《刑法政策学》，《指纹学》，《刑事诉讼法》，《刑事诉讼法要论》，《刑事诉讼法实用》，《刑事诉讼法释疑》，《指信法》，《物权法讲义》，《宪法中的司法制度》（南京编者刊 1946 年版）等。

谢寿昌（1897～1971）

字冠生，浙江嵊县人。1914 年毕业于上海徐汇中学，入商务印书馆任编辑，后入震旦大学法科。1920 年毕业后，由学校保送留学法国，入巴黎大学法学研究所。1924 年获法学博士学位。1927 年回国后，历任震旦大学、复旦大学、持志大学、中国公学、法政大学等校教授。1926 年任武汉国民政府外交部秘书。1927 年任职南京国民政府外交部，并兼任中央大学法律系主任、代法学院院长。1930 年任司法院秘书长。1937 年后任司法行政部部长。1948 年任公务员惩戒委员会委员长兼司法院秘书长。1949 年去台湾，1950 年任“司法院”副院长。1958 年任“司法院”院长。[1]著作有《中华民国宪法概论》(英文)，《欧战后新型共和国宪法专号》(国立北平研究所，1931)，《法理学大纲》，《罗马法大纲》，《法治要旨》，《中国法制史》(法文)，《苏联与国际法》(英文)，《民法实用债编全论》(重庆大东书局 1944 年版）等。

许壬（1884～1930）

字养颐，浙江瑞安人。1904 年赴日，先入弘文学院，后就读政法大学。1906 年任浙江官立政法大学教务长兼民法教习，1910 年创立浙江政法学堂并兼民法教习，同时兼审判研究所民法教习。1912 年任浙

---

〔1〕参见王伟：《中国近代留洋法学博士考（1905～1950)》，上海人民出版社 2011 年版，第 202 页。

江第一地方法院院长兼法庭庭长，并被选为浙江律师公会会长、都督府参议员、省宪议会议员。著有《民法讲义》；编有《民法总则》（私立浙江法政专门学校讲义）、《民法债权总则》（私立浙江法政专门学校讲义）、《民法债权各论》（私立浙江法政专门学校讲义）、《民法财产编》（与姚华合编，上海群益书社1913年版）；合译有《民法财产》（［日］梅谦次郎著，丙午社1907年版）。

燕树棠（1891～1984）

字召亭，河北定县人。1914年获北洋大学法学士学位。1915年作为清华公费留学生，先入哈佛大学，后于1918年获哥伦比亚大学法学硕士学位。1920年获耶鲁大学法学博士学位（研究民法与国际法）。1921年回国，应蔡元培之邀，担任北京大学法律系主任、教授。后任南京国民政府法制局编审。1935年再次担任北京大学法律系主任。1938年7月起担任西南联大法律系兼法科研究所法律学部主任，直到联大结束及回迁后一年。1948年任国民政府司法院大法官。1949年后任武汉大学法律系教授、湖北省政协委员、中国对外文化协会武汉分会理事、中国政治学会理事。[1]著作主要有《国内战争与国际责任》（1924）、《中国领事裁判权问题之常识》（1925）、《财产观念之变迁》（1925）、《青年与法律》（1926）、《法权报告书与领事裁判权》（1927）、《苏俄的司法制度》（1928）、《法律与道德的关系》（1930）、《国家与法律》（1930）、《英美分析法学派对于法学之最近贡献》（1931）、《外侨加入国内战争之法律问题》（1931）、《权利之观念》（1931）、《公道与法律》（1932）、《英美之陪审制度》（1933）、《中华民国宪法草案的初稿》（1933）、《法律教育之目的》（1934）、《自由与法律》（1934）等。

应时（1886～？）

字溥泉，浙江吴兴人。早年毕业于南洋公学。1907年留学法国，

〔1〕参见王伟：《中国近代留洋法学博士考（1905～1950）》，上海人民出版社2011年版，第68～69页。

后因病赴德国治疗，1911 年回国。1914 年再赴德国，后转学瑞士洛桑大学，获法学硕士学位，之后赴法国留学，据称约 1919 年获巴黎大学法学博士学位。1922 年回国后，历任浙江公立法政专门学校教务长、北京大学教授、修订法律馆副总裁、朝阳大学教授、外交部条约研究委员会顾问、法权讨论委员会顾问、司法储才馆教授、东吴大学法学院及中国公学教授。〔1〕亦曾担任上海第一特区地方法院庭长、第二特区地方法院院长，兼东吴大学法学院、上海法政学院、震旦大学等教职。1938 年任上海法政学院法律系主任兼比较法讲座。著有《罗马法》（上海商务印书馆 1931 年版）、《民法第 1001 条但书之检讨》（上海会文堂新记书局 1939 年版）。

余棨昌（1881～1949）

字戟门，浙江绍兴人。1902 年以京师大学堂高材生选派留学日本。1911 年毕业于日本帝国大学，获法学士学位。回国后任清政府户部主事。民国北京政府时期任大理院民二庭庭长、司法部司法讲习所讲师、所长。历任法制局参事、司法官惩戒委员会委员、司法官训练处处长兼法典编纂委员会顾问。1923 年任大理院院长兼司法惩戒委员会委员长。1925 年修订《民国民律草案》时，主持民法起草工作，并拟订总则部分。1928 年任修订法律馆总裁，不久任北平大学法学院教授，兼任北京大学法学院讲师。〔2〕民国后，除抗战八年，亦一直任朝阳大学教授。著有《民法亲属编》（朝阳大学法律科讲义，1927），《实用司法令辑要》，《民法要论·总则》（北平朝阳学院，1931），《民法要论·物权》（北平朝阳学院，1931），《民法要论·亲属继承》（北平朝阳学院，1932），《票据法》等。

〔1〕 参见王伟：《中国近代留洋法学博士考（1905～1950）》，上海人民出版社 2011 年版，第 281 页。

〔2〕 参见张生：《中国近代民法法典化研究》，中国政法大学出版社 2004 年版，第 307 页。

郁嶷（1890～1950）

字宪章，湖南沣县人。早年就读于湖南法政学堂，后入天津北洋法政学堂（1911年8月改为北洋法政专门学校），并于1913年毕业。此后留学日本，毕业于早稻田大学法科。归国后历任江宁地方审判厅厅长、湖南财政厅厅长、国民政府法制局编审、奉天省立法政专门学校教授、京师大学法科讲师，朝阳大学、中国大学教授，保宁河北大学法律系主任、北平大学法学院讲师等职。1934年任河北省立法商学院法律系主任兼教授，后任北京大学教授。其主要著作有《中国法制史》（北京著者刊1920年版），《继承法要论》（北平朝阳大学，1931），《亲属法要论》（北平朝阳大学，1932），《法学通论》（编述），《法学通论》（与夏勤合编，朝阳大学法律科讲义）等。

曾志时（1903～1972）

字予春，广西桂林人。1920年入朝阳大学法律系读书，1924年毕业留校。1927年入日本明治大学专攻民法。1930年回朝阳任教，教授民法总则、民法债权，并兼任燕京大学、中国大学教授。1937年抗日战争爆发后，平津相继沦陷，曾志时任教于北平私立中国大学。1945年抗战结束，朝阳大学复员北平，曾志时重回朝阳大学任教，后来担任教务长一职。1949年后一度回原籍桂林，任教于广西大学。〔1〕解放之后由于院系调整，又调入湖北大学改教汉语。编著《民法债编总论讲义》（朝阳学院讲义，1935），《民法债编各论讲义》（朝阳学院，1935），《民法总则》（朝阳学院法律评论社1936年版）。

张企泰（1909～?）

浙江海盐人。1929年毕业于清华大学政治系，1933年获法国巴黎大学法学博士学位。后留学德国柏林大学、波恩大学。1935年至1937

〔1〕参见曾敬琬："缅怀父亲曾志时"，载薛君度、熊先觉、徐葵主编：《法学摇篮：朝阳大学》增订版，东方出版社2001年版，第214～216页。

年任司法行政部编查处编纂，兼任中央大学教授。1938 年至 1939 年任中央政治学校教授。1942 年至 1949 年任中央大学法律系教授。1945 年至 1948 年任行政院公务员惩戒委员会委员。1949 年任同济大学法学院代院长。1949 年至 1950 年任光华大学教授。1951 年后任震旦大学教授等。[1]著有《中国民事诉讼法论》（中国文化服务社 1943 年版）、《中国民法物权论》（重庆大东书局 1945 年版）。

张正学（1897～1986）

字昌伯，浙江海宁人。1920 年毕业于天津北洋大学法律系。毕业后执教于杭州浙江法政学校，不久辞去教职，先后任上海地方检察厅检察官和上海法院民事推事。1929 年受聘于上海东吴大学法学院任教授，后又兼律师职务。抗日战争时期，坚持抗日立场，为了不和日伪法院合作，停止了律师业务，杜门谢客。1945 年抗战胜利后重操旧业，至 1948 年因病不再执行律师职务，但仍在东吴法学院担任少量课程。直至解放后的 1952 年，由于东吴法学院并入其他院校，乃停止教职。解放初期，上海市成立新法学研究会，任筹委会委员兼秘书、后学会会员。著有《民法总则》，编有《民政府现行六法、司法法令汇览》（第 1～6 编）（张正学律师事务所，1928），《民法总则注释》（与曹杰合作，上海商务印书馆 1937 年版）。

张志让（1893～1978）

字季龙，幼号季隆，江苏常州人。1912 年考入北大预科。1915 年毕业于复旦公学。同年赴美国留学，先入加利福尼亚大学文科学院，1917 年秋入哥伦比亚大学法律系，1920 年获法学硕士学位。又入德国柏林大学进修法律。翌年回国。1924 年 10 月任修订法律馆纂修，1925 年任大理院推事。后任武汉国民政府最高法院审判员。此后，在上海执行律师业务，抗战爆发前曾兼课东吴法学院夜校。1932 年起任复旦大

[1] 参见王伟：《中国近代留洋法学博士考（1905～1950）》，上海人民出版社 2011 年版，第 231～232 页。

学法律系主任。1936 年“七君子事件”发生后，担任辩护律师。抗战初在武汉参加军委政治部第三厅工作。嗣后到广西大学兼课。1940 年到重庆，回复旦任教授兼法学院院长及《文摘》总编辑。与黄炎培等创办《宪政》月刊，负责编辑工作。1946 年随校回沪，发起组织教授联谊会，发表宣言支持学生运动。1949 年春辗转到北京，曾任北京大学教授。被选为第一、二、三、四届全国人民代表大会代表，历任中国人民政治协商会议第五届全国委员会常务委员，第二、三届全国人民代表大会法案委员会委员、法制委员会委员。1951 年任最高人民法院副院长、中国政治法律学会副会长等职。著有《希拉急进性质之农地法》(1923)、《英德契约法之比较》(1923)、《德国民法之根本主义》(1923)、《新旧各派法律学说之一览》(1923)、《论我国国体在宪法上为联邦制》(1923)、《法国立法司法两权之消长》(1923)、《捷克斯拉夫之司法制度》(1923)、《美国在华领事裁判制度》(1923)、《美国总统之继任及代理》(1923)、《捷克斯拉夫之宪法裁判所》(1923)、《论宪法实施条文中关于设立省务院所应有之规定》(1923)、《社会法学派之起源主义及批评》(1924)、《十九世纪中世界法律上新旧两大主义之嬗替》(1924)、《国宪应修正之点》(1924)、《论出嫁母与亲生子之法律关系》(1933)、《借英国法中许多稀奇有趣之点来阐明法律的性质》(1934)、《关于私文书盖章问题之举证责任》(1935) 等。

赵凤喈 (1896 ~ 1969?)

字鸣歧，安徽和县人。1927 年前后于北京大学就读研究生。后赴法国巴黎大学留学，获法学硕士学位。归国后曾任中央大学讲师。1933 年，赵凤喈受聘于清华大学正在筹建的法律学系，后转入政治学系担任教授，主讲行政法、民法通论、刑法通论等课程。1937 年随校南迁，任西南联大教授，其间曾暂代燕树棠任法律学系主任职务。1946 年 10 月清华复校后，重设法律学系，赵凤喈担任系主任，兼清华研究院法科研究所政治学部主任。1949 年初，清华大学被北平市军管会接管，赵凤喈于 5 月 11 日辞去系主任职务。同年清华大学法律学系被并入北京大学法学院，后又并入北京政法学院，而赵凤喈自此赋闲在京，直至去世。著作有《民法亲属论》(1945)；编著有《民法亲属编》(重庆国立编译馆 1945 年版)。

周枏（1908～2004）

字叔厦，江苏溧阳人。1928年毕业于中国公学大学部银行会计系，同年赴比利时留学。1931年获比利时鲁汶大学政治外交硕士学位，1934年获该校法学博士学位。同年回国，历任上海持志学院、湖南大学、苏皖政治学院、厦门大学、暨南大学、上海法政学校等院校教授，最高人民法院西南分院民庭房屋组和债务组组长、青海师范学院图书馆副馆长等。后任安徽大学法律系教授，兼任中国法学会民法学经济法学研究会顾问、外国法制史研究会顾问、中国民主同盟安徽省教育委员会委员、江苏学院校友会会长。主要研究方向为罗马法和民商法，曾讲授法学绪论、罗马法、民法、公司法、票据法、海商法、保险法等课程。主要著作有《民法概论》（苏皖政治学院，1936），《法学绪论》（江苏学院，1941），《罗马法》（合撰，群众出版社1983年版），《罗马法提要》（法律出版社1988年版），《罗马十二表法》，《罗马法原论》（上海商务印书馆1994年版），《关于遗赠抚养协议若干问题的探讨》（合著，1990）等。主编《外国法律知识译丛·民法》（上海知识出版社1982年版）、《外国法律知识译丛·经济法》（上海知识出版社1983年版）。参加编写和修订《法学词典》（1980～1988年编委、常务编委，上海辞书出版社），《中国大百科全书·法学》（民法副主编，中国大百科全书出版社1984年版），《民商法词典》（副主编，上海人民出版社1997年版），《法律大词典》（顾问、副主编、罗马法分科主编、常务编委，上海辞书出版社1998年版）等。

周新民（1897～1979）

原名周骏，号振飞（正非），安徽桐城县人。1918年考入安徽公立专门学校法科。1922年毕业后赴日本留学，毕业于明治大学研究科。归国后任安徽公立专门学校教员。1929年任上海法政大学（后改名上海法政学院）、上海法科大学等校兼职教授。后又受聘于复旦大学任法学院教授。抗战时期曾被聘为云南大学法律系教授。1949年6月，新政治协商会议筹备会在北平召开，周新民被推为民盟7位代表之一参加了会议，并参与起草了《中国人民政治协商会议组织法》。9月21日，周新民出席了中国人民政治协商会议第一次全体会议，在会上当选为第一届全国政协委员和副秘书长。新中国成立初期，先后任中央人民政府办公厅副主任、最高人民检察署秘书长、全国政协副秘书长、民盟中央政治局委员兼组织部长、沈阳市副市长等职。1958 年 3 月，周新民与张友渔共同筹建中国科学院法学研究所。1958 年 10 月 3 日该所正式成立，张友渔任所长，周新民任副所长。[1]其主要著作有《民法总论》（上海华通书局 1931 年版）、《民法债编分则新论》（上下册）（上海法学编译社 1932 年版）、《债编总论》（上下册）（与宁柏青合著，上海法学书局 1934 年版）、《物权法要论》（上海商务印书馆 1936 年版）；编著有《民法债编通则新论》（上下册）（上海法学编译社 1932 年版）、《民法理论》（华通书局 1934 年版）、《民法债（上下册）》（上海商务印书馆 1936 年版）等。

朱方（1893～1953）

字贞白，上海三林乡人。毕业于上海龙门师范，后留学日本，就读于日本大学法科。曾任上海万竹小学、震旦附中、上海艺术大学等校教职。是 20 世纪 30 年代上海著名法学家和律师。主要著作有《法学通论》（上海法政学社 1930 年版）、《票据法详解》（上海法政学社 1930 年版）、《公司法详解》（上海法政学社 1931 年版）、《中国法制史》（上海法政学社 1931 年版）、《最新国际公法》、《刑法学各论》（上海广益书局 1931 年版）、《刑法学总论》（上海法政书局 1931 年版）、《民法亲属编详解》（上海法政学社 1931 年版）、《现行妇女法律详解》（上海大公书店 1934 年版）、《中华民国刑法详解》（上海法政学社 1935 年版）、《刑事诉讼法详解》（上海法政学社 1936 年版）、《商标法详解》（上海广益书局 1936 年版）、《国民政府新颁布票据法详解》（上海法政学社 1936 年版）、《保险法详解》、《民法债编详解》（上海法政学社 1936 年版）、《刑事诉讼法详解》（上海广益书局 1936 年版）、《民法总则详解》（上海法政学社 1936 年版）、《民法物权编详解》（上海法政学社 1936 年版）、《民法继承编详解》（上海法政学社 1936 年版）、《中华民国训

〔1〕参见“统一战线上的无名英雄——周新民传略”，载张鹏主编：《巢湖中共党史人物传》第 1 卷，中共党史出版社 2011 版，第 228～240 页。

政时期约法详解》（上海法政学社 1936 年版）、《破产法详解》（上海法政学社 1937 年版）、《怎样保障你的权益》（上海纵横社 1940 年版）等。

朱献文（1872～1949）

字郁堂，浙江义乌人。光绪二十三年（1897 年）由拔贡考入京师仕学馆，研习法政。1902 年选派留学日本东京帝国大学法科。回国后，在修订法律馆任协修。1908 年应试中法政科进士，次年授翰林院检讨，1911 年为资政院议员。民国成立后，历任国务院法制局参事、大理院推事、江西及京师高等审判厅厅长等职。1922 年，调任江苏高等审判厅厅长。因不满军阀混战，阻碍法治，于 1927 年挂冠归里，后又任司法院参事。抗日战争爆发前，奉命视察河北、山东、山西、绥远、察哈尔诸省司法工作。抗日战争初期，应国民政府聘请视察浙江、江西、福建等省司法事务，所提建议均被次第采纳施行。1942 年，日本侵略军侵占义乌，朱献文避居缙云棠慈。1945 年，浙江省临时参议会成立，朱献文任第二届临时参议会议长。1949 年 4 月 8 日，朱献文在金华与世长辞。朱献文通晓儒学，为官清廉，曾参与修订《大清民律草案》“亲属编”、“继承编”，对民国法制建设亦贡献颇多。〔1〕

宗惟恭

生卒年不详，字礼白，江苏南京人。浙江公立法政专门学校毕业。历任上海群治大学法科主任，浙江私立法政专门学校、华东政法大学、江南大学、上海文化学院、持志大学、复旦大学、中国公学教授，并执律师业。著作有《民法亲属浅释》（上海会文堂新记书局 1932 年版）、《民法继承浅释》（上海法学编译社 1932 年版）；编有《民法亲属要义》（上海法学书局 1934 年版）、《民法继承要义》（上海法学书局 1935 年版）。

〔1〕参见吴斌：《法苑撷英：近代浙籍法律人述评》，华中师范大学出版社 2012 年版，第 102 页。

参考文献

一、中文文献

（一）史料与资料汇编

1. 北洋洋务局纂辑:《约章成案汇览》，光绪三十一年（1905 年）上海点石斋石印本。
2. 曹义孙、胡晓进编著:《三十年中国法学教育大事记：1919 ~ 1949》，中国政法大学出版社 2011 年版。
3. 朝阳大学校友会编:《朝阳校友通讯》，朝阳大学校友会 2005 年印行。
4. 陈学恂、田正平编:《中国近代教育史资料汇编——留学教育》，上海世纪出版股份有限公司 2007 年版。
5. 大陆杂志社编:《中国近代学人象传初辑》，大陆杂志社 1971 年版。
6. 丁俊贤、喻作凤编:《伍廷芳集》上册，中华书局 1993 年版。
7. 房兆楹:《清末民初洋学学生题名录初辑》，台北“中央研究院”近代史研究所 1962 年版。
8. 冯克诚主编:《清代后期教育思想与论著选读》中册，人民武警出版社 2011 年版。
9. 福州市地方志编纂委员会编:《福州人名志》，海潮摄影艺术出版社 2007 年版。
10. 高平叔编:《蔡元培全集》第 3 卷，中华书局 1984 年版。
11. 故宫博物院明清档案部编:《清末筹备立宪档案史料》上册，中华书局 1979 年版。
12. 郭卫编:《大理院解释例全文》，上海会文堂新记书局 1931 年版。

13. 郭卫编:《大理院判例全书》,上海会文堂新记书局 1932 年版。
14. 国立安徽大学老同学回忆录编委会编:《国立安徽大学老同学回忆录》,安徽大学出版社 2008 年版。
15. 湖南大学校史编审委员会编:《湖南大学校史(976~1949)》上册,湖南大学出版社 1996 年版。
16. 湖南省地方志编纂委员会编:《湖南省志》下册,湖南出版社 1995 年版。
17. 黄源盛辑:《大理院民事判例全文汇编》第 6 册,台湾政治大学基础法学研究中心藏。
18. 翦伯赞等编:《戊戌变法》第 2 册,上海神州国光社 1953 年版。
19. 李滔主编:《中华留学教育史录:1840~1949》,高等教育出版社 2005 年版。
20. 梁启超:《梁启超全集》第 2 册,北京出版社 1999 年版。
21. 刘真主编:《留学教育——中国留学教育史料》第 2~4 册,台湾编译馆 1980 年版。
22. 民国教育部中国教育年鉴编审委员会编:《中国第一次教育年鉴》,上海开明书店 1934 年版。
23. 潘懋元、刘海峰编:《中国近代教育史资料汇编:高等教育》,上海世纪出版股份有限公司 2007 年版。
24. 潘维和:《中国历次民律草案校释》,台北汉林出版社 1982 年版。
25. 清华大学校史研究室编:《清华大学史料选稿第一卷——清华学校时期(1911~1928)》,清华大学出版社 1991 年版。
26. 清留学生会馆编:《清国留学生会馆第五次报告》,光绪三十年(1904 年)刊印。
27. 全国政协文史资料委员会编:《文史资料存稿选编》第 24 辑,中国文史出版社 2002 年版。
28. 阮毅成:《民国阮荀伯先生性存年谱》,台湾商务印书馆 1979 年版。
29. 阮毅成编:《阮荀伯先生遗集》,台北文海出版社 1960 年版。
30. 沈家本:《历代刑法考》,邓经元、骈宇骞点校,中华书局 1985 年版。
31. 舒新城编:《中国近代教育史资料》上册,人民教育出版社 1961 年版。
32. 宋冰编:《程序、正义与现代化:外国法学家在华演讲录》,中国政法大学出版社 1998 年版。
33. 宋恩荣、章咸编:《中华民国教育法规选编》修订本,江苏教育出版社 2005 年版。

34. 台湾“国史馆”编：《国史馆现藏民国人物传记史料汇编》第17辑，台湾“国史馆”1988年编印。
35. 台湾“国史馆”法律志编纂委员会编：《中华民国法律志》（初稿），1994年印行。
36. 台湾“司法行政部”编：《中华民国民法制定史料汇编》下册，1976年印行。
37. 汤志钧：《康有为政论集》上册，中华书局1981年版。
38. 天津市地方志编修委员会办公室、天津市司法局编：《天津通志：司法行政志》，天津社会科学院出版社2008年版。
39. 佟柔主编：《中华法学大辞典（民法学卷）》，中国检察出版社1995年版。
40. 汪庆祺编：《各省审判厅判牍》，李启成点校，北京大学出版社2007年版。
41. 王存诚编：《韵藻清华：清华百年诗词辑录》上册，清华大学出版社2011年版。
42. 王栻主编：《严复集》第4册，中华书局1986年版。
43. 王学珍、张万仓编：《北京高等教育文献资料选编：1861～1948》，首都师范大学出版社2004年版。
44. 吴经熊、华懋生编：《法学文选》，中国政法大学出版社2003年版。
45. 萧超然等编著：《北京大学校史（1898～1949）》增订本，北京大学出版社1988年版。
46. 薛君度、熊先觉、徐葵主编：《法学摇篮：朝阳大学》增订版，东方出版社2001年版。
47. 杨立强、刘其奎主编：《简明中华民国史辞典》，河南人民出版社1989年版。
48. 杨立新主编：《中国百年民法典汇编》，中国法制出版社2011年版。
49. 俞廉三、刘若增编：《大清民律草案》，宣统三年（1911年）修订法律馆铅印本。
50. 云南省水利水电厅编：《云南省志》，云南人民出版社2001年版。
51. 张百熙：《张百熙集》，谭承耕、李龙如点校，岳麓书社2008年版。
52. 张国有主编：《大学章程》第1卷，北京大学出版社2011年版。
53. 张磊：《东莞英才录》，中华工商联合出版社1997年版。
54. 张礼斌、周国忠主编：《常德德山山有德》，湖南人民出版社2005年版。

55. 张鹏主编:《巢湖中共党史人物传》第1卷，中共党史出版社2011版。

56. 张宪文主编:《民国南京学术人物传》，南京大学出版社2005年版。

57. （清）张之洞:《劝学篇》，广西师范大学出版社2008年版。

58. 中共党史人物研究会编:《中共党史人物传》第82卷，中央文献出版社2002年版。

59. 中共福州市委宣传部、福州市社会科学所主编:《福州历史人物》第7辑，1993年印行。

60. 中国第二历史档案馆编:《中华民国史档案资料汇编》第5辑第2编“教育（一）”，档案出版社1997年版。

61. 中国第二历史档案馆编:《中华民国史档案资料汇编》第5辑第1编“政治（一）”，江苏古籍出版社1994年版。

62. 中国科学院近代史研究所史料编辑室、中央档案馆明清档案部编辑组编:《洋务运动》第5册，上海人民出版社1961年版。

63. 中国人民政治协商会议常德市鼎城区委员会文史资料研究委员会编:《常德县文史资料》第6辑，1990年印行。

64. 中国人民政治协商会议常德县委员会文史资料研究委员会编:《常德县文史资料》第3辑，1987年印行。

65. 中国人民政治协商会议福建省委员会文史资料编辑室编:《福建文史资料》第16辑，1987年印行。

66. 中国人民政治协商会议福建省长乐县委员会文史资料工作组编:《长乐文史资料》第2辑，1986年印行。

67. 中国人民政治协商会议湖南省常德市委员会文史资料研究委员会编:《常德市文史资料》第4辑，1988年印行。

68. 中国人民政治协商会议湖南省委员会文史资料研究委员会编:《湖南文史资料选辑》第20辑，湖南人民出版社1986年版。

69. 中国人民政治协商会议全国委员会文史和学习委员会编:《文史资料选辑》(合订本)第29卷总第84~86辑，中国文史出版社2011年版。

70. 中国人民政治协商会议厦门市委员会文史资料委员会编:《厦门文史资料》第19辑，1992年印行。

71. 中国社会科学院近代史研究所中华民国史研究室编:《中华民国史：人物传》第1卷，中华书局2011年版。

72. 中华民国史事纪要编委会编:《中华民国史事纪要》（初稿）民国纪元前七年（1905年）正月至八月，台湾“国史馆”1987年印行。

73. “中央大学”南京校友会、“中央大学”校友文选编纂委员会编：《南雍骊珠：中央大学名师传略》，南京大学出版社2004年版。
74. 钟叔河、朱纯编：《过去的大学》，同心出版社2011年版。
75. 钟叔河主编：《走向世界丛书》第10辑，岳麓书社1985年版。
76. 《周炳琳文集》，北京大学出版社2012年版。
77. 周川主编：《中国近现代高等教育人物辞典》，福建教育出版社2012年版。
78. （清）朱寿朋编：《光绪朝东华录》第4~5册，中华书局1958年版。
79. 朱有瓛、高时良主编：《中国近代学制史料》第4辑，华东师范大学出版社1993年版。
80. 朱有瓛主编：《中国近代学制史料》第2辑，华东师范大学出版社1987年版。
81. 株洲市地方志编纂委员会编：《株洲市志·人物》，湖南出版社1997年版。
82. （清）左宗棠等撰：《船政奏议汇编》，台北大通书局1968年影印本。

（二）著作

1. ［美］H. W. 埃尔曼：《比较法律文化》，贺卫方、高鸿钧译，清华大学出版社2002年版。
2. 安徽省法学会编：《周枏与罗马法研究》，安徽人民出版社2010年版。
3. 蔡天锡麟：《民法债编总则新论》，上海法政学社1932年版。
4. 曹杰：《民法判解研究》，上海法学书局1934年版。
5. 曹杰：《中国民法亲属论》，上海法学编译社1946年版。
6. 曹杰：《中国民法物权论》，上海商务印书馆1937年版。
7. 曾宪义、王健、闫晓君主编：《律学与法学：中国法律教育与法律学术的传统及其现代发展》，中国人民大学出版社2012年版。
8. 陈瑾昆：《民法通义债编总论》，朝阳大学1930年版。
9. 陈同：《近代社会变迁中的上海律师》，上海辞书出版社2008年版。
10. 陈夏红：《百年中国法律人剪影》，中国法制出版社2006年版。
11. 陈新宇：《寻找法律史上的失踪者》，广西师范大学出版社2014年版。
12. 陈媛：《中国大学教授研究：近代教授、大学与社会的互动史》，山西教育出版社2012年版。
13. 程燎原：《清末法政人的世界》，法律出版社2003年版。

14. 戴修瓒:《民法债编各论》上册，上海会文堂新记书局 1936 年版。
15. 戴修瓒:《民法债编总论》，上海商务印书馆 1933 年版。
16. ［德］迪特尔·施瓦布:《民法导论》，郑冲译，法律出版社 2006 年版。
17. 丁洁琳:《近现代中国法学家与中国法律文化》，中国政法大学出版社 2013 年版。
18. ［美］丁韪良:《花甲忆记——一位美国传教士眼中的晚清帝国》，广西师范大学出版社 2004 年版。
19. 董守义:《清代留学运动史》，辽宁人民出版社 1985 年版。
20. 段彩华:《民国第一位法学家——王宠惠传》，近代中国出版社 1982 年版。
21. 范忠信、陈景良主编:《中西法律传统》第 3 卷，中国政法大学出版社 2003 年版。
22. 冯友兰:《中国哲学史》，华东师范大学出版社 2000 年版。
23. 高时良、黄仁贤编:《洋务运动时期教育》，上海教育出版社 2007 年版。
24. 何勤华:《西方法学史》，中国政法大学出版社 1996 年版。
25. 何勤华:《中国法学史》第 3 卷，法律出版社 2006 年版。
26. 何勤华:《中国法学史纲》，商务印书馆 2012 年版。
27. 何勤华主编:《外国法与比较法研究》第 1 卷，商务印书馆 2006 年版。
28. 贺渊:《新生命研究》，社会科学文献出版社 2011 年版。
29. 洪文澜:《民法债编通则释义》，上海会文堂新记书局 1948 年版。
30. 侯强:《中国近代法律教育转型与社会变迁研究》，中国社会科学出版社 2008 年版。
31. 胡元义:《民法物权讲义》，国立武汉大学 1933 年印行。
32. 胡元义:《民法总则》，北平好望书店 1934 年版。
33. 胡长清:《民法物权》，上海商务印书馆 1934 年版。
34. 胡长清:《中国继承法》，法律评论社 1932 年版。
35. 胡长清:《中国民法亲属论》，上海商务印书馆 1936 年版。
36. 胡长清:《中国民法债编总论》，上海商务印书馆 1935 年版。
37. 胡长清:《中国民法总论》，中国政法大学出版社 1997 年版。

38. 华友根：《20世纪中国十大法学家》，上海社会科学院出版社2006年版。
39. 黄福庆：《清末留日学生》，台北“中央研究院”近代史研究所，1975年。
40. 黄右昌：《罗马法与现代》，何佳馨点校，中国方正出版社2006年版。
41. 黄右昌：《民法亲属释义》，上海法学编译社1933年版。
42. 黄右昌：《民法诠解物权编》，上海商务印书馆1947年版。
43. 黄右昌：《民法诠解总则编》，上海商务印书馆1946年版。
44. 黄右昌：《新民法一束》，中华印书局1929年版。
45. 黄右昌编：《民法第四编亲属法》，北大法律丛书，出版信息不详。
46. 黄右昌编：《民法第五编继承法》，北大法律丛书，出版信息不详。
47. 黄源盛：《法律继受与近代中国法》，自版，2007年。
48. 黄源盛：《民初大理院与裁判》，台北元照出版有限公司2011年版。
49. 黄源盛：《民初法律变迁与裁判（1912～1928）》，台湾政治大学，2000年。
50. ［德］霍尔斯特·海因里希·雅科布斯：《十九世纪德国民法科学与立法》，王娜译，法律出版社2003年版。
51. ［美］杰西·格·卢茨：《中国教会大学史（1850～1950年）》，曾钜生译，浙江教育出版社1987年版。
52. ［德］卡尔·拉伦茨：《法学方法论》，陈爱娥译，商务印书馆2003年版。
53. 柯凌汉：《中国债权法总论》，福州新民公司1924年版。
54. 柯凌汉：《中华物权法论纲》，上海商务印书馆1935年版。
55. 柯凌汉：《中华债法论纲》下册，上海商务印书馆1934年版。
56. 柯凌汉编著：《民法物权》，上海商务印书馆1935年版。
57. 李贵连等编：《百年法学：北京大学法学院院史（1904～2004）》，北京大学出版社2004年版。
58. 李贵连：《近代中国法制与法学》，北京大学出版社2002年版。
59. 李良佑、张日升、刘犁编著：《中国英语教学史》，上海外语教育出版社2004年版。
60. 李谟、黄景柏编著：《民法债编总论》，上海大东书局1931年版。

61. 李谟:《民法债编新论》,上海昌明书屋 1947 年版。
62. 李谟编:《民法亲属新论》,上海大东书局 1932 年版。
63. 李谟编著:《继承新论》,上海大东书局 1932 年版。
64. 李喜所:《近代留学生与中外文化》,天津人民出版社 1992 年版。
65. 李绪武:《清末留学教育之研究》,台湾政治大学,1967 年。
66. 李宜琛:《婚姻法与婚姻问题》,重庆正中书局 1946 年版。
67. 李宜琛:《现行继承法论》,重庆商务印书馆 1947 年版。
68. 李宜琛:《现行物权法论》,北平好望书店 1933 年版。
69. 梁慧星:《为了中国民法》,中国社会科学出版社 2013 年版。
70. 林鼎章:《亲属法》,上海商务印书馆 1946 年版。
71. 林明、马建红主编:《中国历史上的法律制度变迁与社会进步》,山东大学出版社 2005 年版。
72. 林咏荣:《中国法制史》(第 6 版),台北大中国图书公司 1976 年版。
73. 刘鸿渐:《中华民国物权法论》,上海会文堂新记书局 1937 年版。
74. 刘正伟:《督抚与士绅:江苏教育近代化研究》,河北教育出版社 2001 年版。
75. 刘志敭:《民法物权》,上海大东书局 1936 年版。
76. 流水长:《中国律师史话》,改革出版社 1996 年版。
77. 卢美松主编:《八闽文化综览》,福建人民出版社 2013 年版。
78. 罗鼎:《继承法要论》,上海大东书局 1947 年版。
79. 马汉宝:《法律与中国社会之变迁》,台北翰芦图书出版有限公司 1999 年版。
80. 梅仲协:《民法要义》,中国政法大学出版社 1998 年版。
81. 米健主编:《中德法学学术论文集》第 2 辑,中国政法大学出版社 2006 年版。
82. 潘维和:《中国民事法史》,台北汉林出版社 1982 年版。
83. 裴艳:《留学生与中国法学》,南开大学出版社 2009 年版。
84. 邱志红:《现代律师的生成与境遇:以民国时期北京律师群体为中心的研究》,社会科学文献出版社 2012 年版。
85. 邵建编:《思想者 4:一个世纪的人与事》,青岛出版社 2008 年版。
86. [日] 实藤惠秀:《中国人留学日本史》,谭汝谦、林启彦译,三联书店 1983 年版。

87. 史尚宽：《民法原论总则》，大东书局1946年版。
88. 史尚宽：《民法总论》，中国政法大学出版社2000年版。
89. 史尚宽：《民法总则释义》，上海法学编译社1936年版。
90. 史尚宽：《物权法论》，中国政法大学出版社2000年版。
91. 舒新城：《近代中国留学史》，中华书局1929年版。
92. 宋秋蓉：《近代中国私立大学发展史》，陕西人民教育出版社2006年版。
93. 孙晓楼：《法律教育》，中国政法大学出版社1997年版。
94. 汤能松等：《探索的轨迹——中国法律教育发展史略》，法律出版社1995年版。
95. 陶汇曾：《民法亲属》，上海商务印书馆1936年版。
96. 陶汇曾：《民法亲属论》，上海法学编译社1937年版。
97. 陶汇曾：《亲属法大纲》，上海商务印书馆1928年版。
98. 陶希圣：《潮流与点滴》，中国大百科全书出版社2009年版。
99. 汪澄之编：《女子继承权诠释》，上海民治书店1929年版。
100. 汪向荣：《日本教习》，三联书店1988年版。
101. 王健：《沟通两个世界的法律意义：晚清西方法的输入与法律新词初探》，中国政法大学出版社2001年版。
102. 王健：《中国近代的法律教育》，中国政法大学出版社2001年版。
103. 王奇生：《中国留学生的历史轨迹（1872～1949）》，湖北教育出版社1992年版。
104. 王去非：《民法物权论》，上海会文堂新记书局1930年版。
105. 王去非：《现代物权法论》，上海世界书局1933年版。
106. 王伟：《中国近代留洋法学博士考（1905～1950）》，上海人民出版社2011年版。
107. ［德］维拉特曼：《法律引导》，张智仁等译，上海人民出版社1998年版。
108. 吴斌：《法苑撷英：近代浙籍法律人述评》，华中师范大学出版社2012年版。
109. 吴传颐编著：《比较破产法》，商务印书馆2013年版。
110. 吴经熊：《法律哲学研究》，清华大学出版社2005年版。
111. 吴经熊：《超越东西方：吴经熊自传》，周伟驰译，社会科学文献出版社2013年版。
112. 吴振源编著:《中国民法债编总论》,上海世界法政学社1934年版。
113. 郗朝俊:《民法要义继承篇》,上海会文堂新记书局1935年版。
114. 夏勤:《刑事诉讼法要论》,郭恒点校,中国政法大学出版社2012年版。
115. 谢泳等:《逝去的大学》,同心出版社2005年版。
116. 谢振民编著:《中华民国立法史》,张知本校订,中国政法大学出版社2000年版。
117. [日]冈田朝太郎口授,熊元襄整理:《刑事诉讼法》,吴宏耀点校,中国政法大学出版社2012年版。
118. 徐家力、吴运浩编著:《中国律师制度史》,中国政法大学出版社2000年版。
119. 徐家力:《书山有路:徐家力法学学位论文集》,上海交通大学出版社2013年版。
120. 杨日然:《法理学论文集》,台北月旦出版股份有限公司1997年版。
121. 杨幼炯:《近代中国立法史》,范忠信等校勘,中国政法大学出版社2012年版。
122. 杨振山:《杨振山文集》,中国政法大学出版社2005年版。
123. 易继明主编:《私法》第2辑第1卷,北京大学出版社2002年版。
124. 余棨昌:《民法要论继承》,北平朝阳学院1933年版。
125. 余棨昌:《民法要论亲属》,北平朝阳学院1933年版。
126. 余棨昌:《民法要论物权》,北平朝阳学院1931年版。
127. 余棨昌:《民法要论总则》,北平朝阳学院1933年版。
128. 俞江:《近代中国的法律与学术》,北京大学出版社2007年版。
129. 俞江:《近代中国民法学中的私权理论》,北京大学出版社2003年版。
130. 郁嶷:《继承法要论》,北平朝阳大学1936年版。
131. 郁嶷:《亲属法要论》,北平朝阳大学1934年版。
132. 张礼恒:《何启、胡礼垣评传》,南京大学出版社2011年版。
133. 张企泰:《中国民法物权论》,上海大东书局1946年版。
134. 张生:《民国初期民法的近代化——以固有法与继受法的整合为中心》,中国政法大学出版社2002年版。

135. 张生：《中国近代民法法典化研究》，中国政法大学出版社 2004 年版。
136. 张正学、曹杰：《民法总则注释》，上海商务印书馆 1937 年版。
137. 张中秋：《中西法律文化比较研究》，南京大学出版社 1999 年版。
138. 赵炳霖、乐嘉庆：《债法比较研究》，澳门基金会 1997 年版。
139. 赵凤喈编著：《民法亲属编》，国立编译馆 1947 年版。
140. 赵晓兰、吴潮：《传教士中文报刊史》，复旦大学出版社 2011 年版。
141. 郑成思主编：《知识产权文丛》第 3 卷，中国政法大学出版社 2000 年版。
142. 郑爰诹编辑：《民法物权编释义》，上海世界书局 1931 年版。
143. 周新民：《民法总论》，上海华通书局 1934 年版。
144. 周新民：《物权法要论》，上海商务印书馆 1936 年版。
145. 朱方编解：《民法继承编详解》，上海法政学社 1930 年版。
146. 朱方编解：《民法债编详解》，上海广益书局 1936 年版。
147. 朱方编解：《民法总则详解》，上海法政学社 1936 年版。
148. 朱方编著：《民法继承编详解》，上海法政学社 1940 年版。
149. 朱勇主编：《中国民法近代化研究》，中国政法大学出版社 2006 年版。
150. 卓泽渊：《法的价值论》，法律出版社 1999 年版。
151. 宗惟恭：《民法继承浅释》，上海法学编译社 1932 年版。

（三）论文

1. [美] 艾莉森·W. 康纳："培养中国的近代法律家：东吴大学法学院"，王健译、贺卫方校，载《比较法研究》1996 年第 2 期。
2. 曹杰："从现行法考察婚姻与婚约之本质"，载《法学杂志》1934 年第 7 卷第 4 期。
3. 曹天忠："档案中所见的部聘教授"，载《学术研究》2007 年第 1 期。
4. 陈红民、雒军庆："国民政府一二两届立法院组成分析"，载《民国档案》2000 年第 2 期。
5. 陈瑾昆："我的希望"，载《文萃》1946 年第 2 期。
6. 陈先枢："湖南近代人才群体及其形成原因"，载《湖南社会科学》2000 年第 1 期。
7. 陈新宇："'分别民刑'考——以《大清现行刑律》之编纂为中心"，

载台湾中国法制史学会、“中央研究院”历史语言研究所主编：《法制史研究》2006 年第 10 期。
8. 程波：“近代中国罗马法教育的开创：从黄右昌的《罗马法与现代》说起”，载《法学教育研究》2013 年第 2 期。
9. 韩秀桃：“民国时期法律家群体的历史影响”，载《榆林学院学报》2004 年第 2 期。
10. 郝铁川：“中国近代法学留学生与法制近代化”，载《法学研究》1997 年第 6 期。
11. 何勤华：“法科留学生与中国近代法学”，载《法学论坛》2004 年第 6 期。
12. 何勤华：“法学家与新中国法学的进步”，载《中国社会科学报》2009 年 7 月 1 日。
13. 何勤华：“西法东渐与中国近代民商法学的成长”，载《法商研究》2004 年第 1 期。
14. 何勤华：“中国近代法律教育与中国近代法学”，载《法学》2003 年第 12 期。
15. 胡养蒙：“民法上雇佣关系中民事责任之负担”，载《法学丛刊》1934 年第 2 卷第 7 ~8 期合刊。
16. 胡长清：“官吏之本质与其责任”，载《法律评论》1929 年总第 273 期。
17. 胡长清：“家制论（一）”，载《法律评论》1930 年总第 367 期。
18. 胡长清：“论宗祧继承”，载《法律评论》1930 年总第 334 期。
19. 胡长清：“新民法债编释名”，载《法律评论》1930 年总第 325 期。
20. 胡长清：“新民法之基础的概念（续）”，载《朝大季刊》1931 年第 1 卷第 3 期。
21. 怀效锋：“中国传统律学述要”，载《华东政法学院学报》1998 年第 1 期。
22. 蒋集耀：“律学衰因及其传统评价”，载《法学》1990 年第 5 期。
23. 居正：“上海分会举行第二届大会祝词”，载《中华法学杂志（复刊）》1946 年第 6 卷第 4 期。
24. 李贵连：“二十世纪初期的中国法学（续）”，载《中外法学》1997 年第 5 期。

25. 李蟠："李达与李祖荫的友谊"，载《书屋》2013 年第 1 期。
26. 李蟠："书生李祖荫的坎坷人生"，载《世纪》2013 年第 6 期。
27. 李秀清："品读朝阳"，载《比较法研究》2013 年第 3 期。
28. 李祖庆："中国民法之过去与现在"，载《法学季刊》1930 年第 1 卷第 3 期。
29. 李祖荫："债务与责任"，载《法学专刊》1935 年第 3～4 期合刊。
30. 李祖荫："中华民国新民法概评"，载《法律评论》1930 年第 24 期。
31. 刘宝东："职业法学家群体与近代中国法制转型"，载《山西师大学报（社会科学版）》2005 年第 1 期。
32. 刘陆民："中华民法之沿革与精神"，载《法学丛刊》1930 年第 1 卷第 5 期。
33. 刘世芳："大陆英美法律教育制度之比较及我国应定之方针"，载《法学杂志》1934 年第 7 卷第 3 期。
34. 刘星："'法学家'在近代"，载《法制资讯》2009 年第 5 期。
35. 刘星："民国时期的'法学权威'——一个知识社会学的微观分析"，载《比较法研究》2006 年第 1 期。
36. 刘正中："论晚清以来法律人的崛起——回首浙江法律人"，载《法治研究》2007 年第 2 期。
37. 罗玲："抗战时期国立中央大学与国立西南联大之比较刍议"，载《重庆师范大学学报（哲学社会科学版）》2013 年第 2 期。
38. 潘震亚："女子继承权的起源和经过"，载《法轨周刊》1933 年第 2 卷第 1 期。
39. 彭正湘、余昭绪："陈瑾昆，单骑赴延安"，载《湖南党史月刊》1991 年第 10 期。
40. 邱志红："朝阳大学法律教育初探——兼论民国时期北京律师的养成"，载《史林》2008 年第 2 期。
41. 邱志红："朝阳大学法律教育与北京律师的养成"，载朝阳法律评论编辑委员会编：《朝阳法律评论》第 1 辑，中国华侨出版社 2009 年版。
42. 冉宗柴："中国民法与德瑞民法之比较观"，载《震旦法律经济杂志》1947 年第 3 卷第 9 期。
43. 任建科："论用水权肖像权艺名权之侵害能否构成侵权行为"，载

《政法月刊》1933年第9卷第3~4期合刊。
44. 陶汇曾："生物学上之亲属与法律学上之亲属"，载《法令周刊》1931年第36期。
45. 田涛、李祝环："清末翻译外国法学书籍评述"，载《中外法学》2000年第3期。
46. [日] 田中二郎："国家之不法行为赔偿责任论"，张远谟译，载《法律评论》1933年总第516期。
47. 王承廉："因地上工作物加害之侵权行为论（一）"，载《法律评论》1947年总第713期。
48. 王承廉："因动物加害之侵权行为论"，载《法律评论》1947年总第704期。
49. 王去非："商律法典存废之将来观"，载《法律评论》1925年总第109期。
50. 吴经熊："对于编订民法之商榷"，载《法学季刊》1929年第4卷第1期。
51. 夏勤："论新民法之法源"，载《国立中央大学法学院季刊》1931年第1卷第3期。
52. 夏勤："无过失损害赔偿责任论"，载《国立中央大学法学院季刊》1930年第1卷第1期。
53. 夏新华、肖海英："再寻李宜琛"，载《华东政法大学学报》2011年第4期。
54. 夏新华："寻访李宜琛"，载《华东政法大学学报》2009年第3期。
55. 谢晖："理解和解释：法学家心镜的法律图像（上）"，载《河南省政法管理干部学院学报》2003年第1期。
56. 熊先觉："朝阳大学——中国法学教育之一脉"，载《比较法研究》2001年第3期。
57. 许章润："书生事业无限江山——关于近世中国五代法学家及其志业的一个学术史研究"，载许章润主编：《清华法学》第4辑，清华大学出版社2004年版。
58. 燕树棠："过错主义可否为侵权责任之唯一根本原则？"，载《国立北京大学社会科学季刊》1923年第1卷第2号。
59. 杨立新："百年中的中国民法华丽转身与曲折发展——中国民法一百

年历史的回顾与展望”，载《河南省政法管理干部学院学报》2011年第3期。
60. 易清：“论根据地政权后期起草民法典的尝试”，载《云南大学学报(法学版)》2011年第2期。
61. 俞江：“清末民法学的输入与传播”，载《法学研究》2000年第6期。
62. 郁嶷：“家制余论”，载《法律评论》1930年总第365期；
63. 郁嶷：“论新亲属法草案采取个人制之当否”，载《法律评论》1929年总第306期。
64. 郁嶷：“女子继承权问题”，载《法律评论》1929年总第287期。
65. 张国福：“北京大学法律系建立及其前期概况”，载《中外法学》1994年第5期。
66. 张国福：“北京大学法律学系前期的教学改革及其优良传统”，载《中外法学》1998年第3期。
67. 张生、李彤：“《中华民国民法》的编订：政府与法律家的合作”，载《中国社会科学院研究生院学报》2006年第1期。
68. 张生：“民国《民律草案》评析”，载《江西社会科学》2005年第8期。
69. 张生：“王宠惠与中国法律近代化——一个知识社会学的分析”，载《比较法研究》2009年第3期。
70. 张远谋：“论判决例之效力”，载《法律评论》1934年总第531期。
71. 张正学：“法院判断民事案件应用之法则”，载《法律评论》1928年总第249期。
72. 赵凤喈：“忏悔录之二：昆明律师实录（一）”，载《周论》1948年第1卷第15期。
73. 郑方济：“中国法学著作的公式化”，载《震旦法律经济杂志》1945年第1卷第4期。
74. 周赟：“论法学家与法律家之思维的同一性”，载《法商研究》2013年第5期。
75. ［日］佐佐木惚一：“国家本于官吏不法行为之责任论”，熊才译，载《法律评论》1928年总第256期。

二、英文文献

1. Alison. Conner, "Lawyers and the Legal Profession During the Republican Period", in Kathryn Berndhardt and Philip Huang, *Civil Law in Qing and Republican China*, Standford: Standford University Press, 1994.
2. Robert T. Bryan, *An Outline of Chinese Civil Law*, The Commercial Press, Limited Shanghai China, 1925.
3. Alan Watson, *The Evolution of Western Private Law*, The Johns Hopkins University Press, 1985.